高等职业教育"新形态"精品系列教材·汽车类
"十二五"职业教育国家规划教材·修订版
经全国职业教育教材审定委员会审定

汽车整车性能检测
（第3版）

主　编　吴兴敏　翟　静　孙洪昌
副主编　郭明华　修玲玲　邓万豪

书籍码　T8YJ2DDPZ

全书配套资源

北京理工大学出版社
BEIJING INSTITUTE OF TECHNOLOGY PRESS

内 容 提 要

本书以 GB/T 7258—2017 和 GB/T 18565—2016 为依据，按照标准内容的先后顺序，详细介绍了标准规定的全部检测项目的检测目的、检测方法、检测仪器及设备的结构与工作原理、检测标准及检测结果分析等。具体内容包括：车辆人工检验、汽车动力性检测、汽车燃料经济性检测、汽车制动性检测、汽车排放性检测、转向操纵性检测、悬架特性检测、汽车前照灯检测、汽车喇叭声级检测、车速表示值误差检测等，并利用附录简要介绍了国内外与汽车整车性能检测相关的法律法规和标准。

本书为高等院校汽车相关专业教材，也可作为相关岗位培训或自学用书，同时可供汽车检测与维修技术人员学习和参考。

版权专有　侵权必究

图书在版编目（CIP）数据

汽车整车性能检测/吴兴敏，翟静，孙洪昌主编 . —3 版 . —北京：北京理工大学出版社，2019.11（2023.3 重印）

ISBN 978 - 7 - 5682 - 7093 - 9

Ⅰ. ①汽…　Ⅱ. ①吴…　②翟…　③孙…　Ⅲ. ①汽车 - 性能检测 - 高等学校 - 教材　Ⅳ. ①U472.9

中国版本图书馆 CIP 数据核字（2019）第 253328 号

出版发行 / 北京理工大学出版社有限责任公司
社　　　址 / 北京市海淀区中关村南大街 5 号
邮　　　编 / 100081
电　　　话 /（010）68914775（总编室）
　　　　　　（010）82562903（教材售后服务热线）
　　　　　　（010）68948351（其他图书服务热线）
网　　　址 / http：// www.bitpress.com.cn
经　　　销 / 全国各地新华书店
印　　　刷 / 唐山富达印务有限公司
开　　　本 / 787 毫米 × 1092 毫米　1/16
印　　　张 / 16
字　　　数 / 376 千字
版　　　次 / 2019 年 11 月第 3 版　2023 年 3 月第 3 次印刷
定　　　价 / 39.80 元

责任编辑 / 多海鹏
文案编辑 / 多海鹏
责任校对 / 周瑞红
责任印制 / 李志强

图书出现印装质量问题，请拨打售后服务热线，本社负责调换

前言

1. 课程定位

"汽车整车性能检测"是高职汽车检测与维修技术专业针对汽车机电维修工及汽车检测线检测工岗位能力进行培养的一门专业课程,也是高职汽车电子技术专业、汽车整形技术专业和汽车定损与评估专业的一门专业限选课。本课程构建于"汽车维护"、"汽车发动机构造与维修""汽车底盘构造与维修""汽车发动机原理与使用性能"等课程的基础上,以培养学生职业能力为目标,以汽车整车性能检测为主要内容,采用基于工作过程的课程方案设计,以行动导向组织教学过程,使学生能够利用检测仪器设备对汽车的综合性能及维修质量进行检验,同时注重培养学生的社会能力和方法能力。

2. 原教材发行使用情况

《汽车整车性能检测》一书自 2012 年 11 月出版以来,由于采用了新颖的编写模式,理论知识的深度、知识与技能的融合方式适应职业教育突出技能培养的要求,且理论知识与技能要求完全来自于实际的汽车整车性能检测企业,并配备了较为全面的教学素材而受到广大使用者的关注,共发行近万册。经辽宁省汽车综合检测站在岗人员培训及部分高职院校使用,受到使用者一致好评。

2013 年,本书(修订)主编申报了国家级十二五规划教材,在北京理工大学出版社的大力支持下,顺利通过了国家教育部的专家评审。

3. 修订理由

(1) 第 2 版教材仍存在部分文字错误、逻辑错误、内容错误。
(2) 教材涉及的主要技术标准已经有新版发布实施。

4. 修订计划

（1）重新组织编写团队。

由吴兴敏教授牵头，由中、高职学校从事本课程多年教材工作经验的教师及企业中多年从事汽车整车性能检测一线工作和管理工作的专业工程师组成新的教材编写团队。

（2）主要修订内容。

① 修改上一版中文字错误、逻辑错误、内容错误。

② 技术更新、文件规范更新、内容更新。

③ 进一步简化"相关知识"模块中的内容，精练设备原理叙述。

④ 原书引用的部分标准如 GB/T 7258《机动车运行安全技术条件》、GB/T 18565《营运车辆综合性能要求与检验方法》、GB/T 198《营运车辆技术等级评定》均更新为 2018 版。

5. 修订后的教材特点

（1）根据职业教育规律和高端技能型人才成长规律，充分考虑中高职教育的衔接，吸纳企业一线专家参与，体现产学结合的思想。

（2）注重职业素养养成和工匠精神培养。

（3）引入"1+X"证书标准。

（4）有活页式工作手册及网络课程等新形态教学资源。

（5）立体化教学资源配套比较丰富，基本符合互联网+职业教育和新形态一体化教材的要求。

（6）引入国际相关的法规，体现了一定的国际化特色。

（7）教材内容与实际汽车检测企业的工作内容完全符合，体现了理论与实践的统一。

本书由辽宁省交通高等专科学校吴兴敏、翟静及渤海船舶职业学院孙洪昌主编，辽宁省交通高等专科学校郭明华、修玲玲及大连市汽车综合性能检测中心邓万豪任副主编。参加本书编写工作的还有：马志宝、沈沉、黄宜坤、黄艳玲、宋孟辉、张丽丽、郭大民、鞠峰等。

本书的编写，得到了沈阳市汽车综合性能检测中心马绪辉先生和石家庄华燕交通科技有限公司的大力支持，在此表示忠心感谢。

由于作者水平有限，书中难免有不当之处，恳请使用本教材的师生和读者批评指正。

编　者

2019 年 10 月

目录

项目1 车辆人工检验 ▶ 001

任务分析 / 001
学习目标 / 006
相关知识学习 / 007
    一、汽车检测站 / 007
    二、综合性能检测报告单 / 020
    三、人工检验记录单 / 021
    四、申请从事道路运输车辆的技术要求
      （与人工检验相关部分） / 026
    五、在用道路运输车辆的基本技术要求 / 028
    六、人工检验工具与设备 / 033
技能学习 / 035
    一、基础工作 / 035
    二、检验步骤与内容 / 036
技能考核 / 041
    一、准备工作 / 041
    二、考核流程 / 041

项目2 汽车动力性与燃料经济性检测 ▶ 043

学习任务2-1 汽车动力性检测 / 044
任务分析 / 044
学习目标 / 044
相关知识学习 / 045
    一、车辆性能检验记录单 / 045
    二、汽车动力性及其评价指标 / 050
    三、底盘测功台的结构与工作原理 / 050
技能学习 / 059
    一、准备工作 / 060
    二、检测流程 / 061

　　　　　　　三、检测标准 / 062
　　　　　　　四、检测结果分析 / 062
　　　　　技能考核 / 062
　　　　　　　一、准备工作 / 062
　　　　　　　二、考核流程 / 063
　　　学习任务 2-2　汽车燃料经济性检测 / 063
　　　　任务分析 / 063
　　　　学习目标 / 064
　　　　相关知识学习 / 064
　　　　　　　一、汽车燃料经济性及其评价指标 / 064
　　　　　　　二、燃料消耗量检测仪的结构与工作原理 / 065
　　　　技能学习 / 067
　　　　　　　一、准备工作 / 067
　　　　　　　二、检测流程 / 068
　　　　　　　三、检测标准 / 069
　　　　　　　四、检测结果分析 / 070

　　技能考核 / 071
　　　　一、准备工作 / 071
　　　　二、考核流程 / 071

项目3　汽车制动性检测 ▶ 073

　　学习任务 3-1　汽车制动性的台架检测 / 074
　　　　任务分析 / 074
　　　　学习目标 / 074
　　　　相关知识学习 / 074
　　　　　　　一、汽车制动性及其评价指标 / 074
　　　　　　　二、制动检测台的结构原理 / 079
　　　　技能学习 / 084
　　　　　　　一、用反力滚筒式制动检测台检测汽车制动性 / 084
　　　　　　　二、用平板式制动检测台的检测汽车制动性 / 085
　　　　　　　三、检测标准 / 086
　　　　　　　四、检测结果分析 / 089
　　　　技能考核 / 090
　　　　　　　一、准备工作 / 090

二、考核流程 / 090
　学习任务 3－2　汽车制动性的路试检测 / 091
　　任务分析 / 091
　　学习目标 / 091
　　相关知识学习 / 091
　　　一、相关的规定 / 091
　　　二、五轮仪的结构与工作原理 / 092
　　技能学习 / 094
　　　一、行车制动性检测 / 094
　　　二、驻车制动性检测 / 095
　　　三、检测标准 / 095
　　　四、检测结果分析 / 098

　技能考核 / 098
　　一、准备工作 / 098
　　二、考核流程 / 098

项目 4　汽车排放性检测 ▶ 101

学习任务 4－1　汽油车排放性检测 / 102
　任务分析 / 102
　学习目标 / 102
　相关知识学习 / 103
　　一、汽油车排气污染物的检测工况 / 103
　　二、汽油车排气污染物的评价指标 / 107
　　三、汽油车排放性检验项目 / 107
　　四、汽油车排气污染物的检测原理 / 109
　　五、不分光红外线气体分析仪的结构与工作
　　　　原理 / 110
　　六、检验程序 / 112
　技能学习 / 114
　　一、外观检验 / 114

　　二、OBD 检查／114
　　三、排气污染物检测（注册登记和在用汽车）／118
　　四、燃油蒸发排放控制系统检验／125
　　五、检测标准／126
　　六、结果判定／128
　　七、检测结果分析／134
　技能考核／135
　　一、准备工作／135
　　二、考核流程／135
学习任务 4-2　柴油车尾气排放的检测／136
　任务分析／136
　学习目标／136
　相关知识学习／136
　　一、柴油车排放性检验项目／136
　　二、检验流程和要求／137
　　三、柴油车排放性检测方法／139
　　四、柴油车排放性评价指标／139
　　五、烟度计与林格曼烟气黑度图／140
　技能学习／144
　　一、外观检验／144
　　二、OBD 检查／144
　　三、排气污染物检测（注册登记和在用汽车）／144
　　四、检测标准／148
　　五、结果判定／149
　　六、检测结果分析／154
　技能考核／155
　　一、准备工作／155
　　二、考核流程／155

项目 5　转向操纵性检测 ▶ 157

学习任务 5-1　转向轮横向侧滑量的检测／158
　任务分析／158
　学习目标／158

相关知识学习 / 159
　　一、转向操纵系统的一般要求 / 159
　　二、转向轮定位值引起的侧滑 / 159
　　三、滑板式侧滑检验台的结构与工作原理 / 161
技能学习 / 166
　　一、准备工作 / 166
　　二、检测流程 / 167
　　三、检测标准 / 167
　　四、检测结果分析 / 167
技能考核 / 167
　　一、准备工作 / 167
　　二、考核流程 / 168

学习任务 5-2　转向盘最大自由转动量的检测 / 168

任务分析 / 168
学习目标 / 169
相关知识学习 / 169
　　一、简易转向盘自由行程检测仪 / 169
　　二、转向参数测量仪 / 170
技能学习 / 171
　　一、准备工作 / 171
　　二、检测流程 / 171
　　三、检测标准 / 172
　　四、检测结果分析 / 172
技能考核 / 172
　　一、准备工作 / 172
　　二、考核流程 / 173

项目 6　悬架特性检测 ▶ 175

任务分析 / 175
学习目标 / 176
相关知识学习 / 177

　　一、悬架特性评价指标 / 177
　　二、悬架装置检测台的结构原理 / 178
技能学习 / 180
　　一、准备工作 / 180
　　二、检测流程 / 181
　　三、检测标准 / 181
　　四、检测结果分析 / 181
技能考核 / 182
　　一、准备工作 / 182
　　二、考核流程 / 182

项目7　汽车前照灯与喇叭的检测 ▶ 183

学习任务7-1　汽车前照灯检测 / 184
　任务分析 / 184
　学习目标 / 184
　相关知识学习 / 184
　　一、前照灯技术状况的评价指标 / 184
　　二、前照灯的配光特性 / 186
　　三、前照灯检测原理 / 189
　　四、前照灯检测仪的结构与工作原理 / 191
　技能学习 / 194
　　一、准备工作 / 194
　　二、检测流程 / 194
　　三、检测标准 / 195
　　四、检测结果分析 / 197
　技能考核 / 197
　　一、准备工作 / 197
　　二、考核流程 / 198
学习任务7-2　汽车喇叭的检测 / 198
　任务分析 / 198
　学习目标 / 199
　相关知识学习 / 199
　　一、噪声的主要物理参数 / 199

二、噪声的评价指标 / 200
　　　三、声级计的结构与工作原理 / 201
技能学习 / 203
　　　一、检测流程 / 203
　　　二、检测标准 / 204
　　　三、检测结果分析 / 204
技能考核 / 204
　　　一、准备工作 / 204
　　　二、考核流程 / 205

项目8　车速表示值误差的检测 ▶ 207

任务分析 / 207
学习目标 / 208
相关知识学习 / 209
　　　一、车速表示值误差的检测原理 / 209
　　　二、车速表检测台 / 209
　　　三、便携式制动检测仪 / 211
技能学习 / 212
　　　一、用车速表检测台检测车速表示值误差 / 212
　　　二、用便携式制动检测仪检测车速表示值误差 / 213
　　　三、检测标准 / 213
　　　四、检测结果分析 / 213
技能考核 / 214
　　　一、准备工作 / 214
　　　二、考核流程 / 214

附 录 国内外与汽车整车性能检测相关的法律法规和标准简介 ▶ 217

附录Ⅰ 国外与汽车整车性能相关的法律法规和标准 ／ 218

附录Ⅱ 国外汽车排放限值 ／ 222

附录Ⅲ 国内与汽车整车性能相关的法律法规和标准 ／ 232

参考文献 237

项目 1
车辆人工检验

📖 任务分析

目前，全国范围内的汽车综合性能检测站对营运性车辆应该统一执行 GB/T 18565—2016《道路运输车辆综合性能要求和检验方法》（以下简称为 GB/T 18565—2016）。该标准规定了申请从事道路运输车辆和在用道路运输车辆的技术要求，以及在用道路运输车辆的检验方法。该标准适用于申请从事道路运输经营的车辆和正在从事道路运输经营的车辆，从事驾驶员教学等道路运输相关业务的车辆可参照执行。该标准规定的检测报告单式样可参考"道路运输车辆综合性能检测报告单"。

说明：

（1）道路运输车辆：获得道路运输许可，从事经营性道路客、货运输的车辆。

（2）申请从事道路运输车辆：申请办理道路运输经营许可证，并拟从事道路运输经营的已注册车辆。

（3）在用道路运输车辆：正在从事道路运输经营的已注册车辆。

道路运输车辆综合性能检测报告单见表1-1。

表1-1 道路运输车辆综合性能检测报告单

报告编号_____

一、单车（牵引车）基本信息					
号牌号码		委托人			
车辆类型		品牌/型号		营运证号	
注册登记日期		出厂年月		车身颜色	
车辆识别代号		发动机号码		行政区域	
二、挂车基本信息					
号牌号码		委托人			
车辆类型		品牌/型号		营运证号	
注册登记日期		出厂年月		车辆识别代号	
有效行驶证件					
三、检验业务信息					
检验类别		业务类型		检验日期	

四、人工检验结果			
序号	检验项目	判定	不符合项目
1	唯一性认定		
2	故障信息诊断		
3	外观检查		
4	运行检查		
5	底盘检查		
6	核查评定		

五、性能检验结果									
序号	检验项目	检验数据	标准限值	判定	序号	检验项目	检验数据	标准限值	判定
	动力性 /(km·h^{-1})	××.×	≥××.×			高怠速 HC /10^{-6}	××××	≤××××	
	经济性 /[L·(100 km)$^{-1}$]	××.×	≤××.×			高怠速 CO /%	××.××	≤××.×	
	一轴制动率/%	××.×	≥××			高怠速 λ	×.××	×.××~×.××	

续表

五、性能检验结果									
序号	检验项目	检验数据	标准限值	判定	序号	检验项目	检验数据	标准限值	判定
	一轴不平衡率/%	××.×	≤××			怠速HC/10^{-6}	××××	≤××××	
	一轴左轮阻滞率/%	××.×	≤×.×			怠速CO/%	××.××	≤××.×	
	一轴右轮阻滞率/%	××.×	≤×.×			稳态5025工况CO/%	××.××	≤××.×	
	二轴制动率/%	××.×	≥××			稳态5025工况HC/10^{-6}	××××	≤×××	
	二轴不平衡率/%	××.×	≤××			稳态5025工况NO/10^{-6}	××××	≤×××	
	二轴左轮阻滞率/%	××.×	≤×.×			稳态2540工况CO/%	××.××	≤××.×	
	二轴右轮阻滞率/%	××.×	≤×.×			稳态2540工况HC/10^{-6}	××××	≤×××	
	三轴制动率/%	××.×	≥××			稳态2540工况NO/10^{-6}	××××	≤××××	
	三轴不平衡率/%	××.×	≤××			简易瞬态工况CO/(g·km^{-1})	××.××	≤××.×	
	三轴左轮阻滞率/%	××.×	≤×.×			简易瞬态工况HC/(g·km^{-1})	××.××	≤××.×	
	三轴右轮阻滞率/%	××.×	≤×.×			简易瞬态工况NO/(g·km^{-1})	××.××	≤××.×	
	四轴制动率/%	××.×	≥××			简易瞬态工况HC+NO/(g·km^{-1})	××.××	≤××.×	
	四轴不平衡率/%	××.×	≤××			光吸收系数/m^{-1}	××.××	≤×.×	
	四轴左轮阻滞率/%	××.×	≤×.×			滤纸烟度(BSU)	××.××	≤×.×	
	四轴右轮阻滞率/%	××.×	≤×.×			加载减速工况100%/m^{-1}	××.××	≤×.××	

续表

五、性能检验结果									
序号	检验项目	检验数据	标准限值	判定	序号	检验项目	检验数据	标准限值	判定
	五轴制动率/%	××.×	≥××			加载减速工况 90%/m^{-1}	××.××	≤×.××	
	五轴不平衡率/%	××.×	≤××			加载减速工况 80%/m^{-1}	××.××	≤×.××	
	五轴左轮阻滞率/%	××.×	≤×.×			实测最大轮边功率/kW	××.×	≥××.×	
	五轴右轮阻滞率/%	××.×	≤×.×			左外灯远光光强/cd	×××××	≥×××××	
	六轴制动率/%	××.×	≥××			左外灯远光垂直偏移量/H	×.×××	×.××~×.××	
	六轴不平衡率/%	××.×	≤××			左外灯远光水平偏移量/[mm·(10 m)$^{-1}$]	左（右）×××	左×××~右×××	
	六轴左轮阻滞率/%	××.×	≤×.×			左外灯近光垂直偏移量/H	×.×××	×.××~×.××	
	六轴右轮阻滞率/%	××.×	≤×.×			左外灯近光水平偏移量/[mm·(10 m)$^{-1}$]	左（右）×××	左×××~右×××	
	单车（牵引车）整车制动率/%	××.×	≥××			左内灯远光光强/cd	×××××	≥×××××	
	挂车整车制动率/%	××.×	≥××			左内灯远光垂直偏移量/H	×.×××	×.××~×.××	
	单车（牵引车）驻车制动率/%	××.×	≥××			左内灯远光水平偏移量/[mm·(10 m)$^{-1}$]	左（右）×××	左×××~右×××	
	列车整车驻车制动率/%	××.×	≥××			右外灯远光光强/cd	×××××	≥×××××	
	列车制动时序	挂先于等于牵 扶挂于牵	挂先于等于牵			右外灯远光垂直偏移量/H	×.×××	×.××~×.××	

续表

五、性能检验结果

序号	检验项目	检验数据	标准限值	判定	序号	检验项目	检验数据	标准限值	判定
	列车制动协调时间/s	x.xx	≤x.x			右外灯远光水平偏移量/$[mm \cdot (10\ m)^{-1}]$	左（右）×××	左×××~右×××	
	牵引车/列车整车制动率比/%	xx.x	≥xx			右外灯近光垂直偏移量/H	x.xxx	x.xx~x.xx	
	挂车/列车整车制动率比/%	xx.x	≥xx			右外灯近光水平偏移量/$[mm \cdot (10\ m)^{-1}]$	左（右）×××	左×××~右×××	
	路试 MFDD /$(m \cdot s^{-2})$	xx.xx	≥xx			右内灯远光光强/cd	×××××	≥×××××	
	路试制动稳定性	（不）稳定	稳定			右内灯远光垂直偏量/H	x.xxx	x.xx~x.xx	
	路试坡道驻车情况	（不）溜坡	不溜坡			右内灯远光水平偏移量/$[mm \cdot (10\ m)^{-1}]$	左（右）×××	左×××~右×××	
	路试制动距离/m	xx.x	≤xx.x			车速表/$(km \cdot h^{-1})$	xx.x	xx.x~xx.x	
	第一转向轮侧滑量/$(m \cdot km^{-1})$	-(+)xx.x	-(+)x~-(+)x			喇叭声压级/dB（A）	×××.×	××~×××	
	第二转向轮侧滑量/$(m \cdot km^{-1})$	-(+)xx.x	-(+)x~-(+)x						

六、备注

七、检验结论

授权签字人：　　　　　　　　　　检验机构名称（盖单）

YYYY 年 MM 月 DD 日

从表1-1中可以看出，第一、第二和第三项为车辆和业务信息登记，此处不再解释；第四项和第五项为具体检测项目，即在用道路运输车辆综合性能检验分为"人工检验"和"性能检验"两部分。所以按检测报告单的顺序（也是实际检车的顺序），第一个检测项目即为车辆人工检验，具体检验项目包括唯一性认定、故障信息诊断、外观检查、运行检查、底盘检查和核查评定。

本项目（学习任务）主要学习申请从事道路运输车辆和在用道路运输车辆人工检验相关技术要求和检验方法。

学习目标

1. 能够正确描述汽车检测站的任务、类型和组成。
2. 能够正确描述汽车检测站计算机控制系统的工作原理、组成及各子系统的功能。
3. 能够根据检测站"人工检验记录单"的要求，逐一进行各项目检查并给出准确判定。
4. 培养良好的安全、卫生、环保及团队协作的职业素养。
5. 检查、记录和评价工作结果。

相关知识学习

一、汽车检测站

汽车检测站是综合运用现代检测技术，对汽车实施不解体检测诊断的机构。它具有现代的检测设备和检测方法，能在室内检测出车辆的各种性能参数，并能诊断出各种故障，为全面、准确评价汽车的使用性能和技术状况提供可靠依据。

1. 检测站任务

按中华人民共和国交通部令第29号《汽车运输业车辆综合性能检测站管理办法》的规定，汽车检测站的主要任务如下。

（1）对在用运输车辆的技术状况进行检测诊断。

（2）对汽车维修行业的维修车辆进行维修质量检测。

（3）接受委托，对车辆改装、改造、报废及其有关新工艺、新技术、新产品、科研成果等项目进行检测，提供检测结果。

（4）接受公安、环保、商检、计量和保险等部门的委托，为其进行有关项目的检测，提供检测结果。

2. 检测站类型

按不同的分类方法，汽车检测站可以分为不同的类型。

1）按服务功能分类

汽车综合性能检测站划分

按服务功能检测站可分为安全环保检测站（以下简称安检站）、维修检测站和综合性能检测站（以下简称综检站）3种类型。

（1）安检站。安检站是国家的执法机构，不是营利性企业。它按照国家规定的车检法规，定期检测车辆中与安全和环保有关的项目，以保证汽车安全行驶，并将污染降低到允许的限度。这种检测站对检测结果往往只显示"合格"和"不合格"两种，而不作具体数据显示和故障分析，因而检测速度快，检测效率高。检测合格的车辆凭检测结果报告单办理年审签证，在有效期内准予车辆行驶。这种检测站一般由车辆管理机关直接建立，或由车辆管理机关认可的汽车运输企业、汽车维修企业等企业单位或事业单位建立，也可多方联合建立。

目前，安检站执行的检测标准有：GB/T 7258—2017《机动车运行安全技术条件》（以下简称为GB/T 7258—2017）、GB/T 18285—2018《汽油车污染物排放限值及测量方法》（双怠速法及简易工况法）（以下简称为GB/T 18285—2018）、GB/T 3847—2018《柴油车污染物排放限值及测量方法》（自由加速法及加载减速法）（以下简称为GB/T 3847—2018）。

（2）维修检测站。维修检测站主要是从车辆使用和维修的角度，担负车辆维修前、后的技术状况检测。它能检测出车辆的主要使用性能，并能进行故障分析与诊断。其一般由汽车运输企业或汽车维修企业建立。

（3）综检站。综检站既能担负交通运输管理部门的综合性能检测、公安车辆管理部门的安全性检测及环保部门的环保性能检测，又能担负车辆使用、维修企业的技术状况诊断，还能承接科研或教学方面的性能试验和参数测试。这种检测站检测设备多，自动化程度高，数据处理迅速准确，因而功能齐全，检测项目多，可为合理制定诊断参数标准、诊断周期以及为科研、教学、设计、制造和维修等部门或单位提供可靠依据，并能担负对检测设备的精度测试等工作。

目前，综检站执行的检测标准有 GB/T 18565—2016、GB/T 18285—2018、GB/T 3847—2018，如果综检站能够承担公安部门的车辆年检任务，则还须执行标准 GB/T 7258—2017。

此外，对于道路运输车辆，进行综合性能检测的最终目的是给出车辆的技术等级评价，所以还须执行标准 JT/T 198—2016《道路运输车辆技术等级划分和评定要求》（以下简称为 JT/T 198—2016）。

2）按规模大小分类

按规模大小，检测站可分为大、中、小 3 种类型。

（1）大型检测站检测线多，自动化程度高，年检能力大，且能检测多种车型。大型综检站可作为一定地区范围内的检测中心。

（2）中型检测站至少有两条检测线，目前国内地市级及以上的城市建成或正在筹建的检测站多为这种类型。

（3）小型检测站主要指那些服务对象单一的检测站。如规模不大的安检站和维修检测站就属于这种类型，它不能担负更多的检测任务。这种检测站设有一条或两条作用相同的检测线。如果是一条检测线，它往往能兼顾大、小型汽车的检测；如果是两条检测线，则其中一条线往往是专检小型汽车，而另一条线则大小型汽车兼顾。这种规模的检测站在国外较为常见。

有些检测站虽然服务对象单一，但站内设置的检测线较多，因而不应再称为小型检测站。如国外把拥有四条安全环保检测线的检测站视为中型检测站。

3）按自动化程度分类

按检测线的自动化程度分类，检测站可分为手动式、全自动式和半自动式 3 种类型。

（1）手动式检测站的各检测设备，由人工手动控制检测过程，从各单机配备的指示装置上读数，笔录检测结果或由单机配备的打印机打印检测结果，因而占用人员多、检测效率低、读数误差大，多适用于维修检测站。

（2）全自动式检测站利用计算机控制系统将检测线上各检测设备连接起来，除车辆上部和下部的外观检查项目仍需人工检查外，能自动控制其他所有工位上的检测过程，使设备的起动与运转、数据采集、分析判断、存储、显示和集中打印报表等全过程实现自动化。检测线负责人可坐在主控制室内通过监控系统观察各工位的检测情况，并通过检测程序向各工位受检车辆的引车员和检测员发出各种操作指令。每一项检测结果均能在主控制室内的计算机显示器、工位测控计算机显示器及各工位上的检验程序指示器上同时显示，因而检测线负责人、各工位检测员和引车员均能随时了解每一项检测结果。

由于全自动式检测站自动化程度高，检测效率高，能避免人为的判断错误，因而获得广泛应用。目前国内外的检测站几乎全部为这种形式。

（3）半自动式检测站的自动化程度或范围介于手动式和全自动式检测站之间，一般是在原手动式检测站的基础上将部分检测设备（如侧滑检测台、制动检测台、车速表检测台等）与计算机联网以实现自动控制，而另一部分检测设备（如烟度计、尾气分析仪、前照灯检测仪、声级计等）仍然手动操作。当计算机联网的检测设备因故不能进行自动控制时，各检测设备仍可手动使用。

4）按站内检测线数分类

按站内检测线数分类，检测站可分为单线检测站、双线检测站、三线检测站等多种类型。总之，站内有几条检测线，就可以称为几线检测站。

5）按所有制形式分类

按所有制形式分类，检测站可分为全民所有（国家经营）检测站、集体所有（集体经营）检测站和个体所有（私人经营）检测站3种类型。例如，日本就有国家车检场和民间车检场之分，我国也早已出现集体所有制企业建立的检测站和私人经营的检测站。

3. 汽车检测站的组成及工位布置

1）检测站组成

检测站主要由一条至数条检测线组成。

安检站一般由一条至数条安全环保检测线（以下简称安检线）组成；维修检测站一般由一条至数条综合性能检测线（以下简称综检线）组成；综检站一般由安检线和综检线组成，可以各为一条，也可以各为数条。国内交通系统建成的检测站大多属于综检站，一般由一条安检线和一条综检线组成，如图1-1所示。

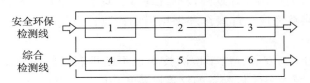

图 1-1 双线综检线平面布置示意图
1—外观检查工位；2—侧滑制动车速表工位；3—灯光尾气工位；
4—车底检查及车轮定位工位；5—制动工位；6—底盘测功工位

由于对环境保护的日益重视，环保管理部门要求对机动车的排放性能进行单独检测，所以一些综检站也单独设置了一条至数条环保检测线，主要用于机动车尾气排放性能的检测。

对于独立而完整的检测站，除检测线外，还应包括停车场、清洗站、泵气站、维修车间、办公区和生活区等设施。

2）检测线组成和工位布置

不管是安检线还是综检线，它们都由多个检测工位组成，布置形式多为直线通道式，检测工位则是按一定顺序分布在直线通道上。

（1）安检线。手动式和半自动式的安检线，一般由外观检查（人工检查）工位、侧滑制动车速表工位和灯光尾气工位组成。其中，外观检查工位带有地沟。全自动式安检线既可以由上述三工位组成，也可以由四工位或五工位组成。五工位一般是汽车资料输入及安全装置检查工位、侧滑制动车速表工位、灯光尾气工位、车底检查工位（带有地沟）、综合判定及主控制室工位，如图1-2所示。

对于安检线，不论是三工位、四工位，还是五工位，也不论工位顺序如何编排，其检

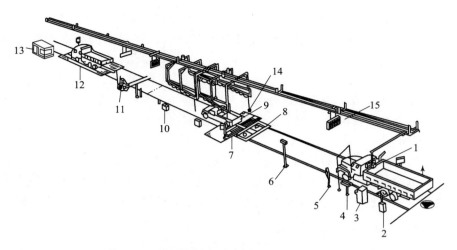

图1-2 典型五工位全自动安检线工位布置图

1—进线指示灯；2—烟度计；3—汽车资料登录计算机；4—安全装置检查不合格项目输入键盘；5—烟度计检验程序指示器；6—摄像机；7—制动检测台；8—侧滑检测台；9—车速表检测台；10—尾气分析仪；11—前照灯检测仪；12—车底检查工位；13—主控制室；14—车速表检测申报开关；15—检验程序指示器

测项目是固定的，因而均布置成直线通道式，以利于进行流水作业。

（2）综检线。目前在用及计划建设的综检线，均能全面承担检测站的任务，是职能最全的检测线，既能够完成全部安全环保项目的检测，也能够完成全部综合性能项目的检测。

随着汽车技术的不断发展，汽车检测技术也不断更新，新的检测设备逐渐被研发生产，检测线的工位布置及各工位配备的仪器设备和功能也不断改进。典型六工位双线综检线平面布置如图1-3所示。

4. 检测站的工艺路线

对于一个独立而完整的检测站，汽车进站后的工艺流程如图1-4所示。图1-5所示为GB/T 21861—2017《机动车安全技术检验和方法》规定的车辆安全技术检验流程。

5. 汽车检测站的计算机控制系统

1）汽车检测站计算机控制系统的功能

（1）能输入、传输、存储、查询和打印汽车资料。

（2）除车上、车底外观检查，汽车资料输入，插入与取出排气分析仪（或烟度计）探头，以及移动声级计等工作仍须人工操作外，其余各检测项目均能由计算机实现全自动控制，即检测设备的运行自动控制，数据的采集、处理、判定、显示、打印、存储、统计等，均能自动进行。

（3）检测结果既能在主控制室的计算机显示器上以数据、图表、曲线等方式进行动态显示，同时又能在工位检验程序指示器上合格以"○"、不合格以"×"或直接用文字显示，并能集中打印检测结果报告单。

（4）主控制室能对全线实行监控和调度。

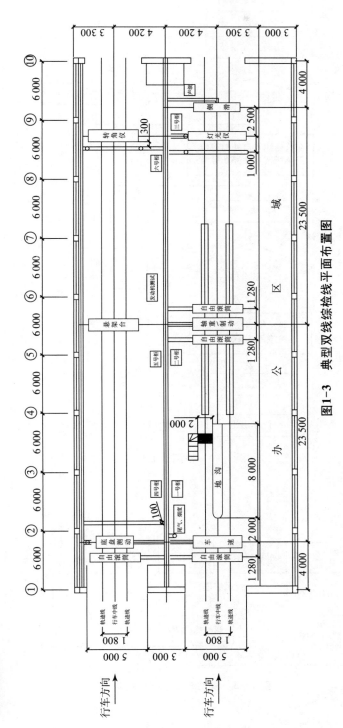

图1-3 典型双线综检线平面布置图

性能检测站工位布局

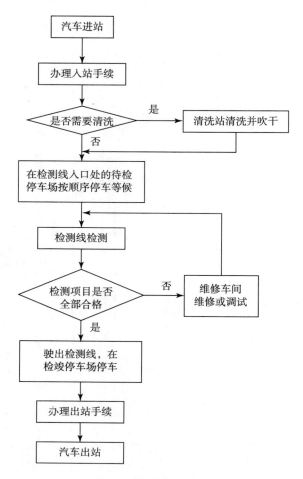

图1-4 检测站工艺流程

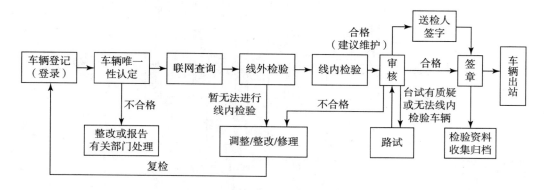

图1-5 机动车安全技术检验流程

(5) 具有指令汽车驾驶人(或汽车引车员)操作的检验程序指示器(灯箱、彩色显示器或电子灯阵)。

(6) 具有丰富的软件功能。

2）检测站计算机控制系统的工作原理

汽车检测站计算机控制系统是将计算机技术与自动控制技术、网络通信技术相结合，对车辆的安全性、动力性、燃料经济性、尾气排放、整车装备等参数进行测量、计算、判断，并将结果进行输出、存储、传送的智能化系统，它具有实时性、可靠性、准确性的特点，是现代汽车检测作业中不可或缺的重要工具。

对检测站的计算机控制系统而言，其终端被控对象通常可分为力、速度、位移、流量、光、气体参数等，这些被控对象抽象起来，又可分为模拟量和开关量，控制系统通过A/D或I/O装置将模拟量或开关量转换成计算机可识别的数字量，经计算机处理后，再通过D/A或I/O装置驱动执行机构，完成汽车检测的控制过程。计算机控制系统示意图如图1-6所示。

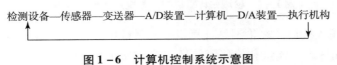

图1-6 计算机控制系统示意图

3）检测站计算机控制系统的组成

检测站计算机控制系统由硬件部分和软件部分组成，其中硬件部分包括计算机及其外部设备、外部接口、传感器及前端处理单元等；软件部分包括系统软件、应用软件及数据库等。

（1）计算机及外部设备。由CPU、ROM、RAM、外存储器、键盘、鼠标、扫描仪、显示器和打印机等组成，是计算机控制系统的中枢。

（2）外部接口。由模拟量输入/输出接口、开关量输入/输出接口和通信接口组成，是计算机与控制对象交互信息的桥梁。

（3）传感器。由压力传感器、位移传感器、电磁传感器和流量计等组成，是将力、位移、速度、流量等检测对象转换成计算机可识别对象的工具。

（4）前端处理单元。由放大器、执行机构等组成，前者将传感器信号调理、放大、传送到外部接口设备，后者将外部接口设备的控制动作传递给检测设备。

（5）系统软件。由操作系统、编译软件等组成，是应用软件赖以运行的平台。

（6）应用软件。应用软件是程序员根据用户要求编制的，完成检测、控制、管理功能的程序语言，是计算机控制系统的灵魂。

（7）数据库。数据库是存储、管理历史数据的空间。

4）检测站计算机控制系统的常用部件

检测站计算机控制系统的硬件配置框图如图1-7所示。

（1）传感器。传感器是指能感受规定的被测量并按一定的规律将其转换成可用输出信号的器件或装置。可见，传感器将电量或非电量等被测量，按一定的规律转换成可供后续处理装置识别的输出量。传感器通常由敏感元件、转换元件及转换电路组成。

检测站计算机控制系统中常用的传感器有压力传感器、位移传感器、电磁传感器、流量传感器、气体成分传感器和光强传感器等。

（2）调理单元。压力、位移等被测量经传感器转换后，通常为毫伏级信号，这些微弱信号在传输过程中易受干扰而失真，因此，必须经过调理、放大后，方可远距离传送。此外，放大器的另一个作用是将这些微弱信号放大，使其可与A/D转换的输入电压相匹配。

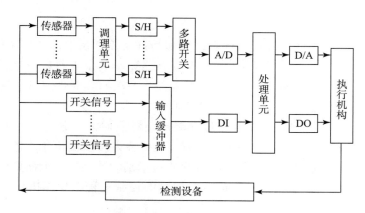

图1-7 检测站计算机控制系统的硬件配置框图

（3）模拟量输入接口。在检测站计算机控制系统中，模拟量输入接口的任务是把被控对象的模拟量，如压力、流量和位移等信号，转换成计算机可以识别的数字量信号。模拟量输入接口一般由多路模拟切换开关、采样保持器（S/H）、模/数转换器（A/D）和控制电路组成。其中，采样保持器的作用是在 A/D 转换器的转换时间内保持输入模拟信号不变，以保证 A/D 转换器的正常工作。

（4）开关量输入/输出接口。可用两种状态来表示的信号称为开关量信号。开关量可分为电平式和触点式，前者的状态为高电平或低电平，后者的状态为闭合或断开。此外，按供电方式开关量又可分为有源和无源两种。

在检测站计算机控制系统中，开关量输入/输出接口的应用十分普遍。常见的应用有：检测车辆就位状态，在车速或尾气检测中起动一次测量，在检测过程中控制滚筒、举升器的动作，等等。

（5）串行异步通信。PC 机一般都配有两个串行异步通信接口，用以实现计算机与计算机或计算机与外部设备之间的通信。串行是指数据在一个信道上按位依次传送的方式。异步是指发送端和接收端之间无同步时钟，接收端根据事先约定的波特率接收发送端传送的数据。

理论上，串行异步通信距离不大于 15 m。在实际应用中，为防止噪声干扰，通过对传送的数据包增加校验码的方法，可使串行异步通信距离保持在 80～100 m。

（6）计算机网络。检测站计算机控制系统的网络结构一般分为 3 层，即现场控制网络、站内局域网和广域网。其中现场控制网络将传感器、放大器、执行机构、二次仪表、控制计算机连接起来，完成各类底层控制。站内局域网将检测站控制系统内的各台计算机、服务器连接起来，通过信息的传输、存储、共享，完成对检测全过程的业务管理。广域网是管理部门通过专线，将一定区域内的检测站连接起来，从而实现更大范围内的信息共享，以实现对区域内各检测站的监督和管理。

5）检测站计算机控制系统的软件构成

（1）系统软件。系统软件包括操作系统和数据库管理系统。

① 操作系统。操作系统是直接运行于计算机硬件之上，管理和控制计算机软、硬件资源的最基本的系统软件。操作系统具有处理器管理、作业管理、存储管理、文件管理和设备管理 5 大管理功能。在检测站计算机控制系统中，Windows2000 操作系统的应用较为

广泛。

② 数据库管理系统。数据库管理系统能够有组织地、动态地存储大量数据，使人们能方便、高效地使用这些数据。现在比较流行的数据库有 FoxPro、DB-2、Access、SQL-server 等。

（2）应用软件。应用软件是用户可以使用的各种程序设计语言，以及用各种程序设计语言编制的应用程序的集合，分为应用软件包和用户程序。应用软件包是利用计算机解决某类问题而设计的程序的集合，供多用户使用。应用软件是为满足用户不同领域、不同问题的应用需求而提供的那部分软件，主要有信息管理软件、文字处理软件、辅助设计软件和实时控制软件等。

6）检测站计算机控制系统的控制方式

检测站的计算机控制系统通常由系统集成厂商承建，在建造成本、技术应用、当地主管部门及检测站的管理要求等众多因素的影响下，不同的系统集成商对控制系统的设计方法各有侧重，不尽相同，一般可分为以下几种。

（1）集中式。集中式控制方式由主控制计算机单独完成测控工作。除汽车资料输入由登录计算机完成并发往主控制计算机外，各工位的检测信号经放大后也都直接送往主控制计算机，因而全线的数据采集、处理、判定、显示、打印、存储、统计和检测过程控制等全部工作均由主控制计算机完成，其框图如图 1-8 所示。这种方式的优点是结构简单，价格低廉；缺点是主控制计算机负担重，可靠性差，发生故障后易造成全线停止工作，另外由于信号传输距离较长，故信号在传输中易受干扰。

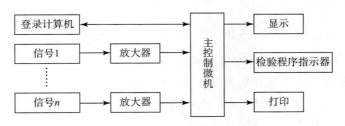

图 1-8　集中式控制方式框图

（2）接力式。接力式控制方式由各工位测控计算机完成测控工作。工位测控计算机分布在各工位上，因而也可以称为分布式控制方式，其框图如图 1-9 所示。各工位检测信号经放大后送至工位测控计算机进行处理、判定，然后在检验程序指示器显示，并按顺序传送至末级工位测控计算机。全线检测数据和检测结果由末级工位测控计算机显示并打印

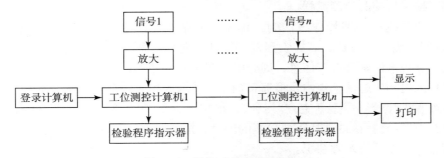

图 1-9　接力式控制方式框图

出检测结果报告单。这种方式的优点是结构简单、价格低廉、可靠性较高;缺点是功能稍差,对较高程度的自动控制和较复杂的检测对象适应性差。

(3) 分级分布式。分级分布式控制方式是应用较为广泛的一种控制方式。图 1-10 所示为二级分布式控制方式框图。其第一级为测控现场控制级,由分布在各工位上的测控计算机完成测控工作,主要担负检测设备运行控制、数据采集和通信等任务;第二级为管理级,由主控计算机完成测控工作,具有安排检测程序、担负全线调度、综合判定检测结果、存储并集中打印检测结果报告单和管理数据库等功能。

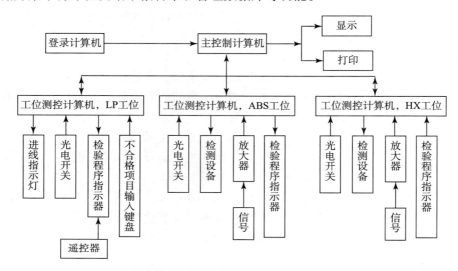

图 1-10 二级分布式控制方式框图

7) 检测站计算机控制系统各子系统的功能和结构

(1) 登录注册系统。登录注册系统工作流程如图 1-11 所示,它是检测站计算机控制系统检测流程的起点,它将车辆基本信息和检测项目录入计算机控制系统,为主控系统控制和报告打印提供信息。

登录注册系统界面一般包括查询条件区、车辆基本信息区、检测项目选择区等几部分。根据查询条件区的车型和车牌号码,可以在交通管理部门的车辆信息数据库中检索到车辆的灯制、驱动形式、车主单位、车辆类型、底盘号、发动机号、燃油类别、初次登记日期、总质量、载质(客)量、外廓尺寸、核定载客数等相关基本信息,并显示在车辆基本信息区相应的信息块中。在检测项目选择区中选择车辆需要检测的项目,可以通知主控系统按照需检项目控制检测流程。

登录注册系统的一般操作方法为:首先,选择号牌种类,录入车牌号码按"查询"(或具有相同功能的)按钮,若检索到该车信息,则将信息显示在车辆基本信息区内相应的信息块中。若未检索到该车信息,则分以下两种方法处理:如果该车是外地车,则在车辆基本信息区内相应的信息块中,根据车辆行驶证录入相应信息;如果为本地车,则应核对号牌种类和车牌号码后重新查询。其次,根据车辆的检测类别(技术评定、二级维护等),在检测项目选择区内选择需要检测的项目,按"录入"(或具有相同功能的)按钮,将车辆信息和检测项目录入系统。

登录注册系统在使用中应注意:查询条件应该准确无误,按车辆行驶证输入的信息应

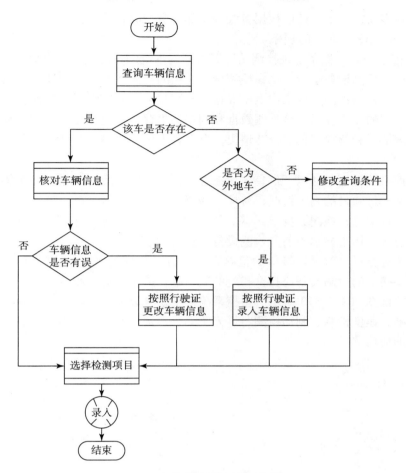

图 1-11 登录注册系统工作流程

完整、准确。

（2）调度系统。调度系统流程如图 1-12 所示。调度系统的功能为：按照车辆实际到达检测车间的顺序，根据检测线的当前负载情况（多线情况下），选择待检车辆上线检测。

调度系统界面一般包括：待检车辆列表，用来显示登录注册系统已经录入的车辆的车号、车型、待检项目、检测序列号等信息；多个发送按钮（多线情况下），每个按钮对应检测车间内的一条检测线。

在一站多线的情况下，计算机控制系统对已注册的车辆可实现无序调度。

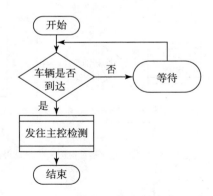

图 1-12 调度系统流程

调度系统的一般操作方法为：按照车辆实际到达检测车间的顺序，根据到达车辆的车型和车牌号码选择调度系统界面上待检车辆列表中相应的车辆条目，根据检测车间内各检测线的负载情况选择发送按钮，将车辆信息发往相应检测线的主控程序，开始检测。

调度系统在使用中应注意：仔细核对到达车辆与待检车辆列表中的车型和车牌号码，

防止误发。在多线情况下，还应根据各线的实际负载情况合理选择检测线，防止发生一边"吃不了"一边"吃不饱"的现象。

（3）主控系统。主控系统是检测站计算机控制系统的核心模块，它根据被检车辆需要检测的项目控制检测设备运行，采集检测设备返回的检测数据，对检测数据按照国家相应标准进行判定。控制检测线各工位电子屏显示检测结果和判定结果，按照检测流程给引车员及检测员相应的操作提示。将检测数据和判定结果存入本地数据库。在主控界面显示在检车辆的检测情况和待检车辆的排队情况，以及各工位的检测数据和各工位电子屏幕的提示信息。

一般主控系统界面包含以下信息区：在检车辆状态区，用来显示在检车辆当前正在检测的项目及已检过项目的判定情况；待检车辆信息区，用来显示已由调度系统发来但还未进行检测的车辆信息；检测数据显示区，用来显示各工位当前正在检测车辆的检测数据；检测设备状态区，用来显示当前各检测设备的运行状态。

主控系统运行后，对模拟接口的检测设备应打开相应的 A/D 通道，将模拟输入信号调零。对数字接口的检测设备应打开相应的数字端口或串行通信端口。

主控系统框图如图 1-13 所示。主控系统通常包含以下功能模块：外观检测、底盘检测、尾气检测、速度检测、制动检测、灯光检测、声级检测、侧滑检测、悬架检测、底盘测功检测、油耗检测等。

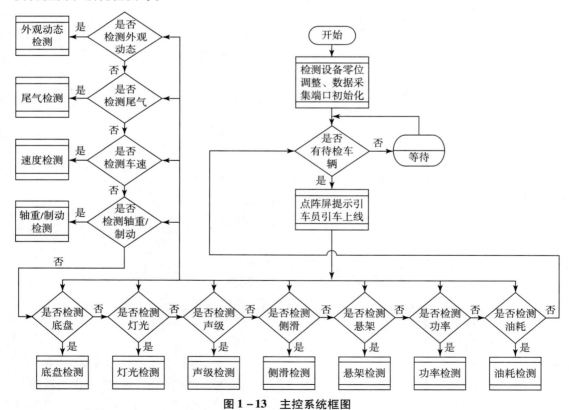

图 1-13 主控系统框图

（4）打印系统。打印系统能够按照规定的报告式样，根据检测结果，在检测报告的相应位置打印出车辆的基本信息和各个检测项目的检测数据，并给出判定结果和评语。

打印系统界面一般由查询条件组合框、查询结果列表框和一些按钮组成。查询条件一般为号牌种类、车牌号码和起止时间段，根据查询条件可以将符合条件的结果显示在查询结果列表框中。

打印系统的一般操作步骤为：录入查询条件，按"查询"按钮，在查询结果列表框中显示符合查询条件的记录，选择检测结果列表框中想要打印的记录，按"打印"按钮，即可打印出该记录对应的检测报告（也可先预览后打印）。

(5) 监控系统。监控系统将前端摄像机采集的视频信号，通过传输线路集中到监视器或录像机，供实时监控或存档查询。

根据视频采集和存储方式的不同，监控系统分为模拟式和数字式两种。模拟式监控系统前端采用模拟或数字摄像机采集视频信号，后台使用录像机加录像磁带存储视/音频资料。数字式监控系统前端采用数字或模拟摄像机采集视频信号，后台使用数字硬盘录像机存储视/音频资料。

由于数字式监控系统具有图像分辨率高、压缩比大、节省存储介质空间、操作简便、检索回放便捷等优点而广为应用。

(6) 客户管理系统。客户管理系统根据各个检测站自身业务处理的不同而略有差异，检测站客户管理系统一般分为客户接待、业务收费、财务审核和领导查询等功能模块。

客户接待模块是将送检单位、车辆及其他相关信息录入客户管理数据库中。业务收费模块根据系统中设定的收费标准收取检测费，并打印收费凭证。财务审核模块对业务处理过程中产生的应收、应付款提供审核和对账功能。领导查询模块提供对客户、财务等信息的综合查询和统计功能。

(7) 系统维护。系统维护一般包括检测设备的软件标定、检测判定标准的维护、数据库的定期备份、硬件维护、软件维护等功能。

① 设备的软件标定。主要针对模拟接口设备，即在检测设备硬件标定的同时，调整对应模拟通道的满程值，使该通道的示值在设备说明书中规定的误差范围之内。

② 检测判定标准的维护。应具备查询所有检测标准限值的界面，未经授权不允许用户随意改动标准限值。

③ 数据库的定期备份。因为系统故障具有突发性、毁灭性，为防止系统发生灾难性故障，检测站计算机控制系统应提供定期备份功能。数据库备份功能可以提供人工手动备份模式或系统自动备份模式。

④ 硬件维护。具有模拟量输入/输出通道故障诊断功能、开关量输入/输出通道故障诊断功能、通信链路故障诊断功能。

⑤ 软件维护。提供计算控制系统安装软件包，用户可自行恢复控制系统。

(8) 查询统计系统。为及时掌握检测站的运行情况，检测站计算机控制系统应具备按任意时间段进行查询统计的功能。查询系统一般包括：车辆检测峰值统计、车辆单位统计、送检单位统计、检测合格率统计、引车员工作量统计、营收情况统计等功能，并能按照一定的查询条件自动生成统计报表。

8) 检测站计算机控制系统的发展趋势

随着计算机控制技术和网络通信技术的发展，检测站计算机控制系统也在不断的发展，特别是检测站的管理部门从加强管理、服务群众的角度出发，促使检测站在运用新技术、提高检测效率、增加检测透明度、完善便民措施等方面做了大量的工作。检测站计算机控制系统的发展呈现出以下三个特点。

（1）从单站联网向区域联网发展。传统的检测站计算机控制系统仅限于单个检测站联网运行，已经难以满足管理部门对检测站的管理要求。目前，某个城市或更大区域范围内检测站之间、检测站与管理部门之间的联网运行已经成为可能。通过区域联网，管理部门可以实现检测数据共享，可以通过现场实时监控及检测数据对比等方法，规范检测站的运行，并可异地检测签章，方便了广大车主。

（2）从检测系统向管理系统发展。随着我国车辆保有量的不断增长以及检测市场的社会化，检测站在坚持检测标准，科学、公正地提供检测数据的同时，将会更加重视对客户资源的管理。一个集检测控制、客户管理、财务管理、档案管理于一体的检测行业信息化管理系统，将会日趋成熟和完善。

（3）从集散控制向现场总线发展。现场总线系统是20世纪90年代发展起来的新型工业控制系统，它通过智能仪表把控制和管理的功能从总控室移向工作现场。目前，检测设备的生产厂家已将信号采集、判定、显示、控制等功能集成到智能仪表中，再通过串行接口或工业以太网卡将数据传递到后台。可以预见，随着现场总线接口标准的统一，检测站计算机控制系统将在实时性、可维护性、可移植性等方面出现崭新的变化。

二、综合性能检测报告单

1. 检验报告的格式

道路运输车辆综合性能检验报告单（以下简称综检报告单）的格式式样见表1-1。

2. 检验报告打印要求

1）纸张

综检报告统一采用A4纸张打印。

2）检验报告编号

编排规则："地区代码（6位）"+"检验机构代码（3位）"+年月日（YYYYMMDD）+"检验序号（4位）"。其中，"检验序号"按当日检车数量的次序打印。

3）挂车基本信息

如检验不含挂车，则该栏内所有项目打印"—"。

4）检验类别

打印相应类别，如"技术等级评定""二级维护竣工质量检验""汽车大修竣工质量检验"等。

5）业务类型

打印受检车辆的属性：申请从事道路运输车辆打印"申请"，在用道路运输车辆打印"在用"。

6）检验日期

打印车辆检验下线时间，格式为："YYYY - MM - DD hh：mm：ss"。

7)人工检验结果

"人工检验结果"栏打印实际开展的人工检验项目。"检验类别"为"技术等级评定"时,对于申请从事道路运输的车辆需打印"核查评定"项;"判定"栏打印总检验结果。当检验合格时,在"判定"栏打印"合格",在对应"不符合项目"栏打印"无";当检验不合格时,在"判定"栏打印"不合格",并在"不符合项目"栏中填写不合格项目名称,例如:制动管路、传动件异响等,多个项目之间用"、"分隔。对于挂车不合格的人工检验项目,打印"(挂)"加不合格项目名称。

8)性能检验结果

"性能检验结果"栏只打印实际开展的检验项目及其检验数据,"序号"从"1"开始计数,由计算机软件自动生成并排序;"标准限值"栏打印本标准规定的项目及参数限值,"判定"栏打印对应项的评价结果,即"合格"或"不合格";"检验类别"为"技术等级评定"时,对于视同合格项和视同一级项,在相应"检验数据"栏中打印"—","判定"栏打印"合格"或"一级"。

9)备注

"备注"栏打印:车辆调修建议、解释说明或温馨提示等信息,对于合格车辆此栏目可以为空。

由于前照灯远光光束中心离地高度低于近光光束明暗截止线转角或中点的离地高度而导致远光光束垂直偏移不合格时,应在备注栏标注"远光光束低于近光光束"。

10)检验结论

"检验结论"栏打印:整车检验结论,如"合格""不合格""一级"或"二级","授权签字人"签字确认,标注签发日期,并加盖检验机构检测专用章。

3. 其他有关说明

(1)报告须加盖检测专用章。数据涂改、局部复印和整件复印而未重新盖章均为无效。

(2)报告一式三份:委托人、检验机构和道路运输管理机构各执一份,其中委托人和检验机构必须是书面检测报告,道路运输管理机构也可采用电子检验报告。

(3)对报告如有异议,可在报告签发之日起十日内向检验机构提出,逾期视为已经确认。对检测服务质量不满意的,可向所在地道路运输管理机构投诉。

三、人工检验记录单

1. 车辆人工检验

车辆外检即车辆在检测线外(外检工位)检测的意思,外检的项目大多数由人工检查。车辆人工检验通常分为唯一性认定、故障信息诊断、外观检查、运行检查和底盘检查五部分。如果在外检工位设有检验地沟并配有车辆底盘间隙观察仪,则上述五部分内容均在外检工位进行。但大多数检测站,将检验地沟及底盘间隙观察仪设置在检测线上,此时外检工位不再进行底盘检查。

车辆外观检查、运行检查和底盘检查均由检测员人工（或借助简单仪器）完成，所以在综检报告单中，将上述三项检查均归类于人工检验，并且将车辆运行检查归类于外观检查项目中。

车辆外观检查由于主要通过人工检验的方法进行逐项检查，所以也称为人工检验。车辆外观检查是车辆进入台架检测（线内检测）前的第一项工作，其主要目的有下列几点。

（1）核查非法车辆。汽车检测作为保障安全运行、保护环境、节约能源、促进公路运输事业发展的重要手段，是政府的强制措施。汽车进行检测前，应首先对车辆的唯一性进行确认，要核对行驶证、营运证，要核对外廓尺寸，要严查私自改装、套牌和拼装车。在车辆唯一性确认后，方可上线检测。唯一性的确认由专人（通常是公安车管人员）逐一核对检视后，才能确定。

（2）保证线内检测秩序。部分车辆由于使用不当或维护不到位，可能存在严重的安全隐患。如：发动机严重漏油、漏水，制动严重失灵，转向不灵等。对这类车辆不加控制盲目上线，万一在检测线上失控，不但会影响正常的检测秩序，严重时还会造成事故，损坏车辆和检测设备。所以，通过外观检查可防范隐患车辆在检测线上发生故障，确保检测秩序。

（3）保证线内检测数据的准确性。台架检测对车辆的技术状况提出了许多具体的定量要求，如左右轮胎规格、花纹不一致，制动偏差值就可能大；轮胎气压不足，在检测侧滑、车速、灯光等项目时就会不准；轮胎破损对底盘测功的准确性影响很大。为了确保检测质量，应该对影响台架检测数据准确性的汽车总成和部件重点进行检视，为后面的台架检测做好准备工作。

（4）提高检测效率。汽车是一个很复杂的机械，汽车的很多性能，如动力性、制动性、操纵稳定性及灯光、尾气等性能可以通过计算机控制的检测设备和仪器进行检测；但对于外观的破损、清洁、润滑、紧固、钢板弹簧断片、裂纹、缺损等故障，不可能也没必要全部由仪器自动检测。通过人工的眼看、手摸、耳听及实际操作运行，便能很快、很直观地查出车辆的隐患，这不失为一种事半功倍的方法。外检的人工检验和台架检测是检测工作整体的两个方面，两者是互相补充、相互完善的关系。只有抓好外观检查工作才能更利于检测全面且更深入、更健康地开展。

汽车外观检查是汽车不解体检验的重要组成部分，它涉及整车和总成各个部分，其检视点分布在车辆上、下、左、右、前、后、内、外各部位，几乎包括了车辆结构全部涉及安全的部位，因此，严格外观检查质量一直是汽车检测的重要工作。

2. 人工检验记录单

1）格式式样

道路运输车辆人工检验记录单的格式式样见表1-2。

2）相关说明

（1）"道路运输车辆人工检验记录单"（以下简称"人工检验记录单"）内容要求见表1-2。

（2）表1-2中的内容是强制性的，但其格式可自行调整。建议记录单印制时，将其所有内容用宽行纸排成一页。

（3）对于汽车列车，应填写牵引车号牌号码和挂车的挂车号牌。

委托人：_____ 号牌号码：_____ 号牌种类：_____ 挂车号牌：_____ 号牌颜色：_____ 检验日期：___年___月___日 记录单编号：_____

表1-2 道路运输车辆人工检验记录单的格式样

分类	编号	检验项目	属性	评定
唯一性认定	1	号牌号码	★	
	2	车辆类型	★	
	3	品牌型号	★	
	4	车身颜色	★	
	5	发动机号	★	
	6	底盘号	★	
	7	VIN号	★	
	8	挂车号	★	
	9	外廓尺寸	★	
	10	车厢栏板高度	★	
	11	客车座（铺）位数	★	
故障信息诊断	12	发动机排放控制系统	★	
	13	制动抱死装置（ABS）	★	
	14	电动助力转向系统（EPS）	★	
	15	其他与行车安全相关的故障信息	★	
外观检查	16	助力转向传动带	★	
	17	空气压缩机传动带/齿轮箱	★	
	18	燃料供给管路与部件	★	
	19	车轮及螺栓、螺母	★	
	20	轮胎胎面状况	★	
	21	轮胎花纹深度	★	
	22	同轴轮胎规格和花纹	★	
	23	轮胎速度级别	★	
	24	轮胎气压	★	
	25	翻新轮胎的使用	★	
	26	子午线轮胎	★	
	27	备用轮胎	★	
	28	前照灯与远、近光光束变换	★	
	29	转向灯	★	
	30	示廓灯	★	
	31	危险报警闪光灯	★	
	32	雾灯	★	
	33	反射器与侧标志灯	★	
	34	货车车身反光标识和尾部标志板	★	
	35	导线绝缘层、线束固定	★	
外观检查	36	电缆线及连接蓄电池接头、绝缘套	★	
	37	穿过金属孔时的绝缘护套	★	
	38	车门应急控制器	★	
	39	应急门	★	
	40	安全顶窗	★	
	41	应急窗开启	★	
	42	玻璃破碎装置	■	
	43	玻璃、窗玻璃	■	
	44	门、客车车厢灯和门灯	■	
	45	车身与驾驶室	★	
	46	对称部位高度差	■	
	47	外部和内部尖锐凸起物	★	
	48	车身表面涂装	★	
	49	货车货箱、车门、栏板、底板板和栏板锁止	★	
	50	驾驶室车窗玻璃附加物及镜面反光遮阳膜	★	
	51	后视镜和下视镜	★	

续表

分类	编号	检验项目	属性	评定	分类	编号	检验项目	属性	评定	分类	编号	检验项目	属性	评定
外观检查	52	防炫目装置	★		运行检查	69	起动性能	■		底盘检查	88	缓速器	★	
	53	安全带	★			70	柴油发动机停机装置	★			89	储气筒	★	
	54	侧面防护装置	★			71	发动机低、中、高速运转	★			90	转向机构部件连接	★	
	55	后部防护装置	★			72	制动报警装置	★			91	转向机构部件技术状况	★	
	56	保险杠	■			73	气压制动弹簧储能装置	■			92	转向动力装置	★	
	57	汽车列车牵引装置和安全锁止机构	★			74	制动踏板	★			93	车架	★	
	58	固定集装箱箱体的锁止机构	★			75	驻车制动装置	★			94	车桥的可视裂纹及变形	■	
	59	安全架与隔离装置	★			76	转向盘最大自由转动量	■			95	车桥密封性	★	
	60	灭火器材	★			77	离合器	★			96	拉杆和导杆	★	
	61	警示牌	★			78	变速器	★			97	悬架弹性元件	★	
	62	停车楔	★			79	传动件异响	★			98	悬架部件连接	★	
	63	危货排气管、隔热和熄灭火星装置	★			80	指示器与仪表	★			99	减震器	■	
	64	危货切断总电源和隔离电火花装置	★			81	卫星定位系统车载终端	★			100	万向节轴角	★	
	65	危货导静电拖地带	★			82	风窗刮水器	★			101	排气管和消声器	■	
	66	危货运输车辆标志及标识	★			83	风窗清洗器	★						
	67	危险品罐车检验合格证明和危险报告	★		底盘检查	84	除雾、除霜装置	★						
	68	气瓶、可移动罐（槽）紧固装置	★			85	发动机密封性	★						
						86	制动管路	★						
						87	制动泵（缸）及气（油）路	★						

续表

数据记录	轮胎花纹深度/mm	单车(记录不合格轮胎) 转向轮：_____ 其他轮：_____ 挂车：
	门、窗玻璃	1. □齐全完好； 2. □有□无大于25 mm且易破碎的裂纹和穿孔； 3. 密封□良好□不良
	外廓尺寸(单车)/mm	长：_____ 宽：_____ 高：_____
	外廓尺寸(挂车)/mm	长：_____ 宽：_____ 高：_____
	外廓尺寸(列车)/mm	长：_____ 宽：_____ 高：_____
	对称部位高度差/mm	单车 前左：_____ 前右：_____ 后左：_____ 后右：_____ 半挂 左：_____ 右：_____ 全挂 前左：_____ 前右：_____ 后左：_____ 后右：_____
	转向盘最大自由转动量/(°)	
	车身与驾驶室	1. 轻微开裂、锈蚀和明显_____处； 2. 缺陷部位□是□否影响安全性和密封性
	车身表面涂装	1. □是□否明显破损_____； 2. 补漆颜色与原色□是□否一致
	车厢栏板高度/mm	单车_____ 挂车_____

不合格项汇总	唯一性认定	
	故障信息诊断	
	外观检查	
	运行检查	
	底盘检查	

备注：

检验员(签字)_____ 年 月 日

（4）表1-2的"属性"栏中，标记"★"的项目为关键项，标记"■"的项目为一般项；"评定"栏中，"○"为合格，"×"为不合格，不适用项填"/"。

（5）"不合格项汇总"栏中，填写不合格项编号并用"、"分隔，无不合格项填写"无"。挂车不合格项编号前加"G"。

（6）"轮胎花纹深度"数据栏，其记录的车轮所在位置按两位编码"□□"表示，"□□"后用"："与记录数据分隔。编码的第一位代表所在轴（线轴车辆按线计），依次从1轴（或线）开始用A、B、C、D…表示；第二位代表车轮在所在轴（或线）的位置，从左到右依次按1、2、3…表示。

（7）在人工检验过程中，可同步记录、查阅和测量"道路运输车辆性能检验记录单"（以下简称"性能检验记录单"）中被检车辆的相关信息及数据，并在计算机系统进行登录。

（8）本记录单作为综检报告单的附件。

四、申请从事道路运输车辆的技术要求（与人工检验相关部分）

1. 结构要求

（1）申请从事道路运输的车辆应符合GB/T 1589—2016《汽车、挂车及汽车列车外廓尺寸、轴荷及质量限值》的规定。

（2）客车的上部结构强度应符合GB/T 17578—2013《客车上部结构强度要求及试验方法》的规定。

（3）货车驾驶室的强度和安装强度应满足GB/T 26512—2011《商用车驾驶室乘员保护》的要求。

（4）货车均应在驾驶室（区）两侧喷涂总质量（半挂牵引车为最大允许牵引质量）。其中，栏板货车和自卸车还应在驾驶室两侧喷涂栏板高度，栏板挂车应在车厢两侧喷涂栏板高度。罐式汽车和罐式挂车还应在罐体上喷涂罐体容积和允许装运货物的种类。

（5）客车座椅及其车辆固定件的强度应符合GB/T 13057—2014《客车座椅及其车辆固定件的强度》的规定。

（6）客车的所有应急出口应在车内用清晰的符号或文字标明，每个应急控制器处或附近应有标志并注明操作方法。封闭式客车每个应急窗邻近处应设置玻璃破碎装置。若为应急锤，取下时应能通过声响信号实现报警，玻璃破碎装置的配置应符合相关规定。

（7）牵引车与挂车连接装置的结构应能确保相互牢固的连接，应装有防止车辆在行驶中因振动和撞击导致连接脱开的安全装置。

（8）牵引车与其挂车之间的气动连接必须是双管路或多管路。

（9）汽车列车应装有挂车与牵引车意外脱离时的挂车自行制动装置。挂车与牵引车意外脱离后，挂车应能自行制动，且牵引车的制动仍然有效。

（10）用于道路甩挂运输的车辆，其结构应符合JT/T 789—2016《道路运输企业车辆技术管理规范》的要求。

（11）危险货物运输车辆的结构应符合GB/T 21668—2008《危险货物运输车辆结构要

求》的要求。

（12）危险货物运输车辆的标志应符合 GB/T 13392—2005《危险货物车辆标志》的要求。运输爆炸品和剧毒化学品车辆以及运输液体危险货物罐式车辆的标志和标识应符合 GB/T 20300—2018《道路运输爆炸品和剧毒化学品车辆安全技术条件》、GB/T 18564.1—2006《道路运输液体危险货物罐式车辆 第 1 部分：金属常压罐体技术要求》和 GB/T 18564.2—2008《道路运输液体危险货物罐式车辆 第 2 部分 非金属常压罐体技术要求》的相关要求。

2. 配置要求

（1）M_2、M_3 类客车，N_2 和不超过四轴的 N_3 类货车，危险货物运输车，O_3 和 O_4 类挂车以及乘用车应安装符合 GB/T 13594—2003《汽车防抱装置》规定的防抱制动装置，并配备防抱制动装置失效时用于报警的信号装置。

（2）车长大于 9 m 的客车（按名义尺寸，以下同）和危险货物运输车，其前轮应装有盘式制动器。

（3）车长大于 9 m 的客车、N_3 类货车（含危险货物运输车）应装有缓速器或其他辅助制动装置。

（4）M_2、M_3 类客车，N_2 和 N_3 类货车，O_3 和 O_4 类半挂车，乘用车以及危险货物运输车，其所有的行车制动器应装有制动间隙自动调整装置。

（5）采用气压制动的车辆应装有气压显示装置、限压装置，并可实现报警功能。气压制动系统应安装保持压缩空气干燥或油水分离的装置。

（6）车长大于 9m 的客车和危险货物运输车应装用子午线轮胎，卧铺客车应装用无内胎子午线轮胎。

（7）客车、货车及乘用车的所有座椅均应装备符合 GB/T 14166—2013《机动车乘员用安全带、约束系统、儿童约束系统和 ISOFIX 儿童约束系统》要求的安全带，其固定点应符合 GB/T 14167—2013《汽车安全带安装固定点、ISOFIX 固定点系统及上拉带固定点》的要求。

（8）客车和危险货物运输车应具有限速功能，否则应配备符合 GB/T 24545—2009《车辆车速限制系统技术要求》要求的限速装置。三轴及三轴以上的货车应具有超速报警功能（具有限速功能和限速装置且符合规定的除外），能通过视觉或声觉信号报警。限速功能、限速装置和超速报警调定的最大速度应符合有关规定。

（9）旅游客车、包车客车、三类及以上班线客车、危险货物运输车辆、N_3 类载货汽车和半挂牵引车应装有具有行驶记录功能并符合 GB/T 19056—2012《汽车行驶记录仪》和 JT/T 794—2011《道路运输车辆卫星定位系统车载终端技术要求》规定的卫星定位系统车载终端。

（10）客车在设计和制造上应保证发动机或采暖装置的排气不会进入客厢，封闭式客车应有通风换气装置。

（11）客车应设置车厢灯和门灯。车厢灯和门灯不应影响本车驾驶人的视线和其他机动车的正常行驶。

（12）转向轴最大设计轴质量大于 4 000 kg 时，应装有转向助力装置。

3. 防火要求

（1）客车与货车的驾驶室和成员舱所用的内饰材料应采用符合 GB/T 8410—2006《汽车内饰材料的燃烧特性》规定的阻燃材料。其中，客车内饰材料的燃烧速度应小于等于 70 mm/min。

（2）发动机后置的客车，其发动机舱内应装备发动机舱自动灭火装置（电动汽车除外）。灭火装置启动时应能通过声觉信号向驾驶员报警。

（3）装备电涡流缓速器的客车和货车（含危险货物运输车），缓速器的安装部位上方应装有隔热板或具有阻燃性的隔热材料。

（4）客车发动机舱内和其他热源附近的线束应采用耐温不低于 125 ℃ 的阻燃电线，其他部位的线束应采用耐温不低于 100 ℃ 的阻燃电线，波纹管阻燃等级应达到 GB/T 2408—2008《塑料燃烧性能的测定水平法和垂直法》规定的 V-0 级。线束穿孔洞时应装设阻燃耐磨绝缘套管。

（5）客车和货车车载电器设备的供电导线应符合 QC/T 730—2016《汽车用薄壁绝缘低压电线》的要求，低压电线束应符合 QC/T 29106—2014《汽车低压电线束技术条件》的要求。

（6）客车乘员舱和货车驾驶室应配置手提式灭火器，客车灭火装置的配置应符合相关标准要求。除驾驶室内应配备 1 具干粉灭火器外，道路运输爆炸品、剧毒化学品车辆以及其他危险货物运输车辆还应配备与装运介质性能相适应的灭火器或有效的灭火装置，灭火器的规格、放置位置及固定应符合 GB/T 20300—2018《道路运输爆炸品和剧毒化学品车辆安全技术条件》等相关规定。

五、在用道路运输车辆的基本技术要求

1. 唯一性认定

（1）在用道路运输车辆的号牌号码、类型、品牌型号、燃料类别、车身颜色、发动机号、底盘号或 VIN 号、挂车架号、重中型货车及挂车的外廓尺寸、车箱栏板高度应与行驶证、机动车登记证、道路运输证记载的内容及其他相关资料相符。其中，外廓尺寸的允许误差为 ±2% 或 ±100 mm，车箱栏板高度的允许误差为 ±2% 或 ±50 mm。汽车列车的外廓尺寸不得超过 GB/T 1589—2016《汽车、挂车及汽车列车外廓尺寸、轴荷及质量限值》规定的最大限值。

（2）客车的座（铺）位数应与道路运输证核定的数量一致。

2. 电子控制系统

装有车载诊断系统（OBD）的车辆不应有与发动机排放控制系统、防抱制动装置（ABS）和电动助力转向系统（EPS）及其他与行车安全相关的故障信息。

3. 发动机

1）工作性能

（1）发动机起动性能良好。在正常工作温度状态下，发动机起动 3 次，成功起动次数

不少于两次。

(2) 柴油发动机停机装置功能有效。在正常工作温度状态下，发动机连续起动/停机3次，3次停机均应有效。

(3) 发动机低、中、高速运转稳定，无异响。

2) 密封性

发动机缸体、油底壳、冷却水道边盖、放水阀、散热器等不得有油、液滴漏现象。

3) 传动带

助力转向传动带和空气压缩机传动带无裂痕、油污和过量磨损，运转良好。空气压缩机传动带的松紧度符合规定。对于采用齿轮传动的空气压缩机，其齿轮箱无异响和漏油现象。

4) 燃料供给

(1) 燃料管路不得有泄漏现象，与其他部件无碰擦，软管无老化现象。

(2) 燃料箱及燃料管路应稳固牢靠。

(3) 燃料箱盖应齐全，并能有效地防止燃料泄漏。

(4) 不得随意改动或加装燃料箱。

4. 制动系

1) 行车制动

(1) 制动管路。制动管路稳固，转向及行驶时，金属管路及软管不应与车身或底盘产生运动干涉。

(2) 制动泵（缸）及气（油）路。制动泵（缸）及气（油）路应符合以下要求：

① 制动总泵（主缸）、分泵（轮缸）、各类阀门及制动管路无漏气、漏油现象；

② 制动金属管及软管无弯折、磨损、凸起和扁平等现象，接头处的连接可靠；

③ 液压制动助力系统的真空软管不应有磨损、折痕和破裂，接头处的连接可靠。

(3) 制动报警装置。气压制动系统的低气压报警装置工作正常，制动系统故障报警装置无报警信号输出。

(4) 缓速器。缓速器连接可靠，电涡流缓速器外表、定子与转子间应清洁、无油污，液压缓速器不应有漏油现象。

(5) 弹簧储能装置。装有弹簧储能制动器的气压制动车辆，弹簧气室气压低时，弹簧储能制动器自锁装置应有效。

(6) 储气筒。储气筒安装稳固，不应有锈蚀、变形等损伤，储气筒排污（水）阀畅通。

(7) 制动踏板。制动踏板无破裂或损坏，防滑面无磨光现象。

2) 驻车制动

驻车制动装置机件齐全完好，操纵灵活有效，拉杆无过度摇晃现象。

5. 转向系

1) 部件连接

转向机构各部件应连接紧固，各连杆无松旷，锁止、限位正常，转向时无卡阻和运动干涉。

2）部件技术状况

转向节、臂、横直拉杆、平衡杆、转向器摇臂和球销总成应无变形、裂纹及拼焊，转向器摇臂、球销总成及各连杆的连接部位不松旷，转向器壳体和侧盖无裂损、渗油、漏油现象。

3）转向助力装置

转向助力装置工作正常，不应有传动带打滑和漏油现象。

6. 行驶系

1）车架

全承载式结构的车身以及非全承载式结构的车架纵梁、横梁不应有开裂和变形等损伤，铆钉、螺栓齐全有效。

2）车桥

（1）车桥的桥壳无可视的裂纹及变形。

（2）车桥密封良好，无漏油现象。

3）拉杆和导杆

车桥与悬架之间的拉杆和导杆无松旷、移位及可视的变形和裂纹。

4）车轮及螺栓、螺母

各车轮的轮辋应无裂纹，车轮及半轴的螺栓、螺母应齐全、完好，连接可靠。车轮安装的装饰罩和装饰帽不得有碍于检查螺栓、螺母的技术状况。

5）轮胎

（1）轮胎的胎冠、胎壁不得有长度超过 25 mm 或深度足以暴露出帘布层的破裂和割伤以及凸起、异物刺入等影响使用的缺陷，且轮胎间应无异物嵌入。

（2）具有磨损标志的轮胎，胎冠的磨损不得触及磨损标志；无磨损标志或标志不清的轮胎，乘用车和挂车的胎冠花纹深度应不小于 1.6 mm；其他车型转向轮的胎冠花纹深度应不小于 3.2 mm，其余轮胎胎纹深度应不小于 1.6 mm。

（3）同轴轮胎的规格和花纹应相同，规格符合整车制造厂的规定。

（4）装用轮胎的速度级别应不低于车辆最高设计车速的要求。

（5）轮胎的充气压力应符合规定值。

（6）客车和危险货物运输车的所有车轮不得装用翻新的轮胎，其他车辆的转向轮不得装用翻新的轮胎，其余车轮使用翻新的轮胎应符合相关标准的规定。

（7）车长大于 9 m 的客车和危险货物运输车应装用子午线轮胎，卧铺客车应装用无内胎子午线轮胎。

（8）随车配备备用轮胎并固定牢固。

6）悬架

（1）弹性元件。悬架的弹性元件，如钢板弹簧、螺旋弹簧、扭杆弹簧、橡胶减振垫等弹性元件应安装牢固，不应有裂纹、缺片、加片、断裂、塑性变形和功能失效等现象，空气弹簧不应有泄漏现象。

（2）部件连接。悬架的弹性元件总成、减震器、导向杆（若装配）等部件应连接可靠，钢板弹簧的 U 形螺栓、螺母等应齐全、紧固，吊耳销（套）无松旷和断裂，锁销齐全有效。

（3）减震器。减震器稳固有效，无漏油现象。

7. 传动系统

1）离合器

离合器接合平稳、分离彻底、操作轻便，工作时无异响、打滑、抖动和沉重等现象。

2）变速器

变速器操纵轻便、挡位准确，无异响和滴漏油现象。

3）传动件异响

运转时，传动轴、主减速器和差速器不应有异响。

4）万向节与轴承

万向节、中间轴承无松旷、无裂损。

8. 照明、信号装置和标识

1）外部照明和信号装置

前照灯、转向灯、示廓灯、危险报警闪光灯和雾灯等信号装置应齐全、完好、有效。

2）前照灯远、近光光束变换功能

前照灯的远、近光光束变换功能正常。

3）反射器与侧标志灯

车辆的后反射器、侧反射器和侧标志灯应齐全，无损毁。

4）货车车身反光标识和尾部标志板

货车、挂车侧面及后部的车身反光标识和尾部标志板的适用车型要求、性能、尺寸、位置应符合 GB/T 7258—2017 的相关要求，且完好、无污损。

9. 电气线路及仪表

1）导线

发动机舱内线束以及其他部位线束的导线绝缘层无老化、皲裂和破损，导体无外露，线束固定可靠；电缆线及连接蓄电池的接头应牢固，并有绝缘套；线束穿过金属孔时应设绝缘护套。

2）仪表与指示器

车速、里程、水温、机油压力、电流或电压或充电、燃油、气压等信号指示装置应工作正常。

3）卫星定位系统车载终端

装有卫星定位系统车载终端的车辆，终端应工作正常。

10. 车身

1）门窗及照明

（1）采用动力启闭车门的客车，车门应急控制器机件齐全完好，应急控制器标志及操作说明无损毁。

（2）应急门和安全顶窗机件齐全完好。

（3）应急窗易于开启，封闭式客车的每个应急窗邻近处应有玻璃破碎装置，且状态完好。采用安全手锤时，应在规定的位置放置。

（4）所有门、窗的玻璃应齐全，不得有长度超过 25 mm 且易导致破碎的裂纹和穿孔，密封良好。

（5）客车车厢灯和门灯工作正常。

2）车身外观

（1）车身与驾驶室基本完好。客车车身和货车驾驶室不得有超过 3 处的轻微开裂、锈蚀和明显变形，缺陷部位不影响安全性和密封性。

（2）车身应周正，货车、客车及挂车车轴上方的车身两侧对称部位的高度差不大于 40 mm。

（3）车身外部和内部不应有任何可能使人致伤的尖锐凸起物。

（4）客车车身和货车驾驶室的表面涂装无明显的缺损（允许有轻微划伤），补漆颜色与原色基本一致。

（5）货车货箱、车门、栏板和底板应无变形和破损，栏板锁止机构作用可靠。

（6）驾驶室车窗玻璃不应张贴妨碍驾驶员视野的附加物及镜面反光遮阳膜。

11. 附属设备

1）后视镜和下视镜

车辆的左、右后视镜，内后视镜，下视镜应完好、无损毁，并能有效保持其位置。N_2、N_3 类货车的内后视镜不做要求。

2）风窗刮水器、清洗器

前风窗玻璃刮水器、清洗器应能正常工作，刮水器关闭时刮水片应能自动返回初始位置。

3）防眩目装置

驾驶室内的防止阳光直射而使驾驶员产生炫目的装置完整有效。

4）除雾、除霜装置

前风窗玻璃的除雾、除霜装置工作正常。

5）排气管和消声器

排气管、消声器应完好有效，稳固可靠。

12. 安全防护

1）安全带

客车的所有座椅、货车驾驶人座椅和前排乘员座椅应配备安全带，且配件齐全有效，无破损。

2）侧面防护装置

N_2、N_3 类货车（半挂牵引车除外）、O_3、O_4 类挂车两侧以及牵引车与挂车之间两侧装备的侧面防护装置应完好、稳固、有效。

说明：车辆自身结构已能防止行人和骑车人等卷入的汽车和挂车除外。

3) 后部防护装置

除牵引车和长货挂车以外的 N_2、N_3 类货车和 O_3、O_4 类挂车的后下部防护装置应完好、稳固、有效。

4) 保险杠

乘用车、车长小于 6 m 的客车的前、后保险杠，货车的前保险杠应无损毁并稳固。

5) 牵引装置和安全锁止机构

（1）汽车列车牵引装置的连接和安全锁止机构锁止可靠。

（2）集装箱运输车固定集装箱箱体的锁止机构应工作可靠、无损坏。

6) 安全架与隔离装置

货车车箱前部安装的安全架、驾驶员和货物同在车厢内的厢式车隔离装置应完好、稳固。

7) 灭火器材、警示牌和停车楔

（1）随车配备与车辆类型相适应的灭火器，灭火器应在有效期内，并安装牢靠及便于取用。对于客车，仅有一个灭火器时，应设置在驾驶人附近；当有多个灭火器时，应在客厢内按前、后或前、中、后分布，其中一个应靠近驾驶人座椅。

（2）随车配备三角警告牌，并妥善放置。

（3）随车配备停车楔，数量不少于两只，并妥善放置。

8) 危险货物运输车辆安全装置与标志

（1）运送易燃易爆货物的车辆应符合以下要求：

① 应备有灭火器材，其数量、放置位置及固定应符合 GB/T 20300—2018《道路运输爆炸品和剧毒化学品车辆安全技术条件》的相关规定。排气管应装在罐体（箱体）前端面之前，不高于车辆纵梁上平面的区域。隔热和熄灭火星的装置完好。

② 电路系统应有切断总电源和隔离电火花的装置，该装置应安装在驾驶室内。

③ 车辆尾部的导静电拖地带完整有效，无破损。

（2）危险货物运输车辆的标志应符合 GB/T 13392—2005《危险货物车辆标志》的要求。运输爆炸品和剧毒化学品车辆以及运输液体危险货物罐式车辆的标志和标识应符合 GB/T 20300—2018《道路运输爆炸品和剧毒化学品车辆安全技术条件》、GB/T 18564.1—2006《道路运输液体危险货物罐式车辆 第 1 部分：金属常压罐体技术要求》和 GB/T 18564.2—2008《道路运输液体危险货物罐式车辆 第 2 部分 非金属常压罐体技术要求》的相关要求。危险货物运输车辆的标志应齐全、完整、清晰、无污损，安放位置应符合规定。

（3）装运危险货物的罐（槽）式车辆，其罐体应具备由符合资质的有关机构出具的有效检验合格证明或报告，并在有效期内。

（4）装运大型气瓶、可移动罐（槽）等的车辆，应设置有效的紧固装置，不得松动。

六、人工检验工具与设备

外检工位的基本设施有外检停车场、标准试车道、驻车检验坡道、地沟、底盘间隙观察仪、轮胎充气装置等。

外检常用工具有专用手锤、手电筒、轮胎气压表（0～1 000 kPa）、轮胎花纹深度尺（0～15 mm）、钢卷尺（20 m和5 m）及铅锤等。

1. 外检停车场

外检停车场应是水泥地坪，地面应平整，纵向、横向坡度应控制在1%之内，停车场面积应与检车量相适应，停车场附近应设有顶棚、轮胎充气装置，以便于轮胎充气和人员遮阳。

2. 试车道

试车道应为干燥、清洁、平坦的混凝土或沥青路面，纵向坡度应不超过1%，路面附着系数应不小于0.7，试车道长度应大于100 m、宽度应大于6 m（双向），试车道路面应划出车道宽2.5 m（小车用）和3.0 m（大车用）的标线。

3. 地沟

地沟主要用于底盘下方机件的检查。地沟的结构和尺寸可因地制宜，地沟边应配置底盘间隙观察仪，该工位计算机应与计算机控制系统联网，以便将检测结果直接输送到主控计算机。目前，大多数检测站将地沟设置于检测线内，因而此项目的检测也在检测线上进行。

底盘间隙观察仪的结构如图1-14所示。

底盘间隙观察仪一般由电控箱、左测试台、右测试台、泵站和控制器组成，其原理示意图如图1-15所示。

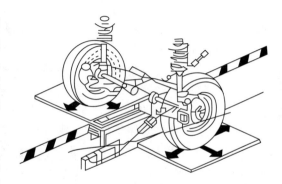

图1-14 底盘间隙观察仪的结构示意图

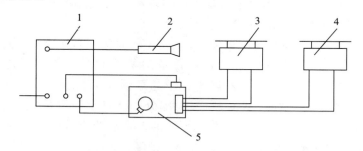

图1-15 底盘间隙观察仪原理示意图
1—电控箱；2—控制器；3—左测试台；4—右测试台；5—泵站

1）电控箱

电控箱主要由控制电路和保护电路组成。控制电路用于控制油泵电动机和电磁阀继电器的动作，保护电路用于保护油泵电动机过载和电路漏电。

2）控制器

控制器由测试台移动方向控制按键和照明两部分组成。移动方向控制按键用于控制电控箱中各继电器的动作，照明部分能使检查员方便对检查部位进行观察。

3）泵站

泵站由油泵、电动机、电磁阀、油压表、滤油器和溢流阀等组成。电动机带动油泵工作，电磁阀在继电器作用下控制高压油液流向相应的油缸，而油缸则产生推动左、右测试台测试板的动力。

4）测试台

测试台包括左测试台和右测试台。按测试台测试板移动方向不同，测试台可分为前后双向移动式，前后左右四向移动式，前后左右再加前左后右（对角线）、前右后左（对角线）八向移动式三种类型。前后双向移动式测试台主要由测试板、油缸、导向结构和壳体等组成，结构如图1-16所示。

在控制器左、右测试台移动方向控制开关的作用下，控制电路控制油泵电动机和电磁阀继电器动作。在电动机带动下，油泵产生高压油液。电磁阀在继电器作用下控制高压油液流向对应的油缸，另一油缸处于卸荷状态。在油缸动力作用下，测试板及其上的悬架装置与转向系统按导向杆给定的方向移动。换向后，另一油缸产生动力，前一油缸处于卸荷状态，于是测试板及其上的悬架装置与转向系统按导向杆给定的相反方向移动，实现了测试板前、后双向移动。

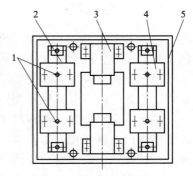

图1-16 前后双向移动式测试台结构

1—润滑孔；2—导向杆；3—油缸；4—轴承座；5—壳体

技能学习

汽车外观检测项目及流程

一、基础工作

1. 检测员准备

（1）穿好工作服。

（2）准备好"人工检验记录单"和记录笔，到被检车辆处。

2. 工具、设备准备

（1）工位检测员准备好检查时常用的设备和工具，如钢卷尺、钢直尺、铅锤、照明器具及称重设备等。

（2）凡具计量特性的检验仪器、设备及量具应检定或校准合格，并在有效期内。

3. 被检车辆要求

（1）检验方法中如无特别说明，被检车辆均为空载。

（2）被检车辆的车身、驾驶室、发动机舱、车厢、底盘和照明信号装置应清洁，无油污。

（3）被检车辆应随车携带行驶证、机动车登记证复印件和产品说明书。

（4）送检机动车应停放在指定位置，发动机停转。

二、检验步骤与内容

车辆 VIN 码的识读

1. 唯一性认定

（1）查验、核对道路运输车辆的号牌号码、号牌类型、品牌型号、燃料类别、车身颜色、发动机号、底盘号或 VIN 号、挂车车架号、重中型货车及挂车的外廓尺寸、货车及挂车车箱栏板高度以及客车的实际座（铺）位数，检查是否与行驶证、机动车登记证、道路运输证记载的内容及其他相关资料相符。

说明：由于计算机网络技术的发展，检测站、公安车辆管理部门、交通管理部门和环保管理部门均能实现数据共享，所以在登录车辆信息时，通过进行简单的查找即可确定车辆的唯一性，因而目前的检测站不再进行车辆的唯一性认定。但对于特殊检测，如注册登记时，则需要对唯一性认定中的部分内容进行核查。

（2）外廓尺寸、货箱栏板高度应按以下方法检验。

① 外廓尺寸可采用专用设备，也可采用钢卷尺和高度尺进行检验。

a. 采用专用设备检验时，按使用说明书规定的方法进行检验。

注：专用设备示值误差，在长度方向为 ±0.8% 或 ±50 mm，在宽度和高度方向为 ±0.8% 或 ±20 mm。

b. 采用钢卷尺和高度尺时，应在平整的场地，用铅锤将车长、车宽投影在地面，用钢卷尺或其他量具测量投影点的间距，车高可用钢卷尺直接测量，也可以采用高度尺等量具进行测量。

② 货箱栏板高度采用专用设备或钢卷尺检验。

2. 系统、总成与装置检验

车辆底盘系统的检验项目及流程

1）电子控制系统

采用汽车故障诊断仪或同类型仪表，按照使用说明书规定的操作程序读取车辆故障信息，检查有无与发动机排放控制系统、制动防抱死装置（ABS）、电动助力转向系统（EPS）及其他与行车安全相关的故障信息。

2）发动机

（1）工作性能。发动机起动和熄火 3 次，检查发动机成功起动次数是否不少于两次，柴油发动机 3 次停机是否均有效。发动机低、中、高速运转状况时，检查运转是否稳定，有无异响。

（2）密封性。在地沟内检视发动机缸体、油底壳、冷却水道边盖、放水阀、水箱等有无油、液滴漏现象。

（3）传动带。开启发动机舱门（盖），检视助力转向、空气压缩机传动带有无裂痕、油污和过量磨损；压传动带，检视松紧度是否正常；对于采用齿轮传动的空气压缩机，起动发动机，检视齿轮箱有无异响和漏油现象。

（4）燃料供给。开启发动机舱门（盖），检视输油管有无漏油、燃料管路与其他部件有无碰擦、软管有无老化现象；检视燃料箱及燃料管路是否稳固牢靠、燃料箱盖是否齐全有效、燃料箱有无改动或加装。

3）制动系

（1）行车制动。

① 制动管路、制动泵及气（油）路、缓速器。被检车辆驶上地沟，在地沟内进行以下检查：

a. 检视制动管路是否稳固，转向时，金属管路及软管与车身或底盘有无运动干涉。

b. 采用气压制动的车辆，在储气筒保持一定压力的条件下，关闭发动机，踏下制动踏板，检查各车轮制动气室、气阀及制动管路有无漏气现象。对于采用液压制动的车辆，检视制动总泵（主缸）、分泵（轮缸）及制动管路有无漏油现象；检视制动金属管及软管的可视部分有无弯折、磨损、凸起和扁平等现象，接头处的连接是否可靠；检视液压制动助力系统的真空软管有无磨损、折痕和破裂，接头处的连接是否可靠。

c. 采用检验锤敲击（连接螺栓、螺母）和目视的方法，检查缓速器连接是否可靠；检视电涡流缓速器外表、定子与转子间是否清洁、有无油污；如装用液压缓速器，检视有无漏油现象。

② 制动报警装置和弹簧储能装置。起动发动机，在驾驶室内进行以下检查：

a. 检视制动系统有无故障报警。对于气压制动车辆，踩下并放松制动踏板若干次，使制动气压下降至低于起步气压，检查低气压报警装置是否工作正常。

b. 对于装用弹簧储能制动器的车辆，当制动气压下降至低于起步气压时，观察气室推杆是否动作。

③ 储气筒。检视储气筒是否安装稳固，有无锈蚀、变形等损伤，储气筒排污（水）阀是否畅通。

④ 制动踏板。在驾驶室内，检视制动踏板有无破裂、损坏及防滑面磨光现象。

（2）驻车制动。在驾驶室内，检视驻车制动装置机件是否齐全完好，操纵驻车制动，检查驻车制动装置是否灵活有效、拉杆有无过度摇晃现象。

4）转向系

（1）部件连接。转向轮停放在底盘间隙检查仪上，操纵测试台开关使转向轮随测试台产生方向位移，在地沟内检视转向机构各部件的连接、固定、锁止、限位是否正常，有无卡阻和运动干涉。

（2）部件技术状况。在地沟内检视转向节、臂、横直拉杆、转向器摇臂、球销总成有无变形及拼焊；采用检验锤敲击和目视的方法，检查转向节、臂、横直拉杆、转向器摇臂、球销总成有无可视的裂纹；操纵底盘间隙检查仪测试台开关使转向轮随测试台产生方向位移，检视转向器摇臂、球销总成及各连杆的连接部位有无松旷；检视转向器壳体和侧盖有无裂损和渗漏油现象。

（3）转向助力装置。起动发动机，左右转动转向盘，检查转向助力装置是否工作正常，有无传动带打滑和漏油现象。

5）行驶系

（1）车架、车桥、拉杆和导杆。

① 车架。在地沟内，检视全承载式结构的车身以及非全承载式结构的车架纵梁、横

梁有无开裂和变形等损伤，铆钉、螺栓是否齐全有效。

② 车桥。在地沟内，检视车桥的桥壳有无可视的裂纹及变形，车桥密封是否良好，有无漏油现象。

③ 拉杆和导杆。在地沟内晃动拉杆和导杆，检视车桥与悬架之间的拉杆和导杆有无松旷、移位及可视的变形和裂纹。

（2）车轮及螺栓、螺母。检视各车轮的轮辋有无裂纹，车轮及半轴的螺栓、螺母是否齐全完好。对于疑似松动和损伤的螺栓、螺母，采用检验锤敲击和目视的方法，检查螺栓、螺母是否连接可靠；检视各车轮安装是否有碍于观察螺栓、螺母技术状况的装饰罩和装饰帽。

（3）轮胎。

① 检视各轮胎的胎冠、胎壁有无长度超过 25 mm 或深度足以暴露出帘布层的破裂和割伤，以及凸起、异物刺入等影响使用的缺陷，并检查轮胎间有无异物嵌入。

② 检视各轮胎磨损情况。无磨损标志或标志不清的轮胎，当其花纹深度与规定限值接近而无法准确判定时，应采用轮胎花纹深度尺或专用设备测量胎冠花纹深度。具有磨损标志的轮胎，检视胎冠的磨损是否触及磨损标志。

③ 检视同轴轮胎的规格和花纹是否相同。

④ 检视各轮胎的速度级别是否不低于车辆最高设计车速的要求。

⑤ 采用检验锤敲击和目视的方法，巡检各轮胎的充气状况，必要时用气压表测量轮胎气压。

⑥ 检视客车和危险货物运输车的所有车轮、货车的转向轮是否装用翻新的轮胎。

⑦ 检视车长大于 9 m 的客车和危险货物运输车是否装用子午线轮胎，卧铺客车是否装用无内胎子午线轮胎。

⑧ 检查是否随车配备备用轮胎，及其固定是否牢固。

（4）悬架。

① 弹性元件。悬架弹性元件的检查在地沟内进行。对于钢板弹簧，检视有无裂纹、缺片、加片、断裂、塑性变形和功能失效等现象。对于空气弹簧，采用检验锤敲击和目视的方法，检查空气弹簧的气密性和外观状况，同时检视悬架的弹性元件是否安装牢固。

② 悬架部件连接。悬架部件连接的检查在地沟内进行。采用检验锤敲击和目视的方法，检视悬架的弹性元件总成、减震器、导向杆（若装配）等部件是否连接可靠，钢板弹簧的 U 形螺栓、螺母是否齐全紧固，吊耳销（套）有无松旷和断裂，锁销是否齐全有效。

③ 减震器。检视减震器是否稳固有效，有无漏油现象。

6）传动系

（1）离合器、变速器及传动件异响。被检车辆在行驶过程中，进行以下检查：

① 进行换挡操作，检查离合器接合是否平稳、分离是否彻底、操作是否轻便，有无异响、打滑、抖动和沉重等现象。

② 进行换挡操作，检查变速器操纵是否轻便、挡位是否准确，有无异响。

③ 检查传动轴、主减速器和差速器有无异响。

（2）万向节与轴承、变速器密封性。在地沟内进行以下检查：

① 晃动传动轴，检视万向节、中间轴承有无松旷及可视的裂损；

② 检视变速器有无滴漏油现象。

7）照明、信号装置和标识

（1）外部照明和信号装置。开启外部照明和信号装置，检视前照灯、转向灯、示廓灯、危险报警闪光灯和雾灯等信号装置是否齐全、完好、有效。

（2）前照灯远、近光光束变换功能。操作前照灯远、近光变换开关，检视远、近光光束变换功能是否正常。

（3）反射器与侧标志灯。检视车辆的后反射器、侧反射器和侧标志灯是否齐全，有无损毁。

（4）货车车身反光标识和尾部标志板。检视货车侧面及后部的车身反光标识和尾部标志板的适用车型、长度、尺寸、位置是否符合相关规定，是否完好，有无污损。

8）电气线路及仪表

（1）导线。开启发动机舱门（盖），检视以下内容：

① 发动机舱内线束以及其他部位可视线束的导线绝缘层有无老化、皲裂和破损，导体有无外露，线束固定是否可靠。

② 电缆线及连接蓄电池的接头是否牢固，有无绝缘套。

③ 线束穿过金属孔时有无绝缘护套。

（2）仪表与指示器。被检车辆在行驶过程中，检视车速、里程、水温、机油压力、电流或电压或充电指示、燃油、气压等信号指示装置是否工作正常。

（3）卫星定位系统车载终端。启动卫星定位系统车载终端进行自检，通过信号灯或显示屏观察卫星定位及通信模块、主电源、卫星天线、与终端主机相连的摄像头的工作状态，确认自检是否通过。

9）车身

（1）门窗及照明。

① 对于采用动力启闭车门的客车，检视车门应急控制器机件是否齐全完好，应急控制器标志及操作说明有无损毁。

② 检视客车的应急门和安全顶窗机件是否齐全完好。

③ 检视客车的应急窗是否易于开启。对于封闭式客车，检视车内是否配备玻璃破碎装置或安全手锤，是否在规定的位置放置。

④ 检视所有门、窗的玻璃是否完好，有无破损，密封是否良好。

⑤ 开启客车车厢灯和门灯，检视其工作是否正常。

（2）车身外观。

① 检视车身与驾驶室有无开裂、锈蚀和明显变形。

② 按以下方法检测车身高度差：被检车辆停放于平整的场地，采用钢卷尺，在距地1.5 m高度内测量第一轴和最后轴上方车身两侧对称部位的高度，半挂车测量最后轴上方两侧对称部位高度，计算高度差。

③ 检视车身外部和内部有无可能使人致伤的尖锐凸起物。

④ 检视车身表面涂装有无明显破损，补漆颜色与原色是否基本一致。

⑤ 检视货车货箱车门、栏板与底板有无变形和破损，栏板锁止机构作用是否可靠。

⑥ 检视驾驶室车窗玻璃是否张贴妨碍驾驶员视野的附加物及镜面反光遮阳膜。

10）附属设备

（1）后视镜和下视镜。检视被检车辆的左右后视镜、内后视镜、下视镜是否完好，有无损毁，能否有效保持其位置。

（2）风窗刮水器、清洗器。开启风窗刮水器和清洗器，检视刮水器、清洗器能否正常工作，刮水器关闭时刮水片是否自动返回初始位置。

（3）防炫目装置。检视驾驶室内的防炫目装置是否完整有效。

（4）除雾、除霜装置。检视前风窗玻璃的除雾、除霜装置是否工作正常。

（5）排气管和消声器。被检车辆驶上地沟，在地沟内检视排气管、消声器是否完好有效、稳固可靠。

11）安全防护

（1）安全带。检视客车的所有座椅、货车驾驶人座椅和前排乘员座椅是否配备安全带，配件是否齐全有效，有无破损。

（2）侧面防护装置。检视 N_2、N_3 类货车（半挂牵引车除外），O_3、O_4 类挂车两侧，以及牵引车与挂车之间两侧装备的侧面防护装置是否完好、稳固、有效。

（3）后部防护装置。检视除牵引车和长货挂车以外的 N_2、N_3 类货车及 O_3、O_4 类挂车的后下部防护是否完好、稳固、有效。

（4）保险杠。检视乘用车、车长小于 6 m 的客车的前、后保险杠及货车的前保险杠有无损毁、是否稳固。

（5）牵引装置和安全锁止机构。

① 检视汽车列车牵引装置的连接和安全锁止机构是否锁止可靠。

② 检视集装箱运输车固定集装箱箱体的锁止机构是否工作可靠，有无损坏。

（6）安全架与隔离装置。检视货车车箱前部安装的安全架及驾驶员和货物同在车厢内的厢式车隔离装置是否完好、稳固。

（7）灭火器材、警示牌和停车楔。

① 检视是否随车配备灭火器，灭火器是否在有效期内，安装是否牢靠和便于取用，数量及放置位置是否符合规定。

② 检视是否随车配备三角警告牌，是否妥善放置。

③ 检视是否随车配备停车楔，数量是否不少于两只，是否妥善放置。

（8）危险货物运输车辆安全装置与标志。

① 对运送易燃易爆货物车辆进行以下检查：

a. 是否备有灭火器材，其数量、放置位置及固定是否符合相关规定。排气管是否装在罐体或箱体前端面之前且不高于车辆纵梁上平面的区域。隔热和熄灭火星的装置是否完好。

b. 电路系统是否有切断总电源和隔离电火花的装置，该装置是否安装在驾驶室内。

c. 车辆尾部的导静电拖地带是否完整，有无破损。

② 检视危险货物运输车辆、运输爆炸品和剧毒化学品车辆以及运输液体危险货物罐式车辆标志和标识是否齐全、完整、清晰、无污损，安放位置是否符合规定。

③ 检查装运危险货物的罐（槽）式车辆，其罐体是否具备有效的检验合格证明或报告。

④ 检视装运大型气瓶、可移动罐（槽）等的车辆，是否设置有效的紧固装置，有无松动。

技能考核

外检

车底检测

一、准备工作

1. 工具和车辆准备

（1）在外检工位准备好检查时常用的设备和工具，如钢卷尺、钢直尺、铅锤、照明器具及称重设备等。

（2）被检机动车应停放在指定位置，发动机停转。

2. 检测员准备

（1）穿好工作服。

（2）准备好"人工检验记录单"和记录笔，到被检车辆处。

3. 检查被检车辆基本要求

（1）检查被检车辆是否为空载。

（2）检查被检车辆的车身、驾驶室、发动机舱、车厢、底盘和照明信号装置应清洁、无油污。

（3）检查被检车辆是否有随车携带行驶证、机动车登记证复印件和产品说明书。

二、考核流程

1. 学员工作

两名学员为一小组，在充分学习本任务相关知识与技能的基础上完成下列工作。

（1）合理利用已准备的工具、仪器、设备，按"人工检验记录单"（见本书配套教学资源"技能学习工作单"中的"工单1"）规定的内容和顺序，逐一对被检车辆进行检验，并及时做好记录。

（2）检验结束后，通过工位计算机将不合格项目录入计算机系统。

（3）实训工位5S工作。

（4）自我评价。

2. 指导教师工作

学员在进行上述操作过程中，指导教师进行下列工作。

（1）向学员讲解安全注意事项，要求学员在"人工检验记录单"中做记录。

（2）观察、指导学员进行相关操作，及时制止可能发生危险的操作。

（3）实操结束后审阅学员完成的"人工检验记录单"，并结合其操作情况（工作成果）给出评价。

项目 2

汽车动力性与燃料经济性检测

学习任务 2-1　汽车动力性检测

任务分析

汽车动力性即汽车运动的能力。动力性是表示汽车在行驶中能达到的最高车速、最大加速能力和最大爬坡能力，是汽车各种性能中最基本、最重要的一种性能，它直接影响汽车的平均技术速度。汽车行驶的平均技术速度越高，汽车的运输生产率就越高。

在用汽车随使用时间的延长，其动力性会逐渐下降，如不能达到高速行驶的要求，不仅会降低汽车应有的运输效率及公路应有的通行能力，而且会成为交通事故、交通堵塞的潜在因素。因此，对在用汽车动力性的检测越来越受到重视。

新标准 GB/T 18565—2016 颁布实施后，根据标准要求，在用汽车动力性采用汽车在底盘测功机上（以下简称测功机）轮边稳定车速作为检测参数。驱动轮轮边稳定车速即在额定功率（或额定扭矩）工况和规定的负荷下，驱动轮轮边的稳定线速度。

在质量抽查时，采用汽车在测功机上驱动轮输出功率作为检测参数。驱动轮输出功率即汽车发动机经汽车传动系统至驱动轮输出的功率。

本任务主要学习与检测驱动轮轮边稳定车速相关的理论知识、检测方法、评价标准及检测结果分析等内容。

学习目标

1. 能够正确描述底盘测功机的结构与工作原理。
2. 能够利用底盘测功机检测汽车驱动轮轮边车速。
3. 能够根据底盘测功机的检测结果，分析评价汽车的动力性能，并提出维修建议。
4. 培养良好的安全、卫生、环保及团队协作的职业素养。
5. 检查、记录、评价工作结果。

底盘测功工位介绍

相关知识学习

一、车辆性能检验记录单

1. 车辆性能检验

在进行车辆综合性能检验和安全环保性能检验时，将除人工检验之外的所有检验项目归类于车辆性能检验，具体包括动力性、燃料经济性、制动性、排放性、转向操纵性、悬架特性、前照灯技术状况、车速表示值误差、车轮阻滞率及喇叭噪声等。

2. 车辆性能检测记录单

1）格式式样

GB/T 18565—2016 推荐的"道路运输车辆性能检验记录单"见表 2-1。

2）检验记录单打印要求

（1）车辆信息。对于汽车列车，打印"车辆型号""VIN 号""车身颜色""车辆出厂日期""注册登记日期"等主车信息。

（2）检验类别。打印相应类别，如"技术等级评定""二级维护竣工质量检验""汽车大修竣工质量检验"等。

（3）业务类型。打印车辆业务属性，如：申请从事道路运输车辆打印"申请"、在用道路运输车辆打印"在用"。

（4）检测线别。检验机构只有单线时可不打印，有两条及以上时按大写英文字母顺序从"A"开始将检测线依次编号，并打印编号。

（5）检验日期。打印车辆检验下线时间，格式为："YYYY-MM-DD hh：mm：ss"。

（6）转向轴悬架形式。打印"独立"或"非独立"字样。

（7）并装轴形式。无并装轴时，打印"无"。牵引车采用并装轴时，打印"牵"+"并装轴轴数"；挂车采用并装轴时，打印"挂"+"并装轴轴数"；客车后桥采用并装轴时，打印"客"+"并装轴轴数"；货车单车采用并装轴时，打印"货"+"并装轴轴数"。

（8）驻车轴。打印驻车作用在车辆第几轴，用数字表示，作用在多轴时，各驻车轴数用","分开。

（9）前照灯制式。按灯制数选择打印"二""四"字样。

（10）前照灯远光光束能否单独调整。选择打印"能"或"否"。

（11）燃料经济性检验相关参数。驱动轮轮胎规格型号、总质量、车高、前轮距、客车车长、客车类型等级、货车车身形式、驱动轴数、驱动轴空载质量、牵引车满载总质量等燃料经济性检验相关参数，依据 GB/T 18566—2016 规定的方法检测（查）、分类并打印。

（12）行驶里程。读取汽车里程表数值，输入计算机并打印，单位为千米（km）。

（13）动力性。

表2-1 道路运输车辆性能检验记录单

委托人：_____ 道路运输证号：_____ 检验类别：_____ 业务类型：_____ 检测线别：_____ 检验记录单编号：_____

号牌人：_____ ……检验日期：_____ 车辆出厂日期：_____

号牌号码	号牌种类	挂车牌照号	挂车类型	车辆出厂日期
注册登记日期	VIN号	车辆型号	发动机号	车身颜色
行驶总里程/km	驱动形式	转向轴悬架形式	挂车轴数	压燃式发动机额定功率/kW
点燃式额定扭矩(N·m)/转速(r·min⁻¹)	燃料类别	驱动轮轮胎规格型号	总质量/kg	车高/mm
前轮距/mm	客车车长/mm	客车类型等级	货车车身形式	驱动轴数
驱动轴空载质量/kg	牵引车满载总质量/kg	并装轴形式	转向轴数	前照灯制式
客车座位(铺)数	单车(主车)轴数	外廓尺寸(长×宽×高)/mm	单车： 挂车：	
远光束能否单独调整	驻车轴	车厢栏板高度/mm	单车： 挂车：	

项目	检验结果				判定
动力性	达标功率/kW	额定车速/(km·h⁻¹)	加载力/N	稳定车速/(km·h⁻¹)	/
燃料经济性	等速百公里油耗标准限值：L/100 km；额定车速/(km·h⁻¹)；复合台称重轴荷/daN			L/100 km	/

制动性 台架检验 原始数据

车轴	水平称重轮荷/daN		动态轮荷/daN		实测值/daN		行车制动力/daN		驻车制动力/daN		判定
	左轮	右轮	左轮	右轮	左轮	右轮	左轮	右轮	左轮	右轮	
一轴											
二轴											
三轴											/
四轴											
五轴											
六轴											

① 1 daN = 10 N。

续表

项　目			检　验　结　果				判定
动力性			达标功率/kW	额定车速/(km·h⁻¹)	加载力/N	稳定车速/(km·h⁻¹)	/
燃料经济性			等速百公里油耗标准限值：L/100 km；实测值：L/100 km				/
台架检验 制动性	整车	单车	水平称重/daN	整车制动率/%		驻车制动率/%	/
		汽车列车	水平称重/daN	牵 整车制动率/%	挂	驻车制动率/%	/
		制动时序	时间/s	/		制动时间/s	
			时序	轴制动力达到5%静态轴荷（牵）			
				轴制动力达到5%静态轴荷（挂）			
			整车制动率比/%（牵引车/列车）			整车制动率比/%（挂车/列车）	
	车轴	一轴	轴制定率/%	制动不平衡率/%	过程差最大点/daN 左轮　右轮	车轮阻滞率/% 左轮　右轮	/
	单轴	二轴					
		三轴					
		四轴					
		五轴					
		六轴		1轴　2轴　3轴　4轴　5轴　6轴			
路试	行车制动		初速度：　　km/h	试车道宽度：　　m	制动距离：　　m	汽车列车制动协调时间：　　s	
			MFDD：　　m/s²	制动稳定性：			
	驻车制动		驻车坡度：　　%	不少于5 min坡道驻车情况：			

续表

项目		检 验 结 果										判定
排放性	汽油车	双怠速法	高怠速	CO/%	HC/10^{-6}							
				λ								
			低怠速	CO/%	HC/10^{-6}							
		稳态工况	5025	CO/%	HC/10^{-6}	NO/10^{-6}		简易瞬态工况	2540	CO/$(g\cdot km^{-1})$	HC/$(g\cdot km^{-1})$	NO/$(g\cdot km^{-1})$	HC+NO/$(g\cdot km^{-1})$	
	柴油车	自由加速法	滤纸烟度 BSU	1	2	3	平均	加载减速工况	光吸收系数/m^{-1}	100%	90%	80%	实测最大轮边功率/kW	/
			光吸收系数/m^{-1}	1	2	3	平均							/
			左吸收率:						右吸收率:					
			左吸收率: %						右吸收率: %					
悬架	前轴													
	后轴													
前照灯	项目	灯高/mm	远光	远光光强/cd	远光偏移 水平/[mm·(10 m)$^{-1}$] 垂直 H				近光偏移 水平/[mm·(10 m)$^{-1}$] 垂直 H					
	左外													
	左内													
	右内													
	右外													
车速表								km/h						
侧滑量				第一转向轮: m/km 第二转向轮: m/km										
喇叭				声压级: dB(A)										
不合格项汇总														
检验工位照片		制动检验工位			灯光检验工位				动力性检验工位					

① 达标功率。打印额定功率（装用压燃式发动机汽车）或额定扭矩功率（装用点燃式发动机汽车）的0.75倍，单位为kW，小数点后保留1位，技术等级评定或其他动力性委托检验根据需要取相应系数。

② 额定车速。打印额定功率车速（装用压燃式发动机汽车）或额定扭矩车速（装用点燃式发动机汽车），单位为km/h，小数点后保留1位。

③ 加载力。打印检测环境下底盘测功机在滚筒表面上的加载力，保留整数位，单位为N。

④ 稳定车速。打印驱动轮轮边稳定车速，小数点后保留1位，单位为km/h。

（14）水平称重轮荷、复合台称重轴荷和动态轮荷。在制动台架检验"原始数据"栏中，"水平称重轮荷"打印采用独立式轮重仪测取的静态轮荷，"复合台称重轴荷"打印采用复合式轴重仪测取的静态轴荷，"动态轮荷"打印采用平板制动台检测时测取的动态轮荷。计算得出的轮（轴）荷保留整数位，单位为daN。

（15）水平称重。在制动台架检验"整车"栏中，单车的"水平称重"打印采用独立式轮重仪测取的静态轴荷总和，汽车列车的"水平称重"打印采用独立式轮重仪测取的静态轴荷总和。

（16）列车制动时序。

① 时间。打印由制动踏板开关的触发时刻到相应轴制动力达到5%静态轴荷的时间，小数点后保留3位，单位为s。

② 时序。按制动踏板开关的触发时刻到各轴制动力达到5%静态轴荷的时间，由快到慢排序，打印1、2、3等数字。

（17）车速表。对于无法上线检验车速表的车辆，若相关管理部门或委托检验部门有要求，可采用路试检验车速表，此时路试检验值可填写到报告单中的"车速表"数据栏，但应在数据前加注"路"字，以便与台试数据区分。

（18）侧滑。侧滑检测时，对前轴采用独立悬架的汽车，侧滑量只打印测试结果数据，项目判定栏不打印。侧滑板向外移动时，打印数据前加"+"；侧滑板向内移动时，打印数据前加"-"。

（19）路试制动性能。

① 采用五轮仪、非接触式速度计等检测时，打印制动距离（m）、制动稳定性（打印"稳定"或"不稳定"）；

② 采用便携式制动性能检测仪等检测时，打印MFDD（m/s^2）、汽车列车协调时间（s）、制动稳定性。

③ 在路试驻车制动性能时，不少于5 min的坡道驻车情况打印"溜坡"或"不溜坡"。

（20）不合格项汇总。打印表2-1中的"不合格项"，"不合格项"之间用"、"分离，无不合格项时打印"无"。挂车不合格项前加"G"。

（21）检验工位照片。打印制动检验、灯光检验、动力性检验工位，以及受检车辆左前方45°的实时检验照片，受检车辆的号牌号码应清晰可见。

（22）判定。在表2-1"判定"栏中，"〇"为合格，"×"为不合格，"—"为未检、"#"为单项指标不合格、"/"为不适用项。对于技术等级评定，视同合格项目标记为

"√",视同或评定为一级的项目标记为"一级",评定为二级的项目标记为"二级"。

(23)其他有关说明。

① 本记录单所列项目依据 GB/T 18565—2016 规定的方法进行检测。其中制动性检验时车辆通常为空载状态,如果采用满载或加载方法检测,则须在检测结论中另加说明。

② 本记录单须加盖检测专用章。数据涂改、局部复印和整件复印而未重新盖章均为无效。

③ 本记录单一式两份,检验机构和道路运输管理机构各执一份。

④ 本记录单规定的内容是强制性的,但其格式可自行调整。建议报告单印制时,将其所有内容用宽行纸排成一页。

⑤ 本记录单作为"道路运输车辆综合性能检验报告单"的附件。

二、汽车动力性及其评价指标

汽车动力性的评价指标有最高车速、加速能力、爬坡能力、发动机输出功率、汽车的比功率、汽车底盘输出功率、驱动轮轮边稳定速度等。

(1)汽车的最高车速。在平直良好的路面上汽车所能达到的最高行驶速度。

(2)汽车的加速能力。汽车在行驶中迅速增加行驶速度的能力,常用汽车的原地起步加速时间和超车加速时间来评价。

① 原地起步加速时间。汽车从起步开始,逐步换挡至直接挡,到车速达到 100 km/h 时所经历的时间。

② 超车加速时间。汽车在直接挡行驶,从 40 km/h 急加速至 100 km/h 时所经历的时间。

(3)发动机输出功率(净功率)。在曲轴尾端测得的功率。

(4)汽车的比功率。发动机最大净功率(或 0.9 倍的发动机额定功率,或 0.9 倍的发动机标定功率)与车辆最大允许总质量之比。

(5)汽车的爬坡能力。汽车满载时在良好的路面上以最低前进挡所能爬行的最大坡度。

(6)驱动轮输出功率。汽车发动机经汽车传动系统至驱动轮所输出的功率。

(7)驱动轮轮边速度。在底盘测功机上测得的驱动轮线速度。

三、底盘测功机的结构与工作原理

底盘测功机是一种不解体检测汽车性能的检测设备,它是通过在室内台架上模拟道路行驶工况的方法来检测汽车的动力性的,而且还可以测量多工况排放指标及油耗。底盘测功机通过滚筒模拟路面,通过功率吸收加载装置来模拟道路行驶阻力,通过飞轮的转动惯量来模拟汽车的直线运动质量的惯量,故能进行符合实际的复杂循环试验,因而得到广泛应用。近年来由于计算机技术的高速发展,为数据的采集、处理及试验数据的结果分析提供了有效的手段,同时为模拟道路状态准备了条件,加速了底盘测功机的发展,加之各类专用软件的开发和应用,使汽车底盘测功机得到了广泛的应用。

按照不同的分类方法，底盘测功机可以分为不同的类型。按测功装置中测功器形式不同，底盘测功机可以分为水力式、电力式和电涡流式3种；按测功装置中测功器冷却方式不同，底盘测功机可以分为风冷式、水冷式和油冷式3种；按滚筒装置承载能力不同，底盘测功机又可以分为小型（承载质量小于等于3 t）、中型（承载质量大于3 t且小于等于6 t）、大型（承载质量大于6 t且小于等于10 t）和特大型（承载质量大于10 t）4种。

汽车底盘测功机主要由道路模拟系统、数据采集与控制系统、安全保障系统及引导系统等构成，具体结构包括框架、滚筒装置、举升装置、测功装置、测速装置、控制与指示装置和辅助装置等。典型汽车底盘测功机机械部分的结构如图2-1所示。

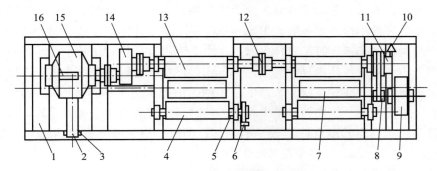

图2-1 典型底盘测功机机械部分结构

1—框架；2—测力杠杆；3—压力传感器；4—从动滚筒；5—轴承座；6—转速传感器；7—举升装置；8—传动带轮；9—飞轮；10—电刷；11—离合器；12—联轴器；13—主动滚筒；14—变速器；15—电涡流测功器；16—冷却水入口

1. 框架与滚筒装置

底盘测功机的滚筒相当于连续移动的路面，被测车辆的车轮在其上滚动。底盘测功机有单滚筒和双滚筒之分，如图2-2所示。

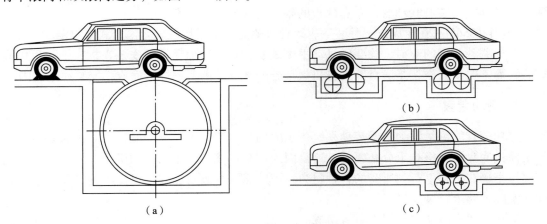

图2-2 滚筒式底盘测功机
(a) 单轴单滚筒式；(b) 双轴双滚筒式；(c) 单轴双滚筒式

1) 单滚筒测功机

支承两边驱动车轮的滚筒各为单个的测功机，称为单滚筒测功机。单滚筒测功机的滚筒直径一般较大，多为1 500~2 500 mm。滚筒直径越大，车轮在滚筒上就越像在平路上滚动，使轮胎与滚筒的滑转率小、滚动阻力小，因而测试精度较高。但加大滚筒直径会受到制造、安装、占地和费用等多方面的限制，因此滚筒直径不易过大。

单滚筒测功机对车轮在滚筒上的安放、定位要求严格，而车轮中心与滚筒中心在垂直平面内的对中又比较困难，故使用不方便。所以，这种测功机仅适用于汽车制造厂、科研院所和大专院校科研性试验，不适用于汽车维修企业、汽车综合性能检测站等生产性检测。

2）双滚筒测功机

支承汽车两边驱动车轮的滚筒各为两个的测功机称为双滚筒测功机。双滚筒测功机的滚筒直径要比单滚筒小得多，一般为185~400 mm。滚筒直径往往随检测台的最大检测车速而定，当最大检测车速高时，直径也大些。由于滚筒直径相对比较小，轮胎与滚筒的接触与在道路上不一样，致使滑转率增大、滚动阻力增大、滚动损失增加，故测试精度较低。据有关资料介绍，在较高检测车速下，轮胎的滚动损失常达到传递功的15%~20%，因此滚筒直径不易太小。当滚筒直径太小时，长时间在较高检测车速下运转会使轮胎温度升高，致使胎面达到临界温度而导致早期损坏。因此，最大检测车速达160 km/h时，滚筒直径不应小于300 mm；检测车速达200 km/h时，滚筒直径不应小于350 mm。近来滚筒直径已有变大的趋势，有的甚至高达530 mm。

双滚筒测功机具有车轮在滚筒上的安放、定位方便和制造成本低等优点，因而适用于汽车维修企业和汽车综合性能检测站等生产单位，尤其是单轴双滚筒式得到了广泛应用。

双滚筒测功机的滚筒多采用钢质材料制成，采用空心结构。按其表面状态不同，又有光滑式、滚花式、沟槽式和涂覆层式多种形式。涂覆层式滚筒是在光滑式滚筒表面上涂覆摩擦系数与道路实际情况接近一致的材料制成的，是比较理想的一种形式，因而涂覆层式滚筒应用最多。

双滚筒式底盘测功机的滚筒有主、副滚筒之分。与测功器相连的滚筒为主滚筒，左右两个主滚筒之间装有联轴器，左右两边的副滚筒处于自由状态。

GB/T 18565—2016 规定，并装双驱动轴车辆的检验采用三轴六滚筒式底盘测功机。

不论哪种类型的滚筒，均要经过动平衡试验，并通过滚动轴承安装在框架上，可以高速旋转而不振动。框架是底盘测功机机械部分的基础，由型钢焊接而成，安装在地坑内。

2. 测功装置

测功装置能测量发动机经传动系统传至驱动车轮的功率。测功装置也是加载装置，对于滚筒式底盘测功机是十分必要的。这是因为汽车在滚筒式底盘测功机上检测时，测功机应模拟车辆在道路上行驶所受的各种阻力，因此需要对滚筒加载，以使车辆的受力情况如同在实际道路上行驶一样。

测功装置由测功器和测力装置组成。

滚筒式底盘测功常用的测功器有水力测功器、电力测功器和电涡流测功器3种。不论哪种测功器，它们都是由转子和定子两大部分组成的，并且转子与主滚筒相连，而定子是可以摆动的。

汽车综合性能检测站和汽车维修企业使用的滚筒式底盘测功机多采用电涡流测功器。

电涡流测功器具有测量精度高、振动小、结构简单和易于调控等优点,并具有宽广的转速范围和功率范围。

1) 电涡流测功器的基本结构

电涡流式测功器的基本结构分为水冷式和风冷式两种。

水冷式电涡流测功器因其结构复杂、安装不方便,故应用较少。

风冷式电涡流测功器的基本结构如图 2-3 所示,其主要由转子、定子、励磁线圈、支承轴承、冷却风扇叶片、力传感器等组成。风冷式电涡流测功器有如下特点:

(1) 结构简单,安装方便。

(2) 冷却效率低,不宜长时间运行,一般在高转速、大负荷下工作时间不宜超过 5 min。

(3) 冷却风扇在工作时消耗一定的功率,故应将此消耗的功率计入汽车底盘输出功率。

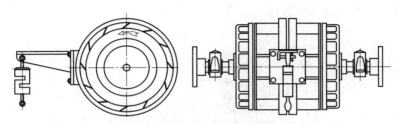

图 2-3 风冷式电涡流测功器

2) 电涡流测功器的工作原理

电涡流式测功器的工作原理如图 2-4 所示。

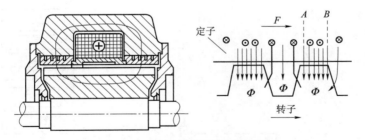

图 2-4 电涡流式测功器的工作原理

当励磁线圈通以直流电时,转子与定子之间的间隙就有磁力线通过,此间隙的磁通分布在转子齿顶处的密度最大,而通过齿槽处的磁通密度最小。当转子旋转时,由于转子的齿项与齿槽断续通过励磁线圈的磁场,便引起磁通量的大小交替变化。由磁感应原理可知,此时在定子的涡流环内产生感生电动势,试图阻止磁通的变化,于是便有电涡流产生。电涡流产生后,一方面产生热量,消耗能量;另一方面会产生磁场,此磁场将阻碍转子旋转,即定子产生阻碍转子旋转的力。根据力的作用与反作用原理,转子同时产生对定子的作用力,此力试图推动定子旋转。此力便通过与定子处外壳相连接的力臂引入测力装置,从而测量出力矩值。

当转子以转速 $n(r/min)$ 转动,且给励磁线圈加一定的电流时,可摆动的定子外壳就产生一定的阻力矩 $M(N·m)$,便得到吸收功率(P)

$$P = \frac{M \cdot n}{9550} \ (\text{N} \cdot \text{m})$$

汽车底盘输出最大功率 = 测功装置所吸收的功率 + 滚动阻力所消耗的功率 + 台架机械阻力所消耗的功率 + 风冷式测功器冷却风扇所消耗的功率。

对于形式固定的底盘测功机及确定的车型，其滚动阻力所消耗的功率、台架机械阻力所消耗的功率及风冷式测功器冷却风扇所消耗的功率为定值，可由实验测得。所以根据检测数据及测功机所测得的吸收功率，即可计算驱动轮输出的最大功率。

3. 飞轮机构

汽车在道路上行驶时，汽车本身具有一定的惯性能，即汽车的动能；而汽车在底盘测功机上运行时车身静止不动，是车轮带动滚筒旋转，在汽车减速工况时，由于系统的惯量比较小，汽车很快停止运行。所以检测汽车的减速工况和加速工况时，汽车底盘测功机必须配备惯性模拟系统，即飞轮机构，如图 2 - 5 所示。

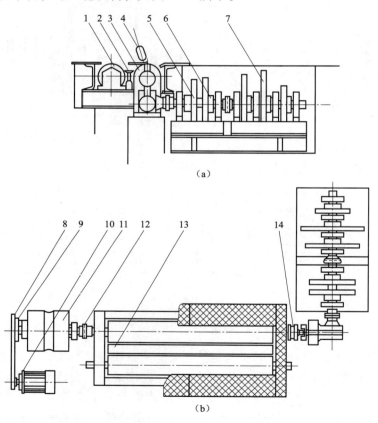

图 2 - 5　惯性模拟系统
（a）侧视图；（b）俯视图
1—传动链；2—超越离合器；3—拖动电动机；4—功率吸收装置；5—双排联轴器；6—举升板；7—牙嵌式离合器；8—滚筒；9—举升器；10—变速器；11—挡轮；12—小飞轮；13—电磁离合器；14—大飞轮

飞轮机构用于模拟汽车在道路上行驶时的动能，常采用离合器以实现与滚筒的接合与分离。飞轮机构通常是一组多个飞轮，飞轮机构的转动惯量及其在各个飞轮上的分配应与所测车型加速能力试验和滑行能力试验的要求相适应。由于目前对汽车台架的惯量没有制定相应的标准，因而国产底盘测功机所装配的惯性飞轮的个数不同，且飞轮惯量的大小也不同，飞轮的个数越多，则检测精度越高。

由于计算机控制技术的发展，新研发和生产的底盘测功机已取消了飞轮机构，由控制程序根据具体车型的运动惯量数据自动控制测功装置，以不同的吸收功率间接反映不同的运动惯量，从而可达到快速和高精度的控制。

4. 反拖装置

所谓反拖装置是采用反拖电动机带动功率吸收装置、滚筒及车轮以及汽车传动系统的一种装置，如图 2-6 所示。反拖装置主要由反拖电动机、滚筒、车轮、转矩仪（或电动机悬浮测力装置）等组成。利用反拖装置，可以方便地检测汽车底盘测功机台架的机械损失，还可以检测汽车传动系统、主减速器、车轮与滚筒的阻力损失等。

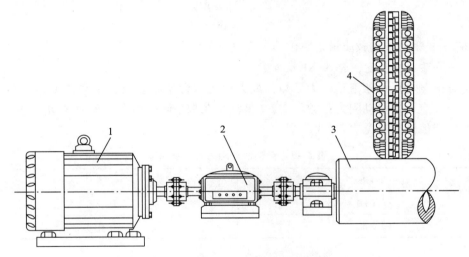

图 2-6 带有反拖装置的底盘测功机
1—变频电动机；2—转矩仪；3—滚筒；4—轮胎

但值得注意的是，在检测过程中，主减速器、车轮与滚筒的正向拖动与反向拖动阻力有差异，目前尚未得到广泛应用。

在利用测功机检测汽车驱动轮输出功率时，驱动轮输出功率应包括测功机测得的功率、测功机内部损耗功率和驱动轮滚动阻力损耗功率，其表达式为

$$P = P_E + P_C + P_R$$

式中：P——驱动轮输出功率，kW；

P_E——测功机测得功率，kW；

P_C——测功机内部损耗功率，kW；

P_R——驱动轮轮胎滚动阻力损耗功率，kW。

测功机内部损耗功率按下式计算

$$P_C = \frac{F_{tc} \times v}{3\,600}$$

式中：F_{tc}——测功机内阻（测功机所有转动部件运转时的摩擦阻力与空气阻力的总和），按

表2-2取值，或采用反拖法定期测量测功机在 50 km/h 和 80 km/h 时的内阻，并分别作为额定功率工况和最大扭矩工况测量时的测功机内阻，单位为牛（N）；

v——检测车速，取值为最大扭矩工况车速或最大功率工况车速，单位为千米每小时（km/h）。

表2-2 测功机内阻推荐值

工况	二轴四滚筒式台架内阻（F_{tc}）/N	三轴六滚筒式台架内阻（F_{tc}）/N
额定功率工况	130	160
最大扭矩工况	110	140

轮胎滚动阻力消耗功率按下式计算：

$$P_R = \frac{G_R \times g \times f_c \times v}{3\,600}$$

式中：G_R——驱动轴空载质量，单位为千克（kg）；

g——重力加速度，$g = 9.81 \text{ m/s}^2$；

f_c——测功机台架滚动阻力系数，最大扭矩点台架滚动阻力系数取 $1.5f$，额定功率点台架滚动阻力系数取 $2f$，f 是汽车在水平硬路面上行驶的滚动阻力系数，取值情况参见表2-3。

表2-3 台架滚动阻力系数参考值

轮胎	f
子午胎	0.006
斜交胎	0.010

5. 数据采集与控制系统

1）转速信号传感器

目前国内检测线用的汽车底盘测功机所采用的转速信号传感器可以分为光电式、电磁式、霍尔式和测速发电机式等几种类型，应用较多是电磁式和测速发电机式两种。

（1）电磁式车速传感器。如图2-7所示，电磁式传感器由旋转齿轮和永久磁铁及感应线圈等组成。汽车车轮在滚筒上滚动时，带动齿轮以一定速度旋转。当永久磁铁对准齿顶时，电磁传感器感生电动势增强。同理，当永久磁铁对准齿槽时，电磁传感器感生电动势减弱，由于磁阻的变化，传感器输出的电压信号为交变信号。因信号较弱（一般在 3 mV），所以必须经过信号放大整形电路，将交变信号变为脉冲信号，送入 CPU 高速输入口（HSI），以获取转速信号。

（2）测速发电机式。如图2-8所示，汽车车轮在滚筒上滚动时，带动测速发电机旋转，产生的电压正比于滚筒转速，通过 A/D 采集可得到转速信号。

2）测力装置

汽车底盘测功机驱动力传感器可分为两种，一种是拉压传感器，安装图如图2-9

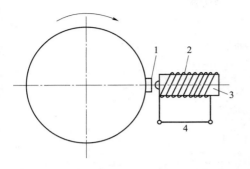

图2-7 电磁式转速传感器工作示意图
1—销子；2—绕组；3—永久磁铁；
4—脉冲电压变换器

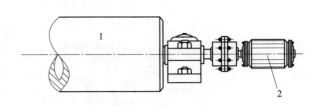

图2-8 测速发电机工作示意图
1—滚筒；2—测速发电机

（a）所示；第二种是位移传感器，其安装图如图2-9（b）所示。它们一边连接功率吸收装置的外壳，另一边连接测功机框架。

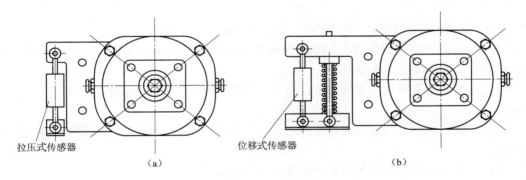

图2-9 测力装置
（a）拉压式传感器；（b）位移传感器

在工作过程中，无论是水力式、电涡流式还是电力式功率吸收装置，其外壳都是浮动的。以电涡流式为例，当线圈通过一定的电流时，就产生一定的电涡流。对转子来说，电磁感应产生的力偶的作用方向与其转动的方向相反。当传感器固定后，外壳上的力臂对传感器就有一定的拉力或压力（与安装的位置有关），拉压传感器在工作时，传感器受力产生应变，通过应变放大器可得到一定的输出电压，这样将力信号转变成电信号来处理，通过标定，可以得到传感器的受力数值。

3）控制系统

电涡流式加载装置可控性好、结构简单、质量轻、便于安装，在底盘测功机中得到广泛的应用。

汽车在行驶过程中存在滚动阻力、加速阻力和坡道阻力，其中加速阻力是通过惯性飞轮来模拟的。通过台架模拟道路必须选用加载装置，要想控制它，就必须知道控制电压及电流。电涡流式加载装置控制系统的框图如图2-10所示。

汽车底盘测功机常见的位控信号有举升机升降控制或滚筒锁定控制、电磁阀控制、飞轮控制、车辆检测程序指示器（点阵屏）控制、手动或自动控制等信号，它们常常通过计算机或单片机I/O输出板，再经过信号放大、驱动来实现控制。

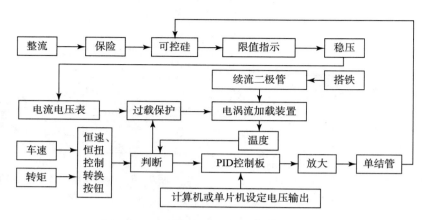

图 2-10 电涡流式加载装置控制系统框图

6. 安全保障系统

安全保障系统包括轮挡、系留装置、车偎（三角块）及风扇等。

（1）使用轮挡的目的是防止汽车车轮在旋转过程中，在侧向力的作用下横向滑出滚筒。对前轮驱动车辆更应使用轮挡。

（2）系留装置是将地面上的固定盘与车辆相连，以防车辆高速运行时，由于滚筒的卡死而冲出。

（3）车偎的作用是防止车辆在运行过程中车体前后移动，同时也可达到与系留装置相同的功能。

（4）风扇的作用是防止车辆在运行过程中发动机和车轮过热。

7. 引导、举升及滚筒锁定系统

1）引导系统

引导系统也称引车员助手，其作用是引导引车员按提示进行操作。目前检测站的引导系统基本上全部采用工位计算机显示屏与显示牌（点阵屏）相结合的方法。

显示牌一般是与计算机的串行通信口相连，当计算机对显示牌初始化后，便可对显示牌发送 ASCII 码与汉字，以提示引车员如何操作车辆及显示检测结果。

2）举升装置

底盘测功机常用的举升装置类型有气压式和液压式两种。

（1）气压式举升装置如图 2-11 所示，它是由电磁阀、气动控制阀及双向气缸或橡胶气囊组成的。在气压力的作用下，气缸中的活塞便可上、下运动，以实现升降目的。

（2）液压式举升装置通常由电磁阀、分配阀、液压举升缸等组成。在液压作用下，举升缸活塞上、下移动，从而实现滚筒的升降。

3）滚筒锁止装置

滚筒锁止装置如图 2-12 所示，由双向气缸、棘轮、棘爪、复位弹簧、杠杆及控制器组成。通过控制器控制压缩空气的通断，即当某一方向通气后，空气推动气缸活塞运动控制棘爪与棘轮离合，以达到锁止或放松的目的。

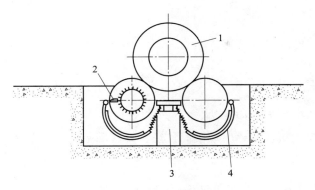

图 2-11 气压式升降机
1—车轮；2—滚筒转速传感器；3—举升器；4—滚筒制动装置

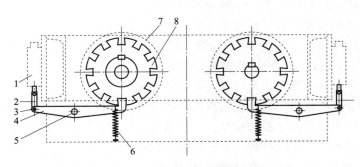

图 2-12 滚筒锁止装置示意图
1—双向气缸；2—拉杆；3—连接销；4—棘爪；5—固定销；
6—复位弹簧；7—滚筒；8—棘轮

8. 控制和指示装置

底盘测功机的控制装置和指示装置常做成一体，构成控制柜，安放在机械部分的左前方易于操作和观察的位置。如果测力装置和测速装置均为电测式，指示装置为机械式，则指示装置仅能显示驱动车轮的驱动力，驱动轮输出功率需根据所测出的驱动力和测试车速换算得到。

全自动检测线底盘测功工位的控制与指示通常由主控计算机、工位测控计算机及检验程序指示器等来完成。

9. 其他附属装置

底盘测功机需配备环境温度、相对湿度和大气压力测量装置。

底盘测功机结构

 技能学习

以下按 GB/T 18276—2017《汽车动力性台架试验方法和评价指标》的规定，说明汽车动力性的台架检测方法。

底盘测功机检测原理

一、准备工作

1. 测功机准备

(1) 底盘测功机电气系统应预热。

(2) 采用反拖电动机或车辆驱动滚筒预热台架转动部件,直至底盘测功机滑行时间趋于稳定。

2. 被检车辆的准备

(1) 车辆空载。

(2) 车辆使用的燃料和润滑油规格应符合制造厂技术条件规定。

(3) 车辆应预热至发动机、传动系统达到正常工作的温度状况。

(4) 轮胎表面干燥、清洁无油污,驱动轴轮胎的花纹深度不小于 1.6 mm,轮胎花纹内和并装轮胎间无异物嵌入,轮胎气压符合规定。

(5) 关闭空调系统等汽车正常行驶非必需的附属装置。

(6) 对于并装双驱动轴车辆,应使桥间差速器不起作用。

(7) 登录被检车辆的以下参数信息,对于检验机构数据库或车辆行驶证无法提供的参数,应从车辆登记证、产品说明书、发动机铭牌等处查取。

① 压燃式发动机额定功率(当发动机功率参数仅以最大净功率表征时,额定功率取 1.11 倍的净功率),单位为千瓦(kW);

② 点燃式发动机最大扭矩,单位为牛顿米(N·m);最大扭矩转速,单位为转每分钟(r/min);

③ 货车、自卸车、半挂汽车列车最大总质量,单位为千克(kg);

④ 客车车长,单位为毫米(mm);

⑤ 驱动轴空载质量,单位为千克(kg)。

3. 确定测功项目

GB/T 18565—2016 规定,在检测线上,在用车辆动力性采用汽车在发动机额定功率工况或最大扭矩工况时的驱动轮轮边稳定车速来评价。采用驱动轮轮边稳定车速作为评价指标时,压燃式发动机车辆采用额定功率工况,点燃式发动机车辆采用最大扭矩工况。

在进行维修质量监督抽查或对动力性检测结果有异议时,采用驱动轮输出功率作为评价指标。

两用或双燃料车辆取发动机燃油额定功率(或额定扭矩)、油电(或气电)混合动力车辆取发动机燃油(或燃气)额定功率(或额定扭矩)、燃气车辆取发动机燃气额定功率(或额定扭矩)、纯电动汽车的动力性不做评价。

4. 环境状态

测量并记录检测环境温度、相对湿度和大气压力。

二、检测流程

1. 压燃式发动机车辆(包括液化燃气车辆)的动力性检验

(1) 引车员根据显示屏显示的被检车辆的牌号,驾驶车辆使驱动轮置于底盘测功机滚筒上,车轮轴线尽量与滚筒轴线平行。根据车型调整侧移限位和系留装置,在非驱动轮加装三角挡块,举升器自动降下。

(2) 底盘测功机设置为恒力控制方式,力、速度等参数示值调零。

(3) 在测功机不加载的条件下起动被检车辆,逐步加速,选择直接挡,测取全节气门的最高稳定车速。当最高稳定车速大于 95 km/h(对于危险货物运输车辆,其最高稳定车速大于 80 km/h)时,应降低一个挡位,重新测取最高稳定车速。测功机控制系统将按标准给定公式重新计算额定功率车速。

(4) 将挡位挂回至上一步确定的挡位,逐步踩下加速踏板到最大位置。此时测功机进行恒力加载(加载力按标准给定公式计算)稳定 3 s 后,开始测取车速,当 3 s 内的波动不超过 ±0.5 km/h 时,该车速即为驱动轮轮边稳定车速。

(5) 测试结束时,引车员按点阵屏提示松开加速踏板,挂空挡。此时车轮继续带动滚筒旋转约 1 min 以上,确保电涡流测功器散热。

(6) 对检测不合格的车辆,允许复测一次。

(7) 举升器举起,车辆驶出底盘测功机工位。

2. 点燃式发动机车辆(压缩燃气车辆)的动力性检验

(1) 引车员根据显示屏显示的被检车辆的牌号,驾驶车辆使驱动轮置于底盘测功机滚筒上,根据车型调整侧移限位和系留装置,在非驱动轮加装三角挡块,举升器自动降下。

(2) 底盘测功机设置为恒力控制方式,力、速度等参数示值调零。

(3) 测功机不加载的条件下,起动被检车辆,逐步加速,选择第三挡位,采用加速踏板控制车速,当外接转速表(外接转速表无法稳定测取转速时,可观察发动机转速表)的转速稳定指向发动机最大扭矩转速(当最大扭矩转速为一定范围时,取其均值;当最大扭矩转速大于 4 000 r/min 时,按 4 000 r/min 测取最大扭矩车速)时,测取当前驱动轮轮边线速度,记作最大扭矩车速。当最大扭矩车速大于 80 km/h 时,应降低一个挡位,重新测取最大扭矩车速。测功机控制系统将按给定公式重新计算额定功率车速。

(4) 将挡位挂回至上一步确定的挡位,逐步踩下加速踏板使车速超过最大扭矩车速。此时测功机进行恒力加载(加载力按标准给定公式计算)稳定 3 s 后,开始测取车速,当 3 s 内的波动不超过 ±0.5 km/h 时,该车速即为驱动轮轮边稳定车速。

(5) 测试结束时,引车员按点阵屏提示松开加速踏板,挂空挡。此时车轮继续带动滚筒旋转约 1 min 以上,确保电涡流测功器散热。

(6) 对检测不合格的车辆,允许复测一次。

(7) 举升器举起,车辆驶出底盘测功机工位。

三、检测标准

1) GB/T 18565—2016 规定的标准

(1) 额定功率工况下,驱动轮轮边稳定车速应不小于额定功率车速。

底盘测功

(2) 最大扭矩工况下,驱动轮轮边稳定车速应不小于额定扭矩车速。

2) JT/T 198—2016 规定的标准

JT/T 198—2016 规定,当汽车传动系统传动效率为 0.82 时,若检测结果符合 GB/T 18565—2016 规定的标准,则该项评定为一级车;其他情况下若检测结果符合 GB/T 18565—2016 规定的标准,则该项评定为二级。

四、检测结果分析

如果整车动力性检测不合格,则其原因主要存在于发动机及底盘传动系统两个方面。

1. 发动机动力不足

发动机动力不足可能的原因有:气缸压缩压力低;个别气缸工作不正常;点火正时(或喷油正时)不准;空气滤清器堵塞等。

2. 底盘传动系统技术状况不良

底盘传动系统技术状况不良可能的原因有:离合器打滑;制动器间隙偏小;传动轴变形弯曲,中间轴承支架松旷,传动轴不平衡;驱动桥装配不良或有故障;轮胎气压不标准,轮辋变形,轮胎花纹规格不符合要求;传动系统、行驶系统润滑不良等。

 技能考核

一、准备工作

1. 考核设备、材料准备

(1) 在技能学习工位准备好底盘测功机(经预热和示值调零或复位)。

(2) 视需要配备外接式发动机转速表、发动机冷却液温度计和机油油温计。

(3) 技能学习工作单(见本书配套教学资源"技能学习工作单"中的"工单 2 – 1")。

2. 学员劳动保护

(1) 必须穿戴好工作服。

(2) 穿好安全鞋。

二、考核流程

1. 学员工作

两名学员为一小组,在充分学习本任务相关知识与技能的基础上完成下列工作,并随时完成相应的工单。

(1) 压燃式发动机车辆(包括液化燃气车辆)的动力性检验。
(2) 点燃式发动机车辆(压缩燃气车辆)的动力性检验。
(3) 5S 工作。
(4) 自我评价。

2. 指导教师工作

学员在进行上述操作过程中,指导教师进行下列工作。

(1) 向学员讲解安全注意事项,要求学员在"技能学习工作单"中做记录。
(2) 观察、指导学员进行相关操作,及时制止可能发生危险的操作。
(3) 实操结束后审阅学员完成的工作单,并结合其操作情况(工作成果)给出评价。

学习任务 2-2 汽车燃料经济性检测

任务分析

GB/T 18565—2016 规定,燃用柴油或汽油、总质量大于 3 500 kg 的在用道路运输车辆需进行燃料经济性检测,并按 GB/T 18566—2011《道路运输车辆燃料消耗量检测评价方法》(以下简称 GB/T 18566—2011)的规定进行。GB/T 18566—2011 规定,汽车燃料经济性检测参数为汽车在水平硬路面上以额定总质量、变速器最高挡、等速行驶条件下的百公里燃料消耗量。在检测站,需在底盘测功机上模拟汽车道路行驶工况进行检测。

汽车燃料经济性用汽车燃料消耗量评价。汽车燃料消耗量除了与燃料供给系统的技术状况有直接关系外,还与曲柄连杆机构、配气机构、点火系统、润滑系统、冷却系统、传动系统、行驶系统、转向系统和制动系统等有关,是一个综合性评价参数。测量汽车燃料消耗量在使用中的变化,不仅可以诊断燃料供给系统的技术状况,而且可以评价发动机及整车的技术状况。

在汽车综合性能检测中,通过对汽车燃料消耗量的检测,可以限制油耗超标的车辆继续使用,从而可以达到节约能源和减少排气污染的目的。

本学习任务主要学习汽车燃料经济性评价指标、车用油耗仪的结构与工作原理、在底盘测功机上利用油耗仪检测汽车的燃料消耗量的方法及检测结果分析。

学习目标

1. 能够正确解释汽车燃料经济性的评价指标。
2. 能够正确描述碳平衡油耗仪的结构与工作原理。
3. 能够在底盘测功机上利用碳平衡油耗仪检测汽车的燃料消耗量。
4. 能够根据检测结果对车辆的燃料经济性给出正确评价，并提出维修建议。
5. 培养良好的安全、卫生、环保及团队协作的职业素养。
6. 检查、记录、评价工作结果。

相关知识学习

一、汽车燃料经济性及其评价指标

汽车的燃料经济性是汽车的主要使用性能之一。它是指汽车以最小的燃料消耗完成单位运输工作量的能力。

为了评价汽车的燃料经济性，常用汽车行驶 100 km 所消耗的燃料量（L/100 km 或 kg/100 km）来评价，在我国及欧洲均采用这一指标来评价汽车的燃料经济性。对于货车和大型客车，由于载质量和座位不同，每百公里油耗量相差较大，因而，从车辆的使用角度出发，又采用单位运输工作量的燃料消耗量（L/(100 t·km) 或 L/(千人·km)）作为评价指标。这一评价指标不仅可用来评价汽车的燃料经济性，而且还可反映运输工作管理水平。上述两个指标的数值越大，汽车的燃料经济性越差。

汽车燃料经济性也可用汽车消耗单位量燃料所经过的行程（km/L）作为评价指标，例如，美国采用每加仑燃料能行驶的英里数，即 MPG 或 mile/USgal 来评价，其数值越大，汽车的燃料经济性越好。

等速行驶百公里燃油消耗量是常用的一种评价指标，指汽车在一定载荷（我国标准规定轿车为半载，货车为全载）下，以最高挡在水平良好路面上等速行驶 100 km 的燃油消耗量。每隔 10 km/h 或者 20 km/h 速度间隔测出一等速行驶百公里的燃油消耗量，然后在图上连成一曲线，称为等速百公里的燃油消耗量曲线，如图 2-13 所示。

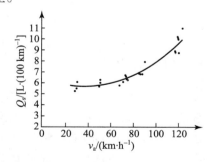

图 2-13 汽车等速百公里油耗曲线

但是，等速行驶工况并不能全面反映汽车的实际运行工况，特别是在市区行驶中频繁出现的加速、减速、怠速停车等行驶工况。因此，在对实际行驶车辆进行跟踪测试统计的基础上，各国都制定了一些典型的循环行驶试验工况来模拟汽车实际运行工况，并以其百公里的燃油消耗量来评定相应工况的燃油经济性。

循环行驶试验工况规定了车速—时间行驶规范，例如，何时换挡、何时制动以及行车的速度和加速度等数值。因此，它在道路上试验比较困难，一般多规定在室内汽车底盘测功机（转鼓试验台）上进行测试。

二、燃料消耗量检测仪的结构与工作原理

1. 基本结构原理

GB/T 18566—2011 规定，检测在用汽车燃料消耗量应采用碳质量平衡法，使用碳平衡油耗仪检测。所谓碳质量检测法，即根据燃油在发动机中燃烧后排气中碳质量总和与燃油燃烧前的碳质量总和相等的质量守恒定律来测量汽车燃料消耗量的方法。

碳平衡油耗仪的基本结构框图如图 2-14 所示，主要由取样管、滤清器、排气稀释装置、稀释排气温度和压力测量装置、稀释排气流量测量装置和含碳气体浓度测量装置组成。

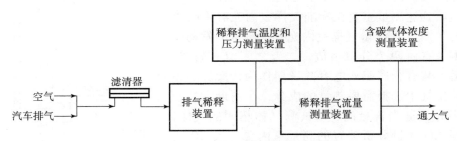

图 2-14 碳平衡油耗仪的基本结构框图

其基本工作原理是：由取样管从汽车排气中连续吸取发动机排气，经过滤除去颗粒后，经稀释装置稀释（与空气均匀混合），经温度、压力、流量传感器分别测量温度、压力和流量后，送入浓度测量装置测量各类含碳气体（CO_2、CO、HC）的浓度，最后由主控制系统计算每秒燃料消耗量，累加计算在测试全过程中的累计燃料消耗量，并根据底盘测功机测得的汽车行驶距离（模拟）计算百公里燃料消耗量。

GB/T 18566—2011 规定，浓度测量装置采用 NDIR 法测量 CO_2、CO、HC、NO 的浓度，其基本原理如图 2-15 所示。

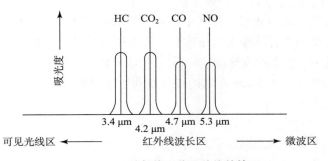

图 2-15 四种气体吸收红外线的情况

汽车排气中的 CO_2、CO、HC 和 NO 等气体，均具有吸收一定波长红外线的性质，而且红外线被吸收的程度与气体浓度之间有一定的关系。不分光红外线分析法就是根据这一

原理，即根据各种废气吸收一定波长红外线能量的变化，来检测排气中各种污染物的含量的。在各种气体混在一起的情况下，这种检测方法具有测量值不受影响的特点。

利用不分光红外线分析法制成的分析仪，既可以制成单独检测某一种气体含量的单项分析仪，也可以制成能测量多种气体含量的综合分析仪。排气中 CO 和 CO_2 的浓度是直接测量的，而排气中 HC 的成分非常复杂，因此要把各种 HC 成分的浓度换算成正己烷（$n—C_6H_{14}$）的浓度后再作为 HC 浓度的测量值。

排气分析装置由红外线光源、气样室、旋转扇轮（截光器）、测量室和传感器等组成。该装置按照不分光红外线气体分析法，从来自取样装置的混有多种成分的排气中，分析 CO、C_2、HC 等气体的含量，并将含量转变成电信号输送给含量指示装置。按传感器形式不同，排气分析装置可分为电容微音器式和半导体式等不同形式，目前应用比较多的是电容微音器式的分析装置。

电容微音器式分析装置如图 2 – 16 所示。从两个红外线光源发出的红外线，分别通过标准气样室和测量气样室后到达测量室。在标准气样室内充有不吸收红外线的 N_2 气，在测量气样室内充有被测量的发动机排气。测量室由两个分室组成，二者之间留有通道，并在通道上装有金属膜式电容微音器作为传感器。为了能够从排气中选择需要测量的成分，在测量室的两个分室内充入适当含量的、与被测气体相同的气体，即在测量 CO 含量分析装置的测量室内要充入 CO 气体，在测量 HC 含量分析装置的测量室内要充入正己烷气体。

旋转扇轮也称为截光器，能连续地导通/截止两个红外线光源，从而形成射线脉冲。当红外线通过旋转扇轮断续地到达测量室时，由于红外线通过测量气样室被所测气体按浓度大小吸收掉一部分一定波长范围的红外线，而通过标准气样室的红外线完全没有被吸收，因此在测量室的两个分室内，因红外线能量的差别出现了温度差别，温度差别又导致了测量室内的压力差别，致使金属膜片弯曲变形。排气中被测气体含量越大，金属膜片弯曲变形也越大。

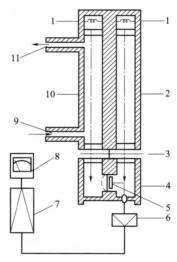

图 2 – 16　电容微音器式分析装置

1—红外线光源；2—标准气样室；3—旋转扇轮；4—测量室；5—电容微音器；6—前置放大器；7—主放大器；8—指示仪表；9—排气入口；10—测量气样室；11—排气出口

膜片弯曲变形致使电容微音器输出电压改变，该电压信号经放大器放大后送往含量指示装置。由于尾气中的 HC 由多种成分构成，所以使用固体滤光片过滤掉大多数红外线，而仅让正己烷可吸收的波长为 3.5 μm 左右的红外线到达测量室内。

2. 检测工况

营运客车（用于经营性道路旅客运输的汽车，包括客车和乘用车）燃料消耗量检测工况由速度工况和载荷工况构成。

1）速度工况

营运客车按 JT/T 325—2018《营运客车等级划分及等级评定》（以下简称 JT/T 325—

218）划分的营运客车划分等级，高级营运客车检测速度工况为等速 60 km/h，中级、普通级营运客车以及营运货车检测速度工况为等速 50 km/h。

说明：JT/T 325—2018 是针对营运客车进行技术等级划分的标准。该标准中，依据客车和乘用车规定的评定内容和标准，将客车和乘用车分为多个级别，具体情况见表 2-4。

表 2-4 营运客车等级划分

类型	客　车												乘用车	
	特大型				大型				中型			小型		
等级	高三级	高二级	高一级	中级	普通级	高三级	高二级	高一级	中级	普通级	高二级	高一级	中级	普通级	高级	中级

（表头标注不完全对应，依图示）

2）载荷（阻力）工况

汽车在水平硬路面上以额定总质量、变速器最高挡、等速行驶的道路行驶阻力。

主控制系统根据车辆录入的信息数据库直接调用相关参数计算并设置台架加载阻力、台架内阻及台架滚动阻力，并根据实测的压力、温度、流量及各含碳气体浓度自动计算每秒燃料消耗量，进而计算百公里燃料消耗量。

技能学习

一、准备工作

1. 测功机准备

（1）底盘测功机电气系统应预热。

（2）采用反拖电动机或车辆驱动滚筒预热台架转动部件，直至底盘测功机滑行时间趋于稳定。

（3）底盘测功机静态空载，力、速度和距离示值调零或复位。

2. 被检车辆的准备

（1）车辆空载。

（2）检查车辆排气系统，不得有泄漏。

（3）车辆应预热至发动机、传动系统达到正常工作的温度状况。

（4）轮胎表面干燥、清洁、无油污，驱动轴轮胎的花纹深度不小于 1.6 mm，轮胎花纹内和并装轮胎间无异物嵌入，轮胎气压符合规定。

（5）关闭空调系统等汽车正常行驶非必需的附属装置。

（6）登录被检车辆的以下参数信息，对于检验机构数据库或车辆行驶证无法提供的参数，应从车辆登记证、产品说明书、发动机铭牌等处查取。

① 燃油类别（汽油、柴油）；

② 驱动轮胎规格型号；
③ 额定总质量，单位为千克（kg）；
④ 车高，单位为毫米（mm）；
⑤ 前轮距，单位为毫米（mm）；
⑥ 客车车长，单位为毫米（mm）；
⑦ 客车等级（分为高级、中级、普通级）；
⑧ 货车车身形式（分为栏板车、自卸车、牵引车、仓栅车、厢式车和罐车）；
⑨ 驱动轴数；
⑩ 驱动轴空载质量，单位为千克（kg）；
⑪ 牵引车满载总质量，单位为千克（kg）。

3. 油耗仪准备

油耗仪应预热至设备达到正常工作准备状态。

4. 确定检测车速

高级营运客车检测速度工况为等速 60 km/h，中级、普通级营运客车以及营运货车检测速度工况为等速 50 km/h。

5. 环境状态

（1）测量并记录检测环境温度、大气压力。
（2）测量大气中 CO_2 浓度。

二、检测流程

1. 操作步骤

（1）引车员根据显示屏显示的被检车辆的牌号，驾驶车辆使驱动轮置于底盘测功机滚筒上，车轮轴线尽量与滚筒轴线平行。根据车型调整侧移限位和系留装置，在非驱动轮加装，举升器自动降下。

（2）底盘测功机设置为恒力控制方式，力、速度等参数示值调零。

（3）测功机不加载的条件下，起动被检车辆，逐步加速，选择最高挡（自动变速器使用 D 挡）。此时测功机进行恒力加载（加载力按标准给定公式计算）直到车辆稳定达到确定的检测车速。

（4）将采样管靠近并对准汽车排气管口（间距不大于 100 mm），用支架固定，使采样管与排气尾管末端同轴。

（5）引车员按点阵屏（也称为司机助）提示，控制汽车加速踏板，使检测车速变化幅度稳定在 ±0.5 km/h 的范围内，稳定至少 15 s 后，油耗仪开始 60 s 连续采样，同时测功机开始测量 60 s 连续采样时间内的汽车行驶距离，并自动计算百公里燃料消耗量。

（6）测试结束时，引车员按点阵屏提示松开加速踏板，挂空挡。此时车轮继续带动滚筒旋转约 1 min 以上，确保电涡流测功器散热。

（7）对检测不合格的车辆，允许复测两次。

（8）举升器举起，车辆驶出底盘测功机工位。

油耗测试

2. 注意事项

（1）每次测量完成后，工位检测员应起动反吹系统，利用压缩空气对油耗仪进行反吹，以清除采样系统内残存的颗粒物。

（2）对独立工作的汽车双排气管，油耗仪应采用 Y 型对称采样管，两支分采样管的结构、内径和长度完全一致，保证两支分采样管内的气体同时全部到达总采样管。

（3）应定期对流量计、气体浓度测量装置进行校准。

（4）定期更换气体浓度测量装置中的滤芯。

（5）定期清除流量测量装置内部表面的积炭。

三、检测标准

GB/T 18566—2011 对道路运输车辆燃料消耗量限值及判定方法有如下规定。

1. 燃料消耗量限值

（1）已列入交通运输主管部门公布的《道路运输车辆燃料消耗量达标车型表》的车辆，其燃料消耗量限值为车辆《燃料消耗量参数表》中 50 km/h 或 60 km/h 满载等速油耗的 114%。

（2）未列入交通运输主管部门公布的《道路运输车辆燃料消耗量达标车型表》的车辆，其燃料消耗量限值的参比值见表 2-5～表 2-7。

表 2-5 在用柴油客车燃料消耗量限值的参比值

车长 L /mm	参比值/[L·(100 km)$^{-1}$]	
	高级客车 等速 60 km/h	中级和普通级客车 等速 50 km/h
$L \leq 6\,000$	11.3	9.5
$6\,000 < L \leq 7\,000$	13.1	11.5
$7\,000 < L \leq 8\,000$	15.3	14.1
$8\,000 < L \leq 9\,000$	16.4	15.5
$9\,000 < L \leq 10\,000$	17.8	16.7
$10\,000 < L \leq 11\,000$	19.4	17.6
$11\,000 < L \leq 12\,000$	20.1	18.3
$L > 12\,000$	22.3	20.3

（3）当按牵引车（单车）满载总质量进行检测时，燃料消耗量限值的参比值按牵引车（单车）满载总质量对应取表 2-6 中的数值。

表 2-6 在用柴油货车（单车）燃料消耗量限值的参比值

额定总质量 G /kg	参比值 /[L·(100 km)$^{-1}$]	额定总质量 G /kg	参比值 /[L·(100 km)$^{-1}$]
$3\,500 < G \leqslant 4\,000$	10.6	$17\,000 < G \leqslant 18\,000$	24.4
$4\,000 < G \leqslant 5\,000$	11.3	$18\,000 < G \leqslant 19\,000$	25.4
$5\,000 < G \leqslant 6\,000$	12.6	$19\,000 < G \leqslant 20\,000$	26.1
$6\,000 < G \leqslant 7\,000$	13.5	$20\,000 < G \leqslant 21\,000$	27.0
$7\,000 < G \leqslant 8\,000$	14.9	$21\,000 < G \leqslant 22\,000$	27.7
$8\,000 < G \leqslant 9\,000$	16.1	$22\,000 < G \leqslant 23\,000$	28.2
$9\,000 < G \leqslant 10\,000$	16.9	$23\,000 < G \leqslant 24\,000$	28.8
$10\,000 < G \leqslant 11\,000$	18.0	$24\,000 < G \leqslant 25\,000$	29.5
$11\,000 < G \leqslant 12\,000$	19.1	$25\,000 < G \leqslant 26\,000$	30.1
$12\,000 < G \leqslant 13\,000$	20.0	$26\,000 < G \leqslant 27\,000$	30.8
$13\,000 < G \leqslant 14\,000$	20.9	$27\,000 < G \leqslant 28\,000$	31.7
$14\,000 < G \leqslant 15\,000$	21.6	$28\,000 < G \leqslant 29\,000$	32.6
$15\,000 < G \leqslant 16\,000$	22.7	$29\,000 < G \leqslant 30\,000$	33.7
$16\,000 < G \leqslant 17\,000$	23.6	$30\,000 < G \leqslant 31\,000$	34.6

表 2-7 在用柴油半挂汽车列车燃料消耗量限值的参比值

额定总质量 G /kg	参比值 /[L·(100 km)$^{-1}$]
$G \leqslant 27\,000$	42.9
$27\,000 < G \leqslant 35\,000$	43.9
$35\,000 < G \leqslant 43\,000$	46.2
$49\,000 < G \leqslant 49\,000$	47.3

2. 判定方法

（1）若检测结果小于等于限值，则判定该车燃料消耗量为合格。

（2）若检测结果大于限值，允许复检两次，一次复检合格，则判定该车燃料消耗量为合格。

（3）当检测结果和复检结果均大于限值时，判定该车燃料消耗量为不合格。

四、检测结果分析

影响汽车燃料经济性的因素很多，就车辆本身而言，主要分为两个方面：其一是发动机、汽车结构方面的因素；其二是汽车使用方面的因素。在汽车的使用因素中，其技术状况的变化对汽车燃料经济性影响很大。

汽车燃料经济性检测不合格，主要是发动机技术状况不良，但汽车底盘技术状况对汽车燃料经济性也有着较大的影响。

（1）发动机的技术状况不良。可能的原因有：气缸的压缩压力低；气门间隙不正确；配气相位不准确；喷油泵、喷油器技术状况不良；点火正时（或喷油正时）不准确；个别气缸工作不正常；发动机工作温度不正确；电喷发动机各传感器、执行器及计算机有故障等。

（2）汽车底盘技术状况不良。可能的原因有：底盘传动系统各配合副配合不良或润滑不良；轮胎气压过低；车轮定位参数失准等。

 技能考核

一、准备工作

1. 考核设备、材料准备

（1）在技能学习工位准备好底盘测功机（经预热和示值调零或复位）。
（2）视需要配备外接式发动机转速表、发动机冷却液温度计和机油油温计。
（3）碳平衡油耗仪（经预热和示值调零）。
（4）技能学习工作单（见本书配套教学资源"技能学习工作单"中的"工单2-2"）。

2. 学员劳动保护

（1）必须穿好工作服。
（2）穿好安全鞋。

二、考核流程

1. 学员工作

两名学员为一小组，分别担任工位检测员和引车员，在充分学习本任务相关知识与技能的基础上，完成下列工作，并随时完成相应的工单。
（1）车辆燃油消耗量的检测。
（2）5S工作。
（3）自我评价。

2. 指导教师工作

学员在进行上述操作过程中，指导教师进行下列工作。
（1）向学员讲解安全注意事项，要求学员在"技能学习工作单"中做记录。
（2）观察、指导学员进行相关操作，及时制止可能发生危险的操作。
（3）实操结束后审阅学员完成的工作单，并结合其操作情况（工作成果）给出评价。

项目 3
汽车制动性检测

汽车的制动性能是汽车重要的使用性能之一。制动性能的好坏直接关系到行车安全，性能良好和可靠的制动系统可保证行车安全，避免发生交通事故；反之，则很容易造成车毁人亡的恶性事故。同时，制动性能的好坏还影响到汽车动力性的发挥。因此，汽车制动装置的齐全、可靠，以及符合国家制动标准的良好制动性能是非常重要的。制动性能检测是安全性检测的重点项目之一。

学习任务3-1 汽车制动性的台架检测

任务分析

汽车制动性的台架检测通常使用反力滚筒式或平板式制动检测台，主要检测参数为制动力。

制动性能检测通常位于安检线的第二工位。在综检线上往往也设置制动检测台，不论是反力滚筒式还是平板式制动检测台，通常均布置在检测线的第二工位。

本学习任务主要学习汽车制动性及其评价指标，汽车制动性检测台的结构原理，汽车制动性检测方法、检测标准及判定、检测结果分析。

学习目标

1. 能够正确解释汽车制动性检测的原理。
2. 能够正确解释汽车制动性的评价指标。
3. 能够正确描述反力滚筒式和平板式制动检测台的结构与工作原理。
4. 能够正确使用反力滚筒式和平板式制动检测台检测汽车的制动性能。
5. 能够对检测结果进行准确的分析，对车辆的制动性能给出准确评价，并提出维修建议。
6. 培养良好的安全、卫生习惯及团队协作的职业精神。
7. 能够检查、记录、评价工作结果。

相关知识学习

一、汽车制动性及其评价指标

汽车行驶时，能在短距离内迅速停车且维持稳定的行驶方向、在下长坡时能维持一定安全车速，以及在坡道上长时间保持停驻的能力，称为汽车的制动性能。汽车制动性能直接关系着汽车的行车安全。只有在保证行车安全的前提下，才能充分发挥汽车的其他使用性能，诸如提高汽车车速和汽车的机动性能等。汽车制动性能主要从制动效能、制动效能稳定性和制动方向稳定性3个方面来评价。

检验车辆制动性能可在制动器"冷态"和"热态"等不同的情况下进行。"冷态"一般是指制动器温度不超过 100 ℃时进行的车辆制动性测试；而在车辆高速制动、短时间重复制动或下长坡连续制动时，制动器的温度很高，出现热衰退现象，此时测量车辆的制动性能，即制动抗热衰退性（也称为制动效能的稳定性）为"热态"测试。一般抗热衰退性能测试在汽车定型试验时进行，而对在用的车辆则采用"冷态"检验车辆的制动性能。

1. 制动效能的评价指标

车辆的制动效能是指车辆在行驶中能强制地减速以致停车或下长坡时维持一定速度的能力。评价制动效能的指标有制动距离、制动减速度、制动力和制动时间等。

为了更好地理解制动效能的评价指标，需对车辆的制动过程进行分析。

图 3 - 1 所示为根据实测的汽车制动过程中的制动减速度随时间的变化关系而绘制的理想的制动减速度 j_a 随制动时间变化的曲线。

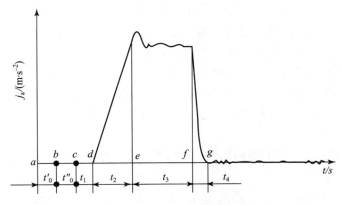

图 3 - 1 制动减速度随时间变化的曲线

当发生需进行紧急制动的状况时（即图中的 a 点），驾驶人并没有立即采取行动，而要经过 t'_0 s 后才意识到应进行紧急制动，从 b 点移动右脚，经过 t''_0 s 后到 c 点，开始踩制动踏板。从 a 点到 c 点的时间称为驾驶人的反应时间。

到 c 点后，驾驶人踩下制动踏板，踏板力迅速增加以致达到最大值。但由于制动踏板有一定的自由行程，而且要克服蹄片回位弹簧的拉力，所以要经过 t_1 s 后到达 d 点，这时制动器才开始产生制动作用，使汽车开始减速。这段时间称为制动系统的反应时间。

由 d 点到 e 点是制动器制动力的增长过程，车辆从开始产生减速度到最大稳定减速度所需要的时间（t_2）一般称为制动减速度（或制动力）上升时间。

从 e 点到 f 点为持续制动时间（t_3），此间制动减速度基本不变。

到 f 点时，制动减速度开始消减，但制动解除还需要一段时间（t_4），这段时间称为制动释放时间。

综上所述，制动的全过程包括驾驶人发现信号后做出行动的反应、制动器开始起作用、持续制动和制动释放四个阶段。而驾驶人的反应时间只与驾驶人自身有关，与车辆无关，在检验车辆时可暂不考虑。驾驶人松开制动踏板后，制动释放时间对下次起步行车会带来影响，而对本次制动过程没有影响。所以，在研究制动性能时，着重研究从驾驶人踩到制动踏板开始到车辆停住这段时间（$t_1+t_2+t_3$）内车辆的制动过程。

不过，制动释放时间（t_4）对正常高速运行的汽车在"点刹"时带来的影响不可忽视，特别是同一轴上左、右车轮的制动释放时间不一致，会造成高速运行的汽车在"点刹"时出现"跑偏"现象，影响汽车的安全运行。

1）制动距离

制动距离是反映车辆制动效能比较简单而又直观的指标。

制动距离是指车辆在一定的速度下制动，从脚接触制动踏板（或手触动制动手柄）时起至车辆停住时止，车辆驶过的距离。它包括了制动系统反应时间、制动减速度上升时间和以最大稳定减速度持续制动的时间内行驶的距离。

车辆制动系调整的好坏、制动系统反应时间的长短、制动力上升的快慢及制动力使车辆产生减速度的大小等，均包含在制动距离指标中。它是较为综合的制动性能指标，为大多数国家评价制动性能所采用。

从行车安全的角度来看，在行车中，当遇到某些需要减速或需要采取紧急制动措施的情况时，汽车能在较短的距离内停下来，可以认为该车的制动性能良好。

当用仪器测取车辆的制动距离时，对同一辆车在相同的车速和气压（或踏板力）下，在同一路段试验多次，其测得的结果相同或很接近，试验的重复性较好，说明了用制动距离来评价车辆的制动性能可达到一定的准确度。

制动距离是一个反映整车制动性能的指标，但其不能反映出各个车轮的制动状况及制动力的分配情况。当制动距离延长时，也反映不出具体是什么故障。

2）制动减速度

制动减速度按测试、取值和计算的方法不同，可分为制动稳定减速度、平均减速度和充分发出的平均减速度。

（1）制动稳定减速度（j_a）。用制动减速仪测取的制动减速度随时间的变化曲线，取其最大稳定值（图3-1所示的 t_3 范围对应的稳定减速度值）为制动稳定减速度，以 j_a 表示。

假设脱开发动机动力进行制动，并且车辆的各轮同时制动到全滑移状态，根据制动平衡方程式，得出以下结果：

$$j_a = \phi g$$

式中：j_a——车辆的制动稳定减速度，m/s^2；

ϕ——轮胎与路面间附着系数；

g——重力加速度，m/s^2。

这就是说，当汽车制动到全滑移状态时，制动稳定减速度等于轮胎与路面的附着系数和重力加速度的乘积。

制动稳定减速度也是评价车辆制动性能的指标之一。用制动减速度仪来检验车辆的制动减速度时，从理论上讲，制动初速度的大小对测量值没有影响；测试时，受路面不平整度的影响较小；测量仪器本身结构简单，使用方便。但当使用滑块式或摆锤式制动减速仪测取这一参数时，尚存在以下几个问题。

① 受车辆制动时倾角的影响而使测量精度降低。

② 试验的重复性较差。同一辆车在相同的车速和气压（或踏板力）下，各次测得的结果有时相差较大。特别是在车辆空载情况下试验时，这个问题更加突出。

③ 测试时受路面附着系数的影响较大。如果路面的附着系数较小，车辆达到附着极限，制动稳定减速度就不会再升高。

④ 由于它测得的减速度是一个整车性能指标，所以不能反映各轮的制动力及其分配情况。

（2）平均减速度（d_0）。平均减速度是指在制动效能试验中，按图 3-2 所示方法取值的平均减速度。其取值按下式计算：

$$d_0 = \frac{1}{t_3 - t_2} \int_{t_2}^{t_3} d \cdot \mathrm{d}t$$

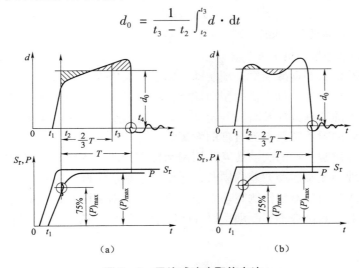

图 3-2　平均减速度取值方法
（a）渐增型制动减速度曲线；（b）马鞍型制动减速度曲线
d—汽车制动减速度；S_r—制动踏板行程；P—管路压力；t—时间

（3）充分发出的平均减速度（MFDD）。充分发出的平均减速度是车辆制动试验中，用速度计测得了在制动过程中车辆的速度和驶过的距离的情况下，从 v_b 到 v_e 速度间隔车辆驶过的距离，根据下列公式计算的平均减速度：

$$MFDD = \frac{v_b^2 - v_e^2}{25.92(S_e - S_b)}$$

式中：$MFDD$——充分发出平均减速度，m/s²；
　　　v_o——制动初速度，km/h；
　　　v_b——车辆的速度为 $0.8v_o$，km/h；
　　　v_e——车辆的速度为 $0.1v_o$，km/h；
　　　S_b——在速度 v_o 和 v_b 之间车辆驶过的距离，m；
　　　S_e——在速度 v_o 和 v_e 之间车辆驶过的距离，m。

当制动过程比较平稳，制动减速度比较稳定时，也可以认为充分发出的平均减速度是采样时段的平均减速度，即为

$$MFDD = \frac{v_b - v_e}{3.6 t_{be}}$$

式中：t_{be}——汽车速度由 v_b 降低至 v_e 所用的时间。

上面公式中的速度和距离，应采用速度精度为 ±1% 的仪器进行测量，充分发出的平均减速度也可用其他方法来确定。无论用哪种方法，MFDD 的精度应在 ±3% 以内。

充分发出的平均减速度不受测试时车辆倾角的影响，能较准确反映车辆的制动减速特性。

3）制动力

车辆在行驶中，能强制地减速以致停车，最本质的因素是制动器所产生的摩擦阻力，这就是制动力。因此，制动力这个参数是从本质上评价制动性能的指标。

当车轮同时制动到全滑移状态时，制动力 PT 与制动减速度的关系如下式所示

$$PT = mj_a$$

式中：m——汽车整车质量，kg；
$\quad\quad j_a$——制动减速度，m/s^2。

从上式可以看出，制动减速度是随制动力的增加而增大的。

用制动力这一指标来评价车辆的制动性能，不仅可以规定整车制动力的大小，而且还可对前后轴制动力的合理分配及每轴两轮制动力差提出要求，从而保证车辆各轮制动效能良好，并且使各轮的附着重量得到合理的发挥。

为了较全面地检验车辆的制动性能，用制动力作为评价指标时，在规定了制动力的大小、制动力的合理分配及制动力差的同时，还要规定制动协调时间。

用反力滚筒式制动检测台检测制动力来评价车辆的制动性能，主要反映制动系统对整车制动性能的影响，而反映不出制动系以外的因素（例如，悬架弹簧的刚度不同）对整车制动性能的影响。

4）制动时间

从图 3-1 可以看出，用测量制动系统反应时间 t_1、制动减速度上升时间 t_2、在最大减速度下持续制动时间 t_3、制动释放时间 t_4，也可以评价车辆制动性能的好坏，其中主要是持续制动时间 t_3，但制动系统的反应时间 t_1 和制动减速度上升时间 t_2，也就是制动协调时间（$t_1 + t_2$）对制动距离的影响也是不可忽视的。制动系统反应时间的长短可反映出制动系统调整的状况，特别是制动踏板自由行程调整的是否合适。制动力（或制动减速度）上升时间 t_2 的长短可以反映出制动力（或制动减速度）上升的快慢，从而间接地反映出制动性能的优劣。制动释放时间 t_4 可以反映出从松开制动踏板到制动完全消除所需要的时间，从而看出制动释放是否满足使用要求。

实际检测制动时间时，测取从脚踩到制动踏板开始到停车所经历的时间。制动时间是一间接评价制动性能的指标，一般很少将它作为一个单独的参数来评价车辆的制动性能，但是它作为一个辅助的评价指标，有时还是不可缺少的。

2. 制动方向稳定性的评价

汽车在制动过程中有时出现制动跑偏、侧滑，而使汽车失去控制而偏离原来的行驶方向，甚至发生驶入对向行车道、下沟或滑下山坡等的危险情况。汽车在制动过程中维持直线行驶的能力或按预定弯道行驶的能力，称为制动时汽车的方向稳定性。

制动方向稳定性通常用汽车制动时按给定轨迹行驶的能力来评价，即按汽车制动时维

持直线行驶或按预定弯道行驶的能力来评价。在国际上，通常是在规定汽车直线行驶，用在一定的速度下制动时不偏离规定的试车通道来评价，GB/T 18565—2016 和 GB/T 7258—2017 标准均是采用这种方法来评价制动方向稳定性的。

在用台架法检测汽车的制动性能时，通常用汽车各轴左右轮制动力的平衡情况来评价汽车的制动方向稳定性。

车辆的制动方向稳定性差主要表现为制动跑偏和车轮侧滑两个方面。

制动跑偏是指车辆制动时不能按直线方向减速或停车，而无控制地向左或向右偏驶的现象。影响制动跑偏的因素很多，产生跑偏的主要原因是汽车左右轮制动器制动力不相等或制动力增长的快慢不一致。特别是转向轮左右车轮制动器的制动力不相等，更容易引起制动跑偏。悬架系统的结构与刚度、车轮定位参数、轮胎的机械特性、道路状况、轮荷的分配状态等，都对制动跑偏有影响。

汽车在制动过程中，当车轮未抱死制动时，车轮尚具有承受一定侧向力的能力，在一般横向干扰力的作用下不会发生制动侧滑现象。但当车轮抱死制动时，车轮承受侧向力的能力几乎全部丧失，这时汽车在横向干扰力的作用下极易发生侧滑。

侧滑对汽车制动方向稳定性的影响取决于发生车轮抱死滑移的位置。如果制动时前轮先抱死滑移，车辆能维持直线减速停车，汽车处于稳定状态，但此时车辆将丧失转向能力，对在弯道上行驶的车辆是十分危险的。若后轮比前轮提前一定的时间先抱死，车辆在侧向干扰力的作用下将发生急剧甩尾或激转，使车辆丧失制动方向稳定性。高速行驶的车辆出现这种制动方向不稳定现象会更加危险。

汽车制动跑偏与制动时车轮侧滑是有联系的。严重的跑偏常会引起后轮的侧滑，制动时易于发生后轮侧滑的汽车也有加剧跑偏的倾向。

为了提高车辆的制动方向稳定性，首先在设计时，就应保证各轮制动力适当并在各轴间合理分配，有的在汽车上装有制动力分配调节装置，如限压阀、比例阀、感载阀及 ABS 等。在车辆投入使用后，应经常检查、调整制动系统，以保持左右轮制动力平衡，提高制动方向的稳定性。

前面讨论的评价指标主要是评价汽车制动时制动性能的好坏。然而，一旦需要解除制动时，制动装置能否迅速而彻底地解除制动，也会影响行车安全。

在行车中，踏下制动踏板后，再抬起制动踏板，若不能迅速解除制动，而仍有制动作用（称为车轮阻滞力），这种现象称为制动拖滞。

车辆制动拖滞现象的出现，虽然不能立即引起行车事故，但如果不及时排除故障，将会导致制动系统损坏，特别是制动器过热、制动蹄片烧蚀，降低车辆的制动性能。因此，控制车轮阻滞力也已列入制动性能的检测项目中。

二、制动检测台的结构原理

汽车制动性能检测分台架试验法和道路试验法两种。用五轮仪和制动减速度仪检测汽车制动性能时，需在道路试验中进行，称道路试验法。台架试验法使用制动检测台进行检测。与道路试验法相比，台架试验法具有迅速、准确、经济、安全，不受自然条件的限制，以及试验重复性好和能定量地指示出各车轮的制动力等优点，因而在国内外获得了广泛应用。

1. 轴重检测台

利用制动检测台检测汽车制动性能时，检测参数标准是以轴制动力占轴荷的百分比为依据的，因此必须在测得轴荷和轴制动力后才能评价轴制动性能是否符合国标要求。用于检测车轴轴载质量的设备称为轴重检测台，轴重检测台又称轴重仪。

电子轴重仪一般由机械部分（包括承载装置和传感器装置）和显示仪表组成。双载荷台板式轴重仪如图3-3所示，检测线使用较多，它能测量左、右车轮轮荷。它有左右两个秤体，分别安装在左右框架内，共用一个显示仪表。

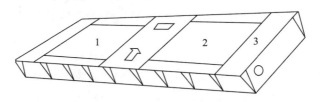

图 3-3 双载荷台板式轴重仪

1—左秤体；2—右秤体；3—框架

2. 反力滚筒式制动检测台的结构与工作原理

1）结构

单轴反力滚筒式制动检测台的结构简图如图3-4所示。它由框架、驱动装置、滚筒装置、测量装置、举升装置、指示与控制装置等组成。为使制动检测台能同时检测车轴两端左、右车轮的制动力，除框架、指示与控制装置外，其他装置是分别独立设置的。

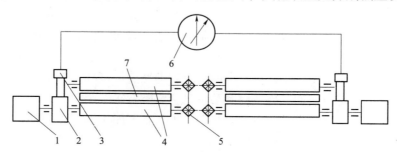

图 3-4 单轴反力滚筒式制动检测台简图

1—电动机；2—减速器；3—测量装置；4—滚筒装置；5—链传动装置；
6—指示与控制装置；7—举升装置

（1）驱动装置。该装置由电动机、减速器和传动链装置等组成。电动机的转动通过减速器内的蜗轮蜗杆和一对圆柱齿轮传动后传递给主动滚筒，主动滚筒又通过传动链把动力传递给从动滚筒。减速器与主动滚筒共用一轴，减速器壳体处于浮动状态。

（2）滚筒装置。该装置由四个滚筒等组成，每对滚筒独立设置，有主动滚筒和从动滚筒之分。每个滚筒的两端分别用滚动轴承支承，被测车轮置于两滚筒之间。为使滚筒与轮胎的附着系数能够与路面相接近，在滚筒圆周表面上沿轴线方向开有间隔均匀、有一定深度的若干沟槽，附着系数可达0.6~0.7。这种带沟槽的滚筒当车轮抱死时，有刮伤轮胎和附着系数仍显不足的缺点,因此,国产反力滚筒式制动检测台中,已越来越多地出现在圆周表面覆盖一定厚度黏砂、烤砂或其他材料以代替沟槽的滚筒。这种带有涂覆层的滚筒的表面与道路表面几乎一致,模拟性好,附着系数高(干态可达 0.9,湿态不低于 0.8),是比较理想的滚筒表面。

多数反力滚筒式制动性能检测台在主、副滚筒之间设置第三滚筒,其目的是防止剥伤轮胎和保护驱动电动机。第三滚筒上装有转速传感器,检测时第三滚筒始终与轮胎接触,当其检测到转速低于限值时,检测台控制系统将自动切断驱动电动机的电源而使其停转,从而保护驱动电动机和防止轮胎剥伤;如果左右两个第三滚筒均被下压到位,检测台控制系统即认为车辆到位,启动检测程序。

(3)测量装置。该装置主要由测力杠杆、测力传感器和测力弹簧等组成。测力杠杆一端与传感器连接,另一端与减速器连接。连接的方式一般有两种:一种是测力杠杆直接固定在减速器壳体上;另一种是测力杠杆通过轴承松套在框架的支承轴上,其尾端作用有固定在减速器壳体上的带有刃口的传力臂,如图 3-5 所示。当浮动的减速器壳体前端向下移动时,第一种连接方式的测力杠杆其前端也向下移动;第二种连接方式的测力杠杆通过传力臂刃口的作用使其前端向上移动,并拉伸测力弹簧 A 和测力弹簧 B。测力弹簧 A 与测力弹簧 B 在不同的测量范围内起作用,如国产 ZD-6000 型制动检测台,制动力在 0~4 000 N 范围内弹簧 A 起作用,制动力在 4 000~20 000 N 范围内弹簧 A 与弹簧 B 共同起作用。

安装在测力杠杆前端的测力传感器,有自整角电动机式(图 3-5 中的 12)、电位计式、差动变压器式或电阻应变片式等多种类型,其能把测力杠杆的位移或力变成反映制动力大小的电信号,送入指示与控制装置中去。

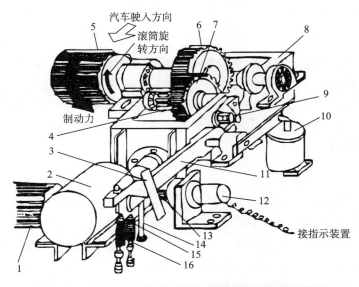

图 3-5 反力滚筒式制动检测台的驱动装置与测量装置

1,5—滚筒;2—电动机;3—齿条;4—二级减速主动齿轮;6—二级减速从动齿轮;7—蜗轮;8—减速器壳体;9—传力臂刃口;10—缓冲器;11—测力杠杆;12—自整角电动机;13—小齿轮;14—限位杆;15—测力弹簧 A;16—测力弹簧 B

以上所述的驱动装置、滚筒装置和测量装置，直接或间接安装在框架上。

(4) 举升装置。为了便于汽车出入检测台，在两滚筒之间设有举升装置。举升装置一般由举升器、举升平板和控制开关等组成。每个举升平板下一般设置1~2个举升器。常见的检测台举升器主要有三种类型，即气压式、液压式和电动机械式。气压式举升器有气缸式和气囊式之分，均以压缩空气为动力，以驱动气缸中的活塞上移或使气囊向上变形完成举升工作。液压式举升器为油缸式，以油液为动力，驱动油缸中的活塞上移完成举升工作。电动机械式由电动机通过减速器带动丝杠转动，迫使丝杠向上运动完成举升工作。

典型汽车制动检测台的上述各装置布置如图3-6所示。有些反力滚筒式制动检测台，在两滚筒之间设置了一根直径比较小的第三滚筒，其上带有转速传感器，当车轮制动接近抱死时，其上的转速传感器送出的电信号可使滚筒立即自动停止转动，以防止轮胎剥伤，延长其使用寿命。

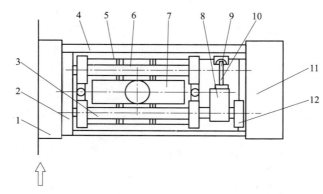

图3-6 典型汽车制动检测台机械部分

1—中央盖板；2—链传动装置；3—主动滚筒；4—地基边缘；5—框架；6—从动滚筒；
7—举升器；8—减速箱；9—测力传感器；10—测力杠杆；11—侧盖板；12—轴承座

反力滚筒式制动检测台检测原理

(5) 指示与控制装置。目前检测线制动检测台的控制装置均采用计算机控制式，即将测力传感器送来的电信号，经处理后，由工位测控计算机及检验程序指示器显示并发往主控计算机。制动过程中，当左、右车轮制动力之和大于500 N时，计算机即开始采集数据，采集时间为3 s。3 s后（或第三滚筒检测转速达到限值）计算机发出指令使电动机停转，以防止轮胎剥伤。

2) 工作原理

汽车开上反力滚筒式制动检测台，使被检车轴左右车轮处于每对滚筒之间，放下举升器，起动电动机，通过减速器、传动链使主、从动滚筒带动车轮低速旋转，然后用力踩下制动踏板。此时，车轮制动器产生的摩擦力矩作用在滚筒上，与滚筒的转动方向相反，因而产生一反作用力矩。减速器壳体在这一反作用力矩的作用下，其前端发生绕其输出轴向下的偏转，迫使测力杠杆前端向下或向上位移，通过测力传感器转换成反映制动力大小的电信号，由计算机采集、处理后，指令电动机停转，并由指示装置指示或由打印机打印检测到的制动力数值。

需要指出的是，制动力的诊断参数标准是以轴制动力占轴荷的百分比为依据的，因此必须在测得轴荷和轴制动力后才能评价轴制动性能。所以，反力滚筒式制动检测台需要配备轴重计或轮重仪。有些反力滚筒式制动检测台本身带有内藏式轴重测量装置（称为复合式制动检测台），可不必再单独设置轴重仪或轮重仪。

另外，在反力滚筒式制动检测台上检测多轴汽车并装轴（如三轴汽车的中轴和后轴）的制动力，而其中任一轴的传动关系又不能单独脱开时，无须在检测台前后布置自由滚筒。届时，按多轴汽车并装轴检测程序进行检测，只要一组滚筒的驱动电机正转，而另一组滚筒的驱动电机反转，测完制动后两驱动电机再反过方向重测一次，每一次只采集车轮正转时的制动力数据，即可完成该轴制动力的检测，而相邻另一并装车轴在地面上的车轮不转动。这一检测方法，不仅节省了制动检测台前、后两套自由滚筒，而且减少了占地面积，因而大大降低了资金投入。

3. 平板式制动检测台

由于惯性式平板制动检测台具有结构简单、测试方便、不需要模拟转动惯量、测试精度不受车轮直径大小的影响、测试过程更接近实际制动过程等优点，因此在检测设备出现的早期就有所应用。有些惯性式平板制动检测台不仅能检测制动性能，而且能检测轴重、侧滑和悬架的技术状况等，因而又称为平板式检测台或平板式底盘检测台。

平板式检测台是由测试平板、数据处理系统和踏板力计等组成的。测试平板一共有6块，其中4块为制动、悬架、轴重测试用；一块为侧滑测试用；还有一块为空板，不起任何测试作用。

测试平板由面板、底板、钢球和力传感器等组成，如图3-7所示。底板作为底座固定在混凝土地面上；面板通过压力传感器和钢球固在底板上，其纵向则通过拉力传感器与底板相连。压力传感器用于测量作用于面板上的垂直力；拉力传感器则用于测量沿汽车行驶方向轮胎作用于面板上的水平力，水平力和垂直力的大小变化分别对应于拉力传感器和压力传感器所输出的电信号的变化。拉力传感器和压力传感器输出的电信号由计算机采集、处理后，换算成制动力和轮荷的大小并分别在显示装置上显示出来。如果装用无线式踏板压力计，平板式制动检测台不仅可测出最大制动力，还可提供制动力随时间变化的曲线、制动协调时间等信息。根据垂直力在制动过程中的波动情况，可检测悬架装置的

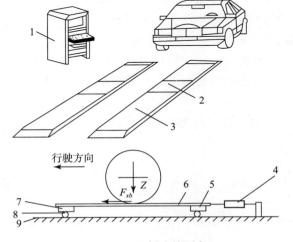

平板式制动试验台结构

平板式制动试验台测试原理

图3-7 平板式检测台

1—控制柜；2—侧滑测试平板；3—制动/轮荷测试平板；4—拉力传感器；
5，7—压力传感器；6—面板；8—钢球；9—底板

性能。

踏板力计能测得制动时作用在制动踏板上的力,其形式有有线式、无线式和红外线式三种,可以根据要求选用。

技能学习

一、用反力滚筒式制动检测台检测汽车制动性

1. 准备工作

1)检测台的准备

(1)将检测台指示与控制装置上的电源开关打开,按使用说明书的要求预热至规定时间。

(2)将仪表示值调零。

(3)检查制动检测台滚筒上是否粘有泥、水、砂、石等杂物,若有应予以清除。

(4)核实汽车各轴轴荷,不得超过检测台允许的载荷。

(5)检查制动检测台举升器是否在升起位置,若不在应升起举升器。

2)车辆准备

(1)空载检验时,气压表指示气压不大于 600 kPa,液压制动踏板力乘用车不大于 400 N,其他机动车不大于 450 N;满载检验时,气压表指示气压不大于额定工作气压,液压制动踏板力乘用车不大于 500 N,其他机动车不大于 700 N。

(2)驻车制动检验时的允许操纵力,手操纵时,乘用车不大于 400 N,客车、货车不大于 600 N;脚操纵时,乘用车不大于 500 N,客车、货车不大于 700 N。

(3)被检车辆轮胎表面干燥、清洁、无油污,胎冠花纹中及并装轮胎间无异物嵌入,驱动轴轮胎的花纹深度不小于 1.6 mm,气压符合规定。

(4)对于气压制动的车辆,采用滚筒反力式制动检验台检验时,储气筒应有足够的压力,并能保证制动性能检测完毕时气压不低于起步气压。

(5)检测汽车列车制动时序和制动协调时间,应安装制动踏板开关。

(6)采用滚筒反力式制动检验台检验行车制动和驻车制动时,可在非测试车轮后垫三角垫块防止车轮后移。

(7)并装双驱动轴采用滚筒反力式制动检验台检验时,应使桥间差速器起作用。

2. 测试步骤

(1)对于外置轴重仪的检测台,先使汽车前行至前轮停置于轴重仪检测平板上,检测前轴轴重。

(2)使被检测车辆尽可能顺垂直于滚筒的方向驶入制动检测台,使前轴两车轮处于两滚筒之间。

(3)汽车停稳后变速杆置于空挡位置,行车制动器和驻车制动器处于完全放松状态,对于能测制动时间的检测台,还应把脚踏开关套在制动踏板上。

(4) 降下举升器，至举升器平板与轮胎完全脱离为止。如果是带有内藏式轴重测量装置的制动检测台（称为复合式轴重仪），此时已将轴荷测量完毕。

(5) 起动电动机，使滚筒带动车轮转动，先测出制动拖滞力。

(6) 引车员按显示屏指示在 5~8 s 内（或按厂家规定的速率）将制动踏板逐渐踩到底（对气压制动车辆）或踩到制动性能检验时规定的制动踏板力（对于液压制动的汽车），测得左、右车轮制动力增长全过程的数值及左、右车轮最大制动力。

(8) 依次测试其他各车轴的车轮制动力。当与驻车制动相关的车轮位于滚筒上时，在行车制动检测完毕后，引车员按点阵屏的提示，操纵驻车制动操纵装置，测得驻车制动力数值。

(9) 所有车轴的行车制动性能及驻车制动性能检测完毕后，升起举升器，汽车开出制动检测台。

(10) 切断制动检测台电源或等待下一辆车。

(11) 工位计算机根据已录入数据和实测数据自动计算静态轮荷及静态轴荷、整车制动率、轴制动率、制动不平衡率和驻车制动率。

说明：

① 整车制动率：测取的所有车轮最大制动力之和与整车质量（各轴静态轴荷之和，以下同）的百分比。当牵引车与半挂车相连时，牵引车整车制动率为牵引状态下牵引车所有车轮的最大制动力之和与牵引车整车质量的百分比，半挂车整车制动率为牵引状态下挂车所有车轮的最大制动力之和与半挂车整车质量的百分比。

② 轴制动率：左、右车轮最大制动力之和与该轴静态轴荷的百分比。

③ 制动不平衡率：在取值终点（以同轴左、右任一车轮产生抱死滑移时为取值终点，如左、右轮无法达到抱死滑移，则以较后出现车轮最大制动力时刻作为取值终点）前的制动全过程中，同时刻左、右车轮制动力差的最大值与该轴左、右车轮最大制动力中较大者的百分比。除前轴外，当轴制动率小于 60% 时，用该值除以该轴静态轴荷的百分比。

④ 驻车制动率：测取的各驻车轴最大驻车制动力之和与整车质量的百分比。

二、用平板式制动检测台的检测汽车制动性

1. 准备工作

1）检测台准备

(1) 将检测台指示与控制装置上的电源开关打开，按使用说明书的要求预热至规定时间。

(2) 检查制动检测台平板上是否粘有泥、水、砂、石等杂物，若有应予以清除。

(3) 核实汽车各轴轴荷，不得超过检测台允许的载荷。

2）车辆准备

与用滚筒式检测台检测汽车制动性的要求相同。

制动检测

2. 测试步骤

(1) 被检车辆以 5~10 km/h 的速度滑行，置变速器于空挡后（对自动变速器车辆可

位于"D"挡），正直平稳地驶上平板。

（2）当所有车轮均驶上制动平板时，急踩制动踏板使车辆停止，测取各车轮的最大轮制动力、制动全过程的数据及动、静态轮荷。

（3）重新起动车辆，当驻车制动轴驶上制动平板时实施驻车制动，测取各驻车轴制动力。

注：车辆停止时，如被测车轮离开制动平板，则制动检测无效，应重新检测。

（4）重新起步，将车辆开离本工位。

（5）工位计算机自动计算静（动）态轮荷及静（动）态轴荷、整车制动率、轴制动率、制动不平衡率、驻车制动率以及汽车列车制动时序、制动协调时间和制动力分配等。

说明：

①汽车列车制动时序：以制动踏板开关的触发时刻为起始时刻，计算汽车列车各轴制动力分别达到静态轴荷的 5% 的时间及时间差。

②汽车列车制动协调时间：以制动踏板开关的触发时刻作为起始时刻 T_b，以制动全过程中各轴所有车轮同时刻的制动力之和达到整车制动率规定值的 75% 时刻为终止时刻 T_e，$T_e - T_b$ 的时间差即为制动协调时间。当整车制动率不能达到规定值时，制动协调时间不做计算和评价。

三、检测标准

1. GB/T 18565—2016 规定

平板制动检测

1）系统密封性

（1）采用气压制动的车辆，当气压升至 600 kPa 时，空气压缩机停止运转 3 min，其气压降低值应不大于 10 kPa。在气压 600 kPa 的情况下，空气压缩机停止运转，将制动踏板踩到底，待气压值稳定后观察 3 min，单车气压降低值应不大于 20 kPa，汽车列车气压降低值不得超过 30 kPa。

（2）采用液压制动的车辆，在发动机怠速运转状态下将制动踏板踩下，保持 550 N 的踏板力并持续 1 min，踏板不应有向地板移动的现象；采用真空辅助的系统，当残留的真空耗尽且在制动踏板上持续施加 220 N（乘用车为 110 N）的力，在发动机起动时制动踏板应轻微地下降。

2）起步气压建立时间

采用气压制动的车辆，发动机在 75% 的额定转速下，车载气压表的指示气压从零升至起步气压（未标起步气压，按 400 kPa 计）的时间，汽车列车不大于 6 min，其他车辆不大于 4 min。

3）台架检验行车制动性能的要求

（1）整车制动率、轴制动率和制动不平衡率。整车制动率、轴制动率和制动不平衡率应符合表 3-1 的要求。

（2）汽车列车制动时序。汽车列车的制动时序应满足：挂车各轴的制动动作应不滞后于牵引车各轴的制动动作，汽车列车的制动协调时间不大于 0.80 s。

表 3-1　台架检验制动性能要求　　　　　　　　　　　　　　　%

车辆类型		整车制动率		轴制动率		制动不平衡率
		空载	满载	前轴[a]	后轴[a]	
M_1 类乘用车		≥60	≥50	≥60[b]	≥20[b]	前轴≤24，后轴≤30 或 10[d]
M_2、M_3 类客车		≥60	≥50	≥60[b]	≥50[c]	
N_1 类货车		≥60	≥50	≥60[b]	≥20[b]	
N_2、N_3 类货车		≥60	≥50	≥60[b]	≥50[c]	
牵引车		≥60	≥50	≥60	≥50	
O_3、O_4 类挂车	全挂车	—	—	≥55[e]	≥55[e]	
	半挂车	—	—	—	≥55[e]	

a. 前轴是指位于机动车（单车）纵向中心线中心位置以前的轴，除前轴之外的其他轴均为后轴。第二转向桥视为前轴，挂车的所有车轴均视为后轴。
b. 空载和满载状态下测试时均应满足此要求。
c. 满载测试时不做要求，空载用平板制动检验台检验时应大于等于 35%；总质量大于 3 500 kg 的客车，空载用滚筒反力式制动检测台检测时应大于等于 40%，用平板制动检测台检测时应大于等于 30%。
d. 对于后轴，当轴制动率大于等于该轴轴荷 60% 时，不平衡率不大于 30%；当轴制动率小于该轴轴荷 60% 时，不平衡率不大于该轴轴荷的 10%。
e. 满载状态下测试时应大于等于 45%。

（3）汽车列车制动力分配。汽车列车制动力的分配应满足：牵引车（挂车）整车制动力与汽车列车整车制动力的比值不应小于牵引车（挂车）质量与汽车列车质量比值的 90%，即牵引车（挂车）的整车制动率不应小于汽车列车整车制动率的 90%。

（4）各车轮的阻滞力不大于静态轴荷的 3.5%。

说明：车轮阻滞力是指行车和驻车制动装置处于完全释放状态，变速器置空挡位置时，检测台驱动车轮所需的作用力。

4）台架检测驻车制动性能的规定

当采用制动检测台检测车辆驻车制动力时，车辆空载，乘坐一名驾驶人，使用驻车制动装置，驻车制动力的总和不应小于该车在测试状态下整车质量的 20%；对总质量为整备质量 1.2 倍以下的机动车为不小于 15%。对于由牵引车和挂车组成的汽车列车也应符合此要求。

2. GB/T 7258—2017 规定

GB/T 7258—2017 对汽车制动性的规定与 GB/T 18565—2016 基本相同，以下仅说明不同点。

1）行车制动性能

汽车、汽车列车在制动检测台上测出的制动力应符合表 3-2 的要求。对空载检测制动力有质疑时，可用表 3-2 中规定的满载检测制动力要求进行检验。使用转鼓检测台检测时，可通过测得制动减速度值计算得到最大制动力。

表 3-2　台架检验制动性能要求

机动车类型	制动力总和与整车重量的百分比		轴制动力与轴荷[a]的百分比	
	空载	满载	前轴[b]	后轴[b]
三轮汽车	—	—	—	≥60[c]
乘用车、其他总质量小于或等于 3 500 kg 的汽车	≥60	≥50	≥60[c]	≥20[c]
铰接客车、铰接式无轨电车、汽车列车	≥55	≥45		
其他汽车	≥60[d]	≥50	≥60[c]	≥50[e]
挂车	—	—		≥55[f]
普通摩托车			≥60	≥55
轻便摩托车			≥60	≥50

a. 用平板制动检测台检测乘用车、其他总质量小于或等于 3 500 kg 的汽车时应按左右轮制动力最大时刻分别对应的左右轮动态轮荷之和计算。
b. 机动车（单车）纵向中心线中心位置以前的轴为前轴，其他轴为后轴。挂车的所有车轴均按后轴计算；用平板制动试验台测试并装轴制动力时，并装轴可视为一轴。
c. 空载和满载状态下测试均应满足此要求。
d. 对总质量小于或等于整备质量 1.2 倍的专项作业车辆应大于或等于 50%。
e. 满载测试时后轴制动力百分比不做要求；空载用平板制动检验台检验时应大于或等于 35%；总质量大于 3 500 kg 的客车，空载用反力滚筒式制动检测台检测时应大于或等于 40%，用平板制动检测台检测时应大于或等于 30%。
f. 满载状态下测试时应大于或等于 45%。

2）制动力平衡要求

在制动力增长全过程中同时测得的左右轮制动力差的最大值，与全过程中测得的该轴左右轮最大制动力中大者（当后轴及其他轴，制动力小于该轴轴荷的 60% 时为与该轴轴荷）之比，对新注册车和在用车应符合表 3-3 的要求。

表 3-3　台试检验制动力平衡要求　　　　　　　　　　　　　　　　%

项目	前轴	后轴（及其他轴）	
		轴制动力大于等于该轴轴荷 60% 时	制动力小于该轴轴荷 60% 时
新注册车	≤20	≤24	≤8
在用车	≤24	≤30	≤10

3）制动协调时间要求

液压制动的汽车，制动协调时间应小于或等于 0.35 s；气压制动的汽车，制动协调时间应小于或等于0.60 s，铰接客车、铰接式无轨电车的制动协调时间应小于或等于0.60 s。

4）车轮阻滞率要求

进行制动力检验时，汽车、汽车列车各车轮的阻滞力应小于或等于轮荷的10%。

3. JT/T 198—2016 规定

JT/T 198—2016 规定，在检测道路运输车辆制动性能时，只有制动不平衡率分级项。达到一级车的标准为：前轴制动不平衡率应该≤20%，后轴（及其他轴）制动不平衡率应≤24%（当后轴（及其他轴）制动力小于该轴轴荷的60%时，制动不平衡率≤该轴轴荷的8%）。

四、检测结果分析

在制动检测台上检测汽车制动性能时，若检测结果判定为不合格，如果排除检测操作规范的问题，则主要是由汽车制动系统的故障造成的。汽车制动系统常见故障形式有制动力不足、同轴左右车轮制动力平衡不符合要求、制动协调时间过长和车轮的阻滞力超限等。

1. 液压制动系统

（1）各车轮制动力均偏低，主要原因为制动踏板自由行程太大、制动液中有空气或变质、制动主缸故障、增压器或助力器效能不佳或失效。

（2）个别车轮制动力偏小，主要原因是该车轮制动器故障，若同一制动回路两车轮制动力均偏小，则可能是该制动回路中有空气或不密封处。

（3）制动不平衡率不合格，故障原因与个别车轮制动偏小的原因基本相同，主要故障在制动力偏小的车轮制动系统。若在制动力上升阶段左右轮制动力差值过大，则可能是左右轮制动器间隙差别过大；若在制动释放阶段左右轮制动力差值过大，则可能是制动轮缸及制动蹄回位弹簧有故障。

（4）各车轮制动协调时间过长，主要原因是制动踏板自由行程过大；若个别车轮制动协调时间过长，则主要是该车轮制动间隙过大；若同一制动回路两车轮制动协调时间过长，则可能是该制动回路中有空气。

（5）各车轮阻滞力都超限，主要原因是制动主缸故障或制动踏板无自由行程；若个别车轮阻滞力超限，则主要是该车轮制动间隙过小、制动轮缸故障、制动蹄回位弹簧故障或轮毂轴承松旷。

2. 气压制动系

（1）各车轮制动力均偏低，主要原因是制动踏板自由行程太大、储气筒气压太低或制动阀故障。

（2）个别车轮制动力偏低，主要原因是该车轮制动间隙过大或制动器故障。若同一制动回路两车轮制动力偏低，则主要原因是制动管路漏气或某一制动气室膜片破裂。

（3）同轴左右轮制动力差值过大，故障原因主要存在于制动力小的车轮。若在制动力上升阶段左右轮制动力差值过大，则主要是左右车轮制动器制动间隙差别过大；若在制动释放阶段左右轮制动力差值过大，则可能是制动蹄或制动气室回位弹簧故障。

（4）各车轮制动协调时间过长，主要是制动踏板自由行程过大；个别车轮制动协调时间过长，主要是该车轮制动间隙过大。

（5）各车轮阻滞力均超限，主要原因是制动踏板无自由行程或制动控制阀故障；若个别车轮阻滞力超限，则主要是该车轮制动间隙过小、制动蹄回位弹簧故障或轮毂轴承松旷。

技能考核

一、准备工作

1. 考核设备、材料准备

（1）在技能学习工位准备好反力滚筒式制动性能检测台及平板式制动性能检测台（经预热和示值调零或复位），并准备好试验车辆（经充分预热）。

（2）技能学习工作单（见本书配套教学资源"技能学习工作单"中的"工单3-1"）。

2. 学员劳动保护

（1）必须穿好工作服。
（2）穿好安全鞋。

二、考核流程

1. 学员工作

两名学员为一小组，在充分学习本任务相关知识与技能的基础上，完成下列工作，并随时完成相应的工单。

（1）用反力滚筒式制动性能检测台检测汽车制动性。
（2）用平板式制动性能检测台检测汽车制动性。
（3）5S 工作。
（4）自我评价。

2. 指导教师工作

学员在进行上述操作过程中，指导教师进行下列工作。

（1）向学员讲解安全注意事项，要求学员在"技能学习工作单"中做记录。
（2）观察、指导学员进行相关操作，及时制止可能发生危险的操作。
（3）实操结束后审阅学员完成的工作单，并结合其操作情况（工作成果）给出评价。

项目 3　汽车制动性检测

学习任务 3-2　汽车制动性的路试检测

任务分析

反力滚筒式制动检测台和平板式制动检测台均有一定的局限性，包括承载能力限制及车辆结构限制，因而并不是所有类型车辆均能进行台试检测制动性能。对于不能进行台试检测制动性能的车辆及对台试检测制动性能的结果有争议时，均需进行路试检测制动性能。

本学习任务主要学习五轮仪的结构与工作原理，用五轮仪检测汽车制动性能的方法、检测标准及检测结果分析。

学习目标

1. 能够正确描述五轮仪的结构与工作原理。
2. 能够利用五轮仪检测汽车的制动性能。
3. 能够根据制动性能的路试检测结果，分析、评价汽车的制动性能，并提出维修建议。
4. 培养良好的安全、卫生、环保及团队协作的职业素养。
5. 检查、记录、评价工作结果。

 相关知识学习

一、相关规定

1. 道路规定

（1）平坦、坚实、干燥、无松散物质且轮胎与地面间的附着系数不小于 0.7 的水泥或沥青路面，长度不小于 100 m。

（2）试验通道应设置标线，标线的宽度：乘用车、总质量不大于 3 500 kg 的车辆为 2.5 m，汽车列车及其他车辆为 3 m。

（3）驻车检验坡道要求。坡度为 20%（总质量为整备质量的 1.2 倍以下的车辆为 15%），附着系数不小于 0.7 的混凝土或沥青路面坡道。

2. 仪器规定

（1）用制动距离检验行车制动性能时，采用速度计、第五轮仪或用其他测试方法测量机动车的制动距离，对除气压制动外的机动车还应同时测取踏板力（或手操纵力）。

（2）用充分发出的平均减速度（MFDD）检验行车制动性能时，采用能够测取充分发出的平均减速度和制动协调时间的仪器测量机动车充分发出的平均减速度和制动协调时间，对除气压制动外的机动车还应同时测取踏板力（或手操纵力）。

二、五轮仪的结构与工作原理

当五轮仪用于检测汽车制动性能时，能测出制动初速度、制动距离和制动时间等参数。

五轮仪主要有机械式、电子式和计算机控制式3种类型。

五轮仪一般由传感器和记录仪两部分组成，并附带一个脚踏开关。传感器部分与记录仪部分由导线（信号线）连接。脚踏开关带有触点的一端套在制动踏板上，另一端插接在记录仪上。

1. 传感器部分

传感器部分的作用是把检测轮的转速（或转过的圈数）变成电信号后输入记录仪，由记录仪计算汽车的行驶速度、距离等。其主要由检测轮、传感器、支架、减震器和连接装置等组成，如图3-8所示。检测轮为充气轮胎式，安装在支架上，支架通过连接装置固定在汽车的侧面或尾部的车身上。在减震器压簧的作用下，检测轮紧贴地面，并随汽车的

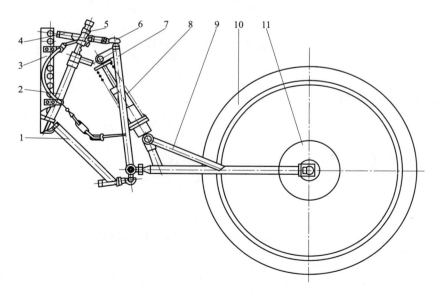

图3-8　五轮仪的传感器部分

1—下臂；2—调节机构；3—固定板；4—上臂；5—手把；6—活节头；7—立架；
8—减震器；9—支架；10—检测轮；11—传感器

行驶而滚动。对于四轮汽车来说,安装上去的检测轮就像汽车的第五个车轮一样,故称为第五轮仪(简称五轮仪)。当检测轮在路面上滚动一周时,汽车行驶了检测轮周长的距离。在检测轮中心处安装有转速传感器(通常采用光电式或电磁式),可以把轮子的转速信号变成电信号。

2. 记录仪部分

记录仪部分的作用是把传感器送来的电信号和内部产生的时间信号,进行控制、计数并计算出车速,然后指示出来。电子式记录仪(如PT5-3型五轮仪的记录仪)是由测距、测时、测速、音响和稳压等部分组成的,整机各元件均安装在一个金属盒子内,其面板如图3-9所示。从传感器送来的电信号,经整形电路整形为矩形脉冲信号(数字信号)后通过控制器。其中一路送入测距电路进行测距计数,再经数据选择器及译码器由荧光数码管直接显示汽车行驶距离;另一路送入车速计数电路,通过时标电路以0.36 s瞬时车速值通过寄存器、译码器,由另一组数码管直接显示汽车行驶速度。测时则是把从石英谐振器经分频电路取出的1 kHz频率,通过控制器送入测时计数器进行以毫秒为单位的测时计数,并通过数据选择器、译码器由荧光数码管直接显示汽车行驶时间。制动系统反应时间的检测是通过一个传感器——附有磁钢的摆锤完成的。当车辆制动时,从驾驶人的脚踩上制动踏板(脚踏开关的触点闭合)时开始时间计数,到车辆刚出现减速度,摆锤因惯性作用向前摆动时,干簧管受摆锤磁钢影响闭合后送出闭合信号,数码管立即停止时间显示,因而测出了制动系统的反应时间。

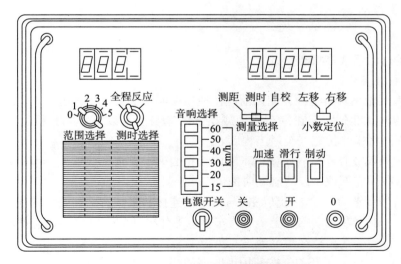

图3-9 PT5-3型五轮仪记录仪面板图

计算机式记录仪(如WLY-5型计算机五轮仪)是以MCS-51系列的8031单片计算机为核心的智能仪器,除能完成距离、速度和时间等参数的测量和数据处理外,还能存储全部数据并能打印测试结果。该种记录仪的面板如图3-10所示。

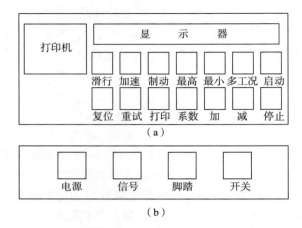

图 3-10　WLY-5 型计算机五轮仪记录仪面板图
(a) 上面板；(b) 下面板

 技能学习

一、行车制动性检测

1. 准备工作

1）车辆准备

汽车应运行至正常热状态。

2）五轮仪准备

（1）如果五轮仪自备电源，使用前应按使用说明书的要求，充电至规定电压。

（2）将传感器部分固定在汽车侧面或尾部的车身上，以不影响其检测轮左右摆动为准，并用打气筒将检测轮充气至适当程度。

（3）将记录仪放置在驾驶室内或车厢内，正面朝上，水平放置，其前端要对准汽车前进方向并紧靠在固定部位，以防制动时撞击。

（4）用信号线把检测轮上的传感器与记录仪连接起来。脚踏开关一端通过导线插接在记录仪上，另一端套在制动踏板上。用汽车蓄电池作电源的五轮仪，还应把电源线一端插接在记录仪上，另一端夹持在蓄电池正、负极上。

（5）打开记录仪电源开关，按使用说明书的要求检查与自校。如要求预热，应预热至规定时间。

（6）计算机控制的五轮仪，使用前应首先进入初始化程序。通常，该种类型的五轮仪在电源开关打开后可自动进入初始化程序或通过键入的方法进入初始化程序。

（7）凡要求置入修正系数的五轮仪，均应按照使用说明书上的方法置入。如 WLY-5 型计算机五轮仪，只要把传感器部分的检测轮转 10 圈的距离（在路面上的实测值）输入记录仪即可。

（8）检测制动距离前，须将与制动有关的旋钮、开关或按键打到规定位置，并预选制动初速度（按下对应的键或输入选择的值）。

2. 检测流程

（1）检测制动距离时，按国家标准的有关规定，应在符合要求的道路条件和气候条件下，汽车空载或满载加速行驶，驾驶人根据记录仪上指示的瞬时车速或音响的提示，至预选制动初速度（M_1类乘用车和N_1类货车为50 km/h，其他车辆为30 km/h）时，用力踩下制动踏板直至汽车停止。制动时的踏板力（可安装踏板力计）或制动气压应符合规定要求。

（2）读取并打印检测结果。可读取并打印测得的制动初速度、制动距离、制动系统反应时间和制动全过程时间等检测结果。有的五轮仪还能读取制动减速度或打印"速度—时间"曲线和"减速度—时间"曲线等。以上结果是实际检测结果。实际检测结果中的制动初速度不一定正好等于预选制动初速度，可能大于或小于预选制动初速度。有些计算机式五轮仪可以将实际检测结果修正到预选制动初速度下的检测结果，以便直接与诊断参数标准对照。当需测取充分发出平均减速度时，仪器即根据已测数据自动计算并显示（或输出）。

（3）按下记录仪"重试"或"复位"键，仪器复原，可重新进行检测。计算机式五轮仪在打印结束后一般能自动回到初始化程序。

（4）检测制动性能应在同一路段正反两个方向上进行，测得的制动距离及其他参数取平均值。汽车倒车时，应将传感器部分的检测轮转向180°或由人提离地面。

（5）路试结束后，关闭记录仪电源，拆卸电源线、信号线和脚踏开关，并从车身上拆下传感器部分。

（6）在上述制动距离检测过程中，当车辆停止时，观察车身在试车道上的状态，要求制动过程中机动车的任何部位（不计入车宽的部位除外）不允许超出规定宽度的试验通道的边缘线。

二、驻车制动性检测

将车辆以正、反两个方向驶上检验坡道上停车，操纵驻车制动，记录能可靠停驻的时间。

三、检测标准

1. GB/T 18565—2016 规定

1）制动距离和制动稳定性要求

在规定的初速度下的制动距离和制动稳定性要求应符合表3-4的规定。对空载检测的制动距离有质疑时，可按表3-4中规定的满载检测制动距离要求进行检测。

2）充分发出平均减速度要求

汽车、汽车列车在规定的初速度下急踩制动踏板时充分发出的平均减速度及制动稳定性要求应符合表3-5的规定。对空载检测的充分发出的平均减速度有质疑时，可用表3-5中规定的满载检测充分发出的平均减速度进行检测。

表 3-4 路试检验制动距离和制动稳定性要求

车辆类型	制动初速 /(km·h^{-1})	空载制动距离 /m	满载制动距离 /m	试验通道宽度[a] /m
M$_1$ 类乘用车	50	≤19.0	≤20.0	2.5
N$_1$ 类货车	50	≤21.0	≤22.0	2.5
M$_2$、M$_3$ 类客车，N$_2$、N$_3$ 类货车（含半挂牵引车）	30	≤9.0	≤10.0	3.0
汽车列车	30	≤9.5	≤10.5	3.0

a. 制动过程中车辆的任何部位（不计入车宽的部位除外）不超出规定宽度的试验通道的边缘线。

表 3-5 路试检验充分发出平均减速度和制动稳定性要求

车辆类型	制动初速度 /(km·h^{-1})	空载平均减速度 /(m·s^{-2})	满载平均减速度 /(m·s^{-2})	试验通道宽度[a] /m
M$_1$ 类乘用车	50	≥6.2	≥5.9	2.5
N$_1$ 类货车	50	≥5.8	≥5.4	2.5
M$_2$、M$_3$ 类客车，N$_2$、N$_3$ 类货车（含半挂牵引车）	30	≥5.4	≥5.0	3.0
汽车列车	30	≥5.0	≥4.5	3.0

a. 制动过程中车辆的任何部位（不计入车宽的部位除外）不超出规定宽度的试验通道的边缘线。

3）驻车制动性能要求

被检车辆在坡度为 20%（对总质量为整备质量的 1.2 倍以下的车辆为 15%）的路试坡道上的上行和下行两个方向分别实施驻车制动，停驻时间不应少于 5 min。

2. GB/T 72585—2017 规定

1）制动距离和制动稳定性要求

（1）制动距离要求。在规定的初速度下的制动距离要求应符合表 3-6 的规定。对空载检测的制动距离有质疑时，可按表 3-6 中规定的满载检测制动距离要求进行检测。

表 3-6 路试检验制动距离和制动稳定性要求

机动车类型	制动初速度 /(km·h^{-1})	空载检验制动距离要求 /m	满载检验制动距离要求 /m	试验通道宽度 /m
三轮汽车	20	≤5.0		2.5
乘用车	50	≤19.0	≤20.0	2.5
总质量小于或等于 3 500 kg 的低速货车	30	≤8.0	≤9.0	2.5
其他总质量小于或等于 3 500 kg 的汽车	50	≤21.0	≤22.0	2.5

续表

机动车类型	制动初速度 /(km·h^{-1})	空载检验制动距离要求 /m	满载检验制动距离要求 /m	试验通道宽度 /m
铰接客车、铰接式无轨电车、汽车列车（乘用车列车除外）	30	≤9.5	≤10.5	3.0[a]
其他汽车、乘用车列车	30	≤9.0	≤10.0	3.0[a]
两轮普通摩托车	30	≤7.0		—
边三轮摩托车	30	≤8.0		2.5
正三轮摩托车	30	≤7.5		2.3
轻便摩托车	20	≤4.0		—
轮式拖拉机运输机组	20	≤6.0	≤6.5	3.0
手扶变型运输机	20	≤6.5		2.3
a. 对车宽大于 2.55 m 的汽车和汽车列车，其试验通道宽度（单位：m）为"车宽（m）+0.5"。				

（2）制动稳定性要求。制动过程中车辆的任何部位（不计入车宽的部位除外）不超出规定宽度的试验通道的边缘线。

2）制动减速度和制动稳定性要求

（1）制动减速度要求。汽车、汽车列车在规定的初速度下急踩制动踏板时的充分发出平均减速度应符合表 3-7 的规定，且制动协调时间对液压制动的汽车应小于或等于 0.35 s，对气压制动的汽车应小于或等于 0.60 s，对汽车列车、铰接客车和铰接式无轨电车应小于或等于 0.80 s。对空载检验的充分发出平均减速度有质疑时，可用表 3-7 规定的满载检验充分发出的平均减速度进行检测。

表 3-7 制动减速度和制动稳定性要求

机动车类型	制动初速度 /(km·h^{-1})	空载检验充分发出的平均减速度 /(m·s^{-2})	满载检验充分发出的平均减速度 /(m·s^{-2})	试验通道宽度 /m
三轮汽车	20	≥3.8		2.5
乘用车	50	≥6.2	≥5.9	2.5
总质量小于或等于 3 500 kg 的低速货车	30	≥5.6	≥5.2	2.5
其他总质量小于或等于 3 500 kg 的汽车	50	≥5.8	≥5.4	2.5
铰接客车、铰接式无轨电车、汽车列车（乘用车列车除外）	30	≥5.0	≥4.5	3.0[a]
其他汽车、乘用车列车	30	≥5.4	≥5.0	3.0[a]
a. 对车宽大于 2.55 m 的汽车和汽车列车，其试验通道宽度（单位：m）为"车宽（m）+0.5"。				

（2）制动稳定性要求。制动过程中车辆的任何部位（不计入车宽的部位除外）不超出规定宽度的试验通道的边缘线。

3）驻车制动性能要求

在空载状态下，驻车制动应能保证机动车在坡度为20%（对总质量为整备质量的1.2倍以下的车辆为15%）、轮胎与路面间的附着系数大于或等于0.7的坡道上正、反两个方向保持固定不动，时间应大于或等于2 min。检验汽车列车时，应使牵引车和挂车的驻车制动装置均起作用。检验时的操纵力应符合规定。

说明：

（1）在规定的测试状态下，机动车使用驻车制动装置能停在坡度值更大且附着系数符合要求的试验坡道上时，应视为达到了驻车制动性能检验的要求。

（2）在不具备试验坡道的情况下，可参照相关标准使用符合规定的仪器测试驻车制动性能。

四、检测结果分析

实际检测汽车的制动距离和充分发出平均减速度不符合要求，说明所测试汽车的制动效能低，可能存在所有车轮制动力低或个别车轮制动力低的故障；若制动稳定性测试不符合要求，则说明可能存在左右车轮制动力差过大的故障。上述故障的分析请参阅前述本项目汽车制动性台试检测的检测结果分析。

一、准备工作

1. 考核设备、材料准备

（1）试验道路起始处准备好车辆（五轮仪已经固定、连接好，并经充分预热）。
（2）驻车检验坡道处于可用状态。
（3）技能学习工作单（见本书配套教学资源"技能学习工作单"中的"工单3-2"）。

2. 学员劳动保护

（1）必须穿好工作服。
（2）穿好安全鞋。

二、考核流程

1. 学员工作

两名学员为一小组，在充分学习本任务相关知识与技能的基础上，完成下列工作，并随时完成相应的工单。

（1）路试检验汽车行车制动性。

（2）路试检验汽车驻车制动性。

（3）5S 工作。

（4）自我评价。

2. 指导教师工作

学员在进行上述操作过程中，指导教师进行下列工作。

（1）向学员讲解安全注意事项，要求学员在"技能学习工作单"中做记录。

（2）观察、指导学员进行相关操作，及时制止可能发生危险的操作。

（3）实操结束后审阅学员完成的工单，并结合其操作情况（工作成果）给出评价。

项目 4
汽车排放性检测

汽车排放的污染物是公认的城市公害之一，它污染了人类的生存环境，影响了人类的身体健康，已发展成为严重的社会问题。因此，监督并检测排气污染物浓度，已成为汽车检测项目中极为重要的组成部分。

汽车排气的污染物，主要是一氧化碳（CO）、碳氢化合物（HC）、氮氧化合物（NO_x）、炭烟及其他一些有害物质。

汽车排气污染物中，CO、HC、NO_x和炭烟主要来源于汽车尾气的排放，少部分来自曲轴箱窜气，其中，部分HC还来自油箱和整个供油系统的蒸发与滴漏。

目前，汽车排放污染物检测受各地环保部门监控，各检测站均建立了相对独立的环保检测线，所以汽车尾气排放污染物检测均在环保检测线上进行。检测合格的车辆，由环保部门核发环保检验合格标志。

但在综检线和安检线上，原设置的尾气排放检测项目仍然进行，也就是说，尾气排放污染物的检测只是综合性能检测或安全技术检测中的一个小项目，其检测结果与是否核发环保检验合格标志无关。

在综检线和安检线上，汽车尾气排放污染物的检测大多设置在第1工位。

学习任务 4-1 汽油车排放性检测

任务分析

GB/T 18285—2018规定了汽油车双怠速工况排气污染物排放限值及测量方法，同时规定了稳态工况法、瞬态工况法和简易瞬态工况法等3种工况测量方法及对过量空气系数的要求。

本学习任务主要学习尾气分析仪的结构、原理，汽油车尾气排放污染物的检测方法、检测标准及检测结果分析。

学习目标

1. 能够正确描述汽油车尾气排放污染物产生的原因。
2. 能够正确解释双怠速工况、稳态工况、瞬态工况和简易瞬态工况。
3. 能够正确解释汽油车尾气排放污染物的评价指标。
4. 能够正确描述不分光红外线气体分析仪的结构与工作原理。
5. 能够正确描述化学发光法的检测原理。
6. 能够利用尾气分析仪检测汽油车在双怠速工况、稳态工况、瞬态工况和简易瞬态工况下的尾气排放污染物含量。
7. 能够对实际检测结果进行正确分析，给出车辆尾气排放性能的准确评价，并提出维修建议。

8. 培养良好的安全、卫生、环保及团队协作的职业素养。
9. 检查、记录、评价工作结果。

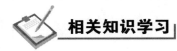

一、汽油车排气污染物的检测工况

汽油车排气污染物检测工况有双怠速工况和简易工况两种。

1. 双怠速工况

双怠速工况包含怠速（也称低怠速）和高怠速两个工况。

怠速工况是指发动机最低稳定转速工况，即离合器处于接合位置，变速器处于空挡位置（对于自动变速器的汽车应处于"P"或"停车"挡位），加速踏板处于完全松开位置。

高怠速工况是变速器处于空挡位置（对于自动变速器的汽车应处于"P"或"停车"挡位，用加速踏将发动机控制在标准规定的高怠速运转。在GB/T 18285—2018标准中，将轻型汽车的高怠速转速规定为（2 500±200）r/min，重型汽车的高怠速转速规定为（1 800±200）r/min。如上述规定对被检车辆不适用，可按照汽车制造厂技术文件中规定的高怠速转速进行。

2. 简易工况

简易工况包含稳态工况、瞬态工况和简易瞬态工况3种。

1）稳态工况

稳态工况也称为加速模拟工况（Acceleration Simulation Mode，ASM），是指车辆预热到规定的热状态后，加速至规定车速，根据车辆规定车速时的加速负荷，通过底盘测功机对车辆加载，车辆保持等速运转即为加速模拟工况。

在底盘测功机上的测试运转循环由ASM5025和ASM2540两个工况组成，如图4-1所示，其测试循环见表4-1。

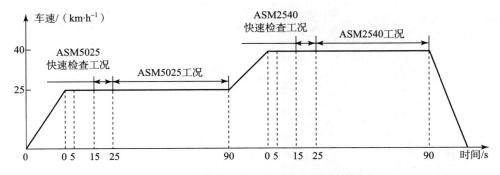

图4-1 加速模拟工况（ASM）试验运转循环

表 4-1　加速模拟工况（ASM）试验运转循环表

工况	运转次序	速度/(km·h^{-1})	操作持续时间/s	测试时间/s
5 025	1	0～25	—	—
	2	25	5	90
	3	25	10	
	4	25	10	
	5	25	70	
2 540	6	25～40	—	—
	7	40	5	90
	8	40	10	
	9	40	10	
	10	40	70	

（1）ASM5025 工况。经预热后的车辆在底盘测功机上以 25.0 km/h 的速度稳定运行，系统根据测试车辆的基准质量自动施加规定的载荷。测试过程中应保持施加的扭矩恒定，车速保持在规定误差范围内。

（2）ASM2540 工况。经预热后的车辆在底盘测功机上以 40.0 km/h 的速度稳定运行，系统根据测试车辆的基准质量自动施加规定的载荷。测试过程中应保持施加的扭矩恒定，车速保持在规定误差范围内。

2）瞬态工况

瞬态工况以质量为基础来获取发动机瞬态工况尾气排放量，并以此检测汽车的实际排放物污染水平，即 IM195。该系统通过采集尾气中的污染物排放量，从而得到污染物的质量排放，其测定结果以汽车每行驶 1 km 的排气管排放物质量来表述（单位为 g/km），能提供较真实的 CO、HC、NO$_x$ 排放情况。

测试循环包含了怠速、加速、等速和减速等各种工况，具体运转循环情况见表 4-2 和图 4-2。

表 4-2　瞬态工况运转循环

操作序号	操作	工序	加速度/(m·s^{-2})	速度/(km·h^{-1})	每次时间/s 操作	每次时间/s 工况	累计时间/s	手动换挡时使用的挡位
1	怠速	1	—	—	11	11	11	6sPM$^{1)}$ + 5sK$_1^{2)}$
2	加速	2	1.04	0.04	4	4	15	1
3	等速	3	—	15	8	8	23	1
4	减速	4	-0.69	15.69	2		25	1
5	减速，离合器脱开		-0.92	10.9	3	5	28	K$_1$
6	怠速	5	—	—	21	21	49	16sPM + 5sK$_1$

续表

操作序号	操作	工序	加速度/(m·s^{-2})	速度/(km·h^{-1})	每次时间/s 操作	每次时间/s 工况	累计时间/s	手动换挡时使用的挡位
7	加速	6	0.83	0.83	5	12	54	1
8	换挡				2		56	—
9	加速		0.94	1 594 M	5		61	2
10	等速	7	—	32	24	24	85	2
11	减速	8	−0.75	32.75	8	11	93	2
12	减速,离合器脱开		−0.92	10.9	3		96	K_2
13	怠速	9	—	—	21	24	117	16sPM + 5sK_1
14	加速	10	0.83	0.83	5	26	122	1
15	换挡				2		124	—
16	加速		0.62	1 562 M	9		133	2
17	换挡				2		135	—
18	加速		0.52	3 552 M	8		143	3
19	等速	11	—	50	12	12	155	3
20	减速	12	−0.52	50.52	8	8	163	3
21	等速	13	—	35	13	13	176	3
22	换挡	14			2	12	178	—
23	减速		−0.86	32.86	7		185	2
24	减速,离合器脱开		−0.92	10.9	3		188	K_2
25	怠速	15	—	—	7	7	195	7sPM

注:1) PM—变速器置空挡,离合器接合。
2) K_1,K_2—变速器置一挡或二挡,离合器脱开。

3) 简易瞬态工况

简易瞬态工况是相对较新研发的一种瞬态检测方式,称为 IG195。IG195 测试工况结合了 IM195 和 ASM 的特征,实时测量尾气排放的流量和密度,从而测得车辆排放的污染物质量。IG195 采用简易质量测试 VMAS 取样系统,实际上是改进现有的 ASM 系统,使之能采用瞬态加载工况法进行排气总量的测定。该系统采用了 195 s 短工况测试,其工况运转循环与表 4 – 3 相似,只是测试时间有所缩短。

测试过程涵盖车辆怠速、加速、减速、匀速等多种工况,经计算机处理得出车辆每行驶 1 km 各种污染物的排放量。

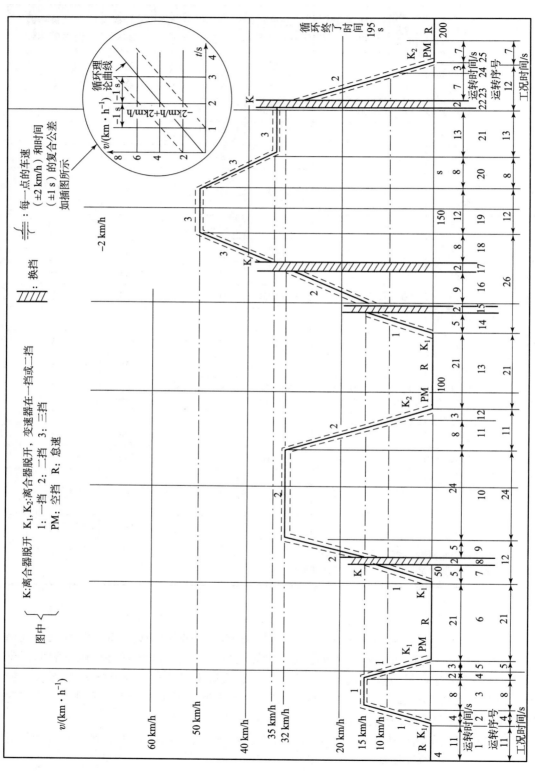

图 4-2 瞬态工况运转循环

二、汽油车排气污染物的评价指标

1. CO

在用汽油车在采用双怠速法和稳态工况法对汽车尾气排放进行检测时,排气中 CO 的计量单位为体积分数,而体积分数即为体积浓度,在检测时,采用体积分数"%"表示。在采用瞬态工况法和简易瞬态工况法对汽车排放进行检测时,排气中 CO 的计量单位为质量单位,用"g/km"表示。

2. HC

在用汽油车在采用双怠速法和稳态工况法对汽车排放进行检测时,排气中 HC 的计量单位为体积分数,而体积分数即为体积浓度,在检测时采用体积分数"10^{-6}"表示。在采用瞬态工况法和简易瞬态工况法对汽车排放进行检测时,排气中 HC 的计量单位为质量单位,用"g/km"表示。

3. λ

装配点燃式发动机的在用汽车,在采用双怠速法对汽车排放进行检测时,对于使用闭环控制电子燃油喷射系统和三元催化转化器技术的汽车,要对 λ 进行判定。λ 是指燃烧 1 kg 燃料的实际空气量与理论上所需空气量的质量比。

4. NO_x

装配点燃式发动机的在用汽车,在采用稳态工况法对汽车排放进行检测时,排气中 NO_x 的计量单位为体积分数,而体积分数即为体积浓度,在检测时,采用体积分数"10^{-6}"表示。在采用瞬态工况法和简易瞬态工况法对汽车排放进行检测时,排气中 NO_x 的计量单位为质量单位,用"g/km"表示。

三、汽油车排放性检验项目

1. 注册登记、在用汽油车检验项目

(1) 外观检验。

外观检验主要是对车载污染控制装置的检查和环保信息随车清单的核查。

注:环保信息随车清单是指《关于开展机动车和非道路移动机械环保信息公开工作的公告》(国家环规大气〔2016〕3 号)规定的机动车环保信息随车清单,包括企业对该车辆满足排放标准和阶段的声明、车辆基本信息、环保检验信息以及污染控制装置信息等内容。

(2) 车载诊断系统(OBD)检查。
(3) 排气污染物检测。

① 双怠速法（适用于非工况法轻型汽油车、重型汽油车），主要检测 CO、HC 和 λ（过量空气系数，只在高怠速时测量，为否决项）。

② 瞬态工况法（适用于工况法检测的轻型汽油车），主要检测 CO、HC、NO_x。

（4）燃油蒸发检测。

省级生态环境主管部门可根据臭氧污染状况按照规定的方法，对车辆的燃油蒸发排放控制系统进行检测。

（5）变更或转移登记车辆的环保检验按照当地政府规定，但至少要进行污染控制装置查验和 OBD 检查（如适用）。

（6）对配置远程排放管理车载终端并按要求向生态环境主管部门实时上报相关排放数据的车辆，省级生态环境主管部门根据数据上报情况可以使车辆免于环保上线检验。

2. 外观检验项目

外观检验项目见表 4-3。

表 4-3 外观检验项目

序号	检 查 项 目	判定		备注
		是	否	
1	车辆机械状况是否良好			
2	排气污染控制装置是否安全、正常			否决项
3	车辆是否存在烧机油或严重冒黑烟现象			否决项
4	曲轴箱通风系统是否正常（对单一燃料的燃气汽车不检此项）			否决项
5	燃油蒸发控制系统是否正常			
6	车上仪表工作是否正常			
7	有无可能影响安全或引起测试偏差的机械故障			
8	车辆进、排气系统是否有任何泄漏			
9	车辆的发动机、变速器和冷却系统等有无明显的液体渗漏			
10	是否带 OBD 系统			
11	轮胎气压是否正常			
12	轮胎是否干燥、清洁			
13	是否关闭车上空调、暖风等附属设备			
14	是否已经中断车辆上可能影响测试正常运行的功能，如 ARS、ESP、EPC、TCR、ABS 等			
15	车辆油箱和油品是否正常			
16	是否适合工况法检测			

四、汽油车排气污染物的检测原理

1. 不分光红外线气体分析法检测原理

不分光红外线气体分析法的检测原理与碳平衡油耗仪的检测原理相同,详见本节项目 2 的相关内容。

2. 化学发光法检测原理

鉴于目前实施的怠速工况测定 CO、HC 两气体的排气检测手段已无法有效反映汽车排气污染物对大气的污染现状,更不能满足环保部门对全球环境全面严格监测的要求。因此,除测定 CO、HC 外,还必须测定汽车排气中的 NO_x 和 CO_2 等。

汽车排气中含氧量是装有电控燃油喷射式发动机的汽车计算机监测空燃比、控制污染物排放量、保护三元催化反应器正常工况的重要信号。因此,现代开发的汽车尾气分析仪又增加了 O_2 的测试功能。

对于 CO、HC、NO_x、CO_2 和 O_2 这五种气体成分的浓度通常采用两类不同方法来测定,其中 CO、CO_2、HC 通过红外线气体分析法来测定,可获得足够的测试精度,而 NO_x 与 O_2 的浓度通常采用电化学的原理来测定。排气中 O_2 的浓度通过在测试通道中设置氧传感器即可测定,可通过仪器配套的数据线直接调取氧传感器传输给 ECU 的信号来获取这一数据,也可在仪器中采用相同的原理测试;NO_x 的浓度可采用化学发光法的原理进行精确测定。

利用化学发光法检测 NO_x 浓度的基本原理如图 4-3 所示。通过适当的化学物质(如不锈钢、碳化物、钼化物等)将排气中的 NO_2 全部还原成 NO。NO 与 O_3 在气态接触时发生化学反应生成激化态的 NO_2^* 分子,这些激化态的 NO_2^* 分子衰减到基本态 NO_2 时会发出波长为 $0.59 \sim 2.5 \mu m$ 的光量子,其发光强度与排气中存在的 NO 的质量流量成正比。使用适当波长的光电检测器(如光电倍增管)即可根据检测器信号强弱换算出 NO 的含量,这种方法简称 CLD 法。

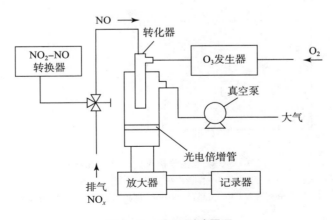

图 4-3 CLD 测试原理

因 CLD 法测定 NO_x 浓度的设备结构较复杂,所以市场上提供的在线快速检测用的五气体分析仪多采用与 CO、CO_2、HC 相同的检测原理,但需要说明的是,对 NO_x 来说,这种方法测定的精度较低。

五、不分光红外线气体分析仪的结构与工作原理

不分光红外线气体分析仪,是一种能够从汽车排气管中采集气样,并对其中所含 CO 和 HC 等气体的浓度进行连续测量的仪器。按其能够测量的气体种类不同,可分为两气体分析仪、四气体分析仪和五气体分析仪。两气体分析仪仅能检测 CO 和 HC 两种气体的含量;四气体分析仪能够检测 CO、HC、NO_x 和 CO_2 四种气体含量;五气体分析仪能够检测 CO、HC、NO_x、CO_2 和 O_2 五种气体含量。图 4-4 所示为典型的两气体分析仪的外形。它由排气取样装置、排气分析装置、排气浓度指示装置和校准装置等组成。排气在分析仪内的流动路线如图 4-5 所示。

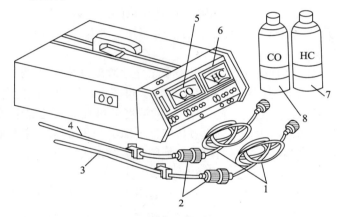

图 4-4 典型的两气体分析仪
1—导管;2—过滤器;3—低浓度取样探头;4—高浓度取样探头;5—CO 指示仪表;
6—HC 指示仪表;7—标准 HC 气样瓶;8—标准 CO 气样瓶

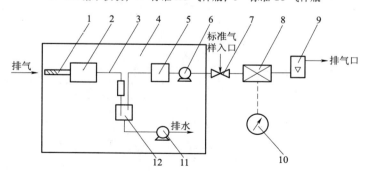

图 4-5 排气在分析仪内的流动路线
1—取样探头;2,5—过滤器;3—导管;4—排气取样装置;6,11—泵;7—换向阀;
8—排气分析装置;9—流量计;10—浓度指示装置;12—水分离器

1. 排气取样装置

排气取样装置由取样探头、滤清器、导管、水分离器和泵等组成。它通过取样探头、

导管和泵从车辆排气管里采集排气,再用滤清器和水分离器把排气中的炭渣、灰尘和水分等除掉,然后送入分析装置。取样探头是用特殊材料制成的,具有耐热性且能防止导管吸附 HC 气体。

2. 排气分析装置

排气分析装置的结构与工作原理与碳平衡油耗仪相同,详见本书项目 2 中的相关内容。

3. 含量指示装置

两气体分析仪的含量指示装置主要由 CO 指示装置和 HC 指示装置组成,有指针式仪表和数字式显示器两种类型。从排气分析装置送来的电信号,在 CO 指示仪表上,CO 的体积分数以百分数(%)表示;在 HC 指示仪表上,HC 的体积分数以正己烷当量的百万分数(10^{-6})表示。如图 4-6 所示,指针式仪表的指示,可利用零点调整旋钮、标准调整旋钮和计数转换开关等进行控制。

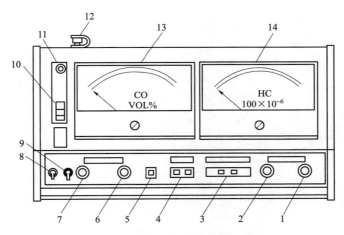

不分光红外线气体分析仪功用

图 4-6 典型汽车尾气分析仪面板

1—HC 标准调整旋钮;2—HC 零点调整旋钮;3—HC 计数转换开关;4—CO 计数转换开关;5—简易校准开关;6—CO 标准调整旋钮;7—CO 零点调整旋钮;8—电源开关;9—泵开关;10—流量计;11—电源指示灯;12—标准气样注入口;13—CO 指示仪表;14—HC 指示仪表

气体分析仪内的过滤器脏污时,对测量值有影响,因此要经常观察流量计的指示情况,发现指针进入红色区应及时更换过滤器的滤芯。

4. 校准装置

校准装置是一种为了保持分析仪的指示精度,使之能准确指示测量值的装置。在此装置中,往往既设有用加入标准气样进行校准的装置,也设有用机械方式进行简易校准的装置。

(1)标准气样校准装置是把标准气样从分析仪上单设的一个专用注入口直接送到排气分析装置,再通过比较标准气样浓度值和仪表指示值的方法来进行校准的装置。

(2)简易校准装置,通常是用遮光板把排气分析装置中通过测量气样室的红外线遮挡住一部分，即用减少一定量红外线能量的方法进行简单校准的装置。

六、检验程序

1. 注册登记检验流程

汽油车新车注册登记检验按规定的项目逐一进行，检测流程如图4-7所示，按表4-4规定的项目联网实时向当地生态环境主管部门报送数据。

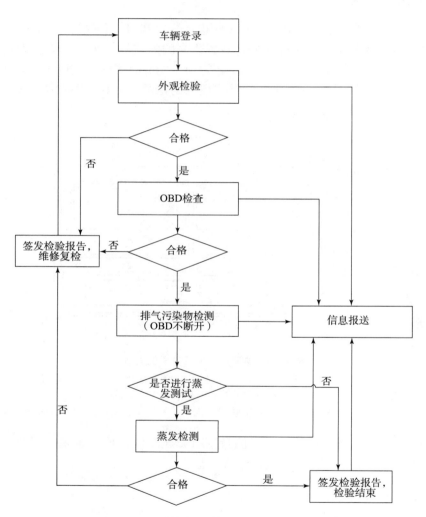

图4-7 汽油车新车注册登记环保检验流程

2. 在用汽油车环保检验流程

在用汽油车环保检验流程如图4-8所示，检验前应进行联网核查，查验车辆有无环保违规记录，检验结束后按表4-5规定的内容联网实时向当地生态环境主管部门报送数据。

表4-4　汽油车新注册登记和在用车环保检验报告数据项

项目	参　数
车辆信息	号牌号码、车牌颜色、车辆型号、车辆类型、使用性质、车辆识别代号（VIN）、初次登记日期、燃料种类
环境参数	相对湿度（%）、环境温度（℃）、大气压力（kPa）
检测信息	检测站名称、检测方法、检测报告编号、检测日期
检测过程数据	OBD检查数据、排气污染物检测数据、蒸发检测数据（如适用）
检测结果	外观检验结果、OBD检查结果、排气污染物检测结果、蒸发检测结果（如适用）、最终检测数据和判定
检测设备	检测设备制造厂、检测设备名称及型号、出厂日期、上次检定日期、日常检查记录、日常比对记录

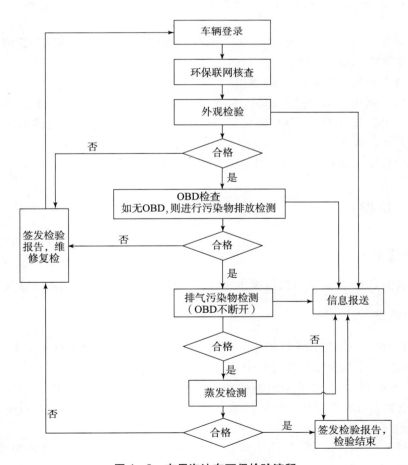

图4-8　在用汽油车环保检验流程

技能学习

一、外观检验

1. 注册登记检验

（1）查验环保随车清单内容与信息公开内容是否一致。

（2）检查车辆污染控制是否与环保信息随车清单一致。

2. 在用汽车检验

（1）检查被检车辆的车况是否正常。如果有异常，应要求车主进行维修。

（2）检查车辆是否存在烧机油或严重冒黑烟现象，如有，应要求车主进行维修。

（3）检查燃油蒸发控制系统连接管路的连接是否正确、完整。如果发现有老化、龟裂、破损或堵塞现象，应要求车主进行维修。对单燃料的燃气汽车不需要进行此项检验。

（4）检查发动机排气管、排气消声器和排气后处理装置的外观及安装紧固部位是否完好，如发现有腐蚀、漏气、破损或松动的，应要求车主进行维修。

（5）检查车辆是否配置有 OBD 系统。

（6）判断车辆是否适合进行简易工况法检测，如不适合（例如：无法手动切换两驱动模式的全时四驱车和适时四驱车等），应标注。适合进行简易工况法检验的，应确认车辆轮胎表面无夹杂异物。

（7）变更登记、转移登记检验时，应查验污染控制装置是否完好。

二、OBD 检查

1. 注册登记

检查车辆的 OBD 接口是否满足规定要求、OBD 通信是否正常、有无故障代码。

2. 在用汽车

对配置有 OBD 系统的在用汽油车，在完成外观检验后，应连接 OBD 诊断仪进行 OBD 检查。在随后的污染物排放检验过程中，不可断开 OBD 诊断仪。

OBD 检查项目包括：故障指示器状态，诊断仪实际读取的故障指示器状态，故障代码，MIL 灯点亮后行驶里程和诊断就绪状态值等。其检测流程如图 4-9 所示，检查过程中按表 4-5 进行记录。

说明：图 4-9 中的"按表 G.4 报告"指的是按 GB/T 18285—2018 附录 G 中的表 G.4，具体内容见表 4-6。

以下为关于 OBD 检查的相关说明。

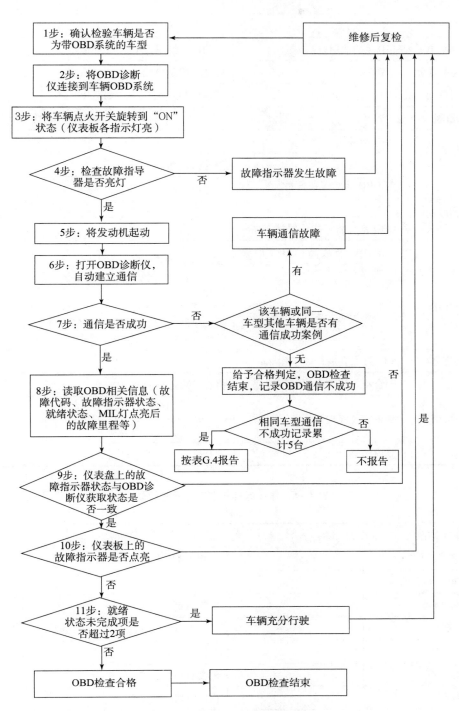

图 4-9　OBD 系统检验流程

表4-5 OBD检查记录

（1）车辆信息			
车辆VIN			
发动机控制单元CALID（如适用）		发动机控制单元CVN（如适用）	
后处理控制单元CALID（如适用）		后处理控制单元CVN（如适用）	
其他控制单元CALID（如适用）		其他控制单元CVN（如适用）	
（2）OBD检查信息			
OBD故障指示器状态	OBD故障指示器	□合格　□不合格	
	与OBD诊断仪通信情况	□通信成功	
		□通信不成功，填写以下原因 □找不到接口　□接口损坏　□连接后不能通信	
	OBD系统故障指示器被点亮	□是　□否	
	故障代码及故障信息（如果故障指示器被点亮）	故障信息保存上报	
诊断就绪状态	诊断就绪状态未完成项目	□无　□有 如有填写以下项目： □催化器　□氧传感器　□氧传感器加热器 □废气再循环（EGR）/可变气门VVT	
其他信息	MIL灯点亮后行驶里程/km：		
检测结果		□合格　□不合格　□按表G.4报告，判定车辆通过	
	是否需要复检	□否	
		□是　　　复检内容：	
	复检结果	□合格　□不合格	

表4-6 集中超标车型环保检验记录

日期[1]：　　　　　　　　　　　　　　编号：

G.4.1 车辆信息[2]			
号牌号码		号牌种类	
车辆识别代号（VIN）			
车辆品牌/型号		发动机型号	
发动机号码		车辆类型	
车辆出厂日期		车辆出厂合格证号	
燃油种类		最大总质量	
车辆分类[3]		排放阶段	
车辆生产企业名称			
车辆生产企业地址			

项目 ④ 汽车排放性检测

续表

G.4.2 查验内容及结果		
随车清单	□有	□无
排放阶段是否与随车清单相符	□是	□否
污染控制装置是否与随车清单相符	□是	□否
OBD 检查	□是	□否
OBD 通信	□是	□否
查验结论：	□符合	□不符合
查验员签字和单位盖章：		年　　月　　日
注：1) 8 位数，年份（4 位）+月份（2 位）+日期（2 位）； 2) 车辆信息按照车辆出厂合格证或进口凭证填写； 3) $N_1/N_2/N_3/M_1/M_2/M_3$ 中选择： 4) 其他查验不符合情况，可另附文件和图片材料说明。		

（1）确认车型。在对车辆进行 OBD 检查前，首先应确认该车型是否为配置有 OBD 系统的车型。车型确认之后，如发现 OBD 故障指示器（MIL 灯）被点亮，则要求车主维修后再进行排放检验。如果 MIL 灯未被点亮，则应将 OBD 诊断仪连接到受检车辆上检验是否有 OBD 系统故障。

（2）检查故障指示器（目测法）。目测检查仪表板上故障指示器的状态，初步判断车辆 OBD 系统故障指示系统的工作是否正常。

① 将受检车辆点火开关置于"ON"后（车辆仪表指示灯点亮），对仪表板上的指示灯进行自检，同时 OBD 故障指示器（MIL 灯）被激活，暂时点亮；若故障指示器没有被激活，说明 MIL 灯本身存在故障，可以判定 OBD 检查结果为不合格。

② 起动发动机，MIL 灯同时熄灭，表明车辆故障指示器工作状态正常，车辆可能不存在确认的排放相关故障；若故障指示器点亮，表明车辆存在排放相关故障，受检车辆需要进行维修，待消除故障后重新进行排放检验。

（3）读取 OBD 数据。检验人员在完成故障指示器的检查后，启动 OBD 诊断仪，使用 OBD 诊断仪的快速检查功能检查是否存在排放相关故障代码。整个过程无须进一步进行人工操作，OBD 诊断仪将自动读出检测结果，并将检验结果传输到计算机管理系统上，根据输出的检查结果，判断车辆是否存在排放相关故障。

① 将 OBD 诊断仪与车辆诊断接口正确连接后，如果连续两次尝试通信失败，检测人员应确认该 OBD 诊断仪与其他车辆的 OBD 系统是否能够正常进行通信，如果与其他车辆能够正常通信，则应进一步查询该车辆的 OBD 检查记录，以及与该车同型号车辆的 OBD 检查记录，如有该车辆 OBD 通信合格记录或同型号车辆的 OBD 通信合格记录，则判定该 OBD 检查不合格。如未发现通信合格记录，受检车辆的 OBD 检查结束，判定 OBD 检查通过，在通信检查结果记录不合格。若同型号车型的 OBD 通信检查记录（至少 5 台）均不合格，应作为问题车型按表 4-6 集中上报。

② 进一步查看仪表板上故障指示器显示的状态与从 OBD 诊断仪获取的状态是否一致。

如果二者的状态一致，并且故障指示器熄灭，则该项检查合格；若二者状态一致，但是故障指示器点亮，则该车辆存在与排放相关的故障，车辆排放检验不合格，需要进行维修后复检。若二者状态不一致，判定车辆 OBD 不合格，需要维修后进行复检，同时作为问题车型上报。

③ 对已通过第②条检查的车辆，应对其诊断就绪状态进行检查，就绪状态未完成项应不超过 2 项。如果发现受检车辆的就绪状态未完成项超过 2 项，应暂停排放检验，要求将该车辆充分行驶后再进行检测。

④ 如果车辆污染控制装置被移除，而 OBD 故障指示灯未点亮报警，视为该车辆 OBD 不合格。

三、排气污染物检测（注册登记和在用汽车）

1. 一般规定

（1）单一燃料车，仅按燃用单一燃料进行排放检测；两用燃料车，要求使用两种燃料分别进行排放检测。

（2）有手动选择行驶模式功能的混合动力汽车应切换到最大燃料消耗模式进行测试，如无最大燃料消耗模式，则应切换到混合动力模式进行测试。若测试过程中发动机自动熄火并自动切换到纯电动模式，无须中止测试，可进行至测试结束。

2. 双怠速法测试规程

双怠速法测量时，参照图 4-10 进行。

车辆排放污染物的双怠速检测方法

1）测试准备

（1）仪器准备。按仪器使用说明书要求做好以下各项准备工作。

① 接通电源，对气体分析仪预热 30 min 以上。

② 仪器校准。

a. 用标准气样校准。先让气体分析仪吸入清洁空气，用零点调整旋钮把仪表指针（或数字）调整到零点；然后把仪器附带的标准气样从标准气样注入口灌入，如图 4-11 所示；再用标准调整旋钮把仪表指针（或数字）调到标准指示值。在灌注标准气样时，要关掉气体分析仪上的泵开关。

CO 测试精度的校准是以标准气样瓶上标明的 CO 浓度值作为标准值，而 HC 标准气样瓶内是丙烷，因而要按下式求出正己烷的换算值，再用正己烷的换算值作为校准的标准值。

$$校准的标准值（即正己烷换算值）= 标准气样（丙烷）含量 \times 换算系数$$

式中：标准气样（丙烷）含量——标准气样瓶上标明的含量值；

换算系数——气体分析仪的给出值（标注在仪器壳体一侧），一般为 0.472~0.578。

b. 简易校准。先接通简易校准开关（见图 4-12），对于有校准位置刻度线的仪器，可用简易校正值调节电位器旋钮（见图 4-12），把仪表指针调整到正对校准刻度线位置；对于没有校准刻度线的仪器，要在标准气样校正后立即操纵简易校准开关进行简易校准，

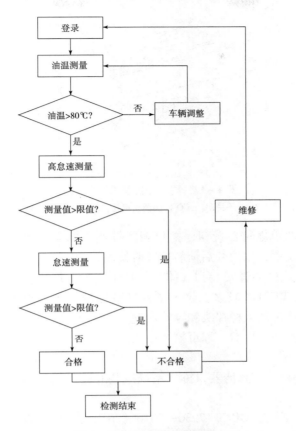

图 4-10 双怠速法检测程序

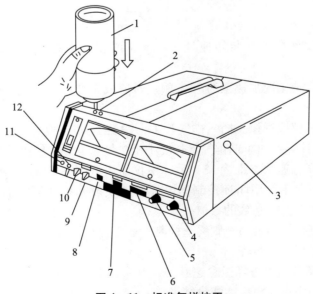

图 4-11 标准气样校正

1—标准气样瓶；2—标准气入口；3—简易校正值调节电位器旋钮（CO、HC）；4—HC 标准旋钮；5—HC 零位旋钮；6—HC 量程切换开关；7—CO 量程切换开关；8—机械检查开关；9—CO 标准旋钮；10—CO 零位旋钮；11—电源开关；12—泵开关

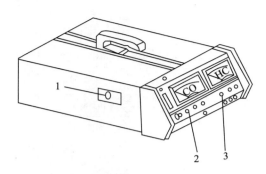

图 4-12 尾气分析仪的简易校准
1—简易校正开关;2—CO 标准调整旋钮;3—HC 标准调整旋钮

此时要用简易校正值调节电位器旋钮,把仪表指针调整到与标准气样校准后的指示值重合。应记住这一指示位置,以便今后简易校准时使用。

③ 把取样探头和取样导管安装到气体分析仪上,检查取样探头和导管内是否有残留 HC。如果管内壁吸附残留 HC 较多,仪表指针(或数字)远超过零点以上,则要用压缩空气吹洗或用布条等物清洁取样探头和导管内壁。

仪器经过上述检查和校准后,即可投入使用。

(2) 被检车辆准备。

① 进气系统应装有空气滤清器,排气系统应装有排气消声器和排气后处理装置,并不得有泄漏。

② 汽油应符合国家标准 GB/T 17930—2016《车用汽油》的规定。

③ 测量前发动机冷却液和润滑油温度应不低于 80 ℃ 或达到汽车使用说明书所规定的热状态。

2) 操作步骤

(1) 必要时在发动机上安装转速计、点火正时仪、冷却液和润滑油测温计等测量仪器。

(2) 发动机由怠速工况加速至约 70% 额定转速或企业规定的暖机转速运转 30 s 后降至高怠速状态。

(3) 将气体分析仪取样探头插入排气管中,深度不少于 400 mm,并固定于排气管上(若车辆排气系统设计导致的车辆排气管长度小于测量深度,应使用排气延长管)。

(4) 发动机在高怠速状态维持 15 s 后,由仪器读取 30 s 内的平均值,该值即为高怠速污染物测量结果。对于使用闭环控制的电控燃油喷射系统和三元催化转化器技术的汽车,还应同时测量过量空气系数的数值。

如果高怠速检测结果不合格,则终止检测,最终检测结果判定为不合格;如果高怠速检测结果合格,则进行下一步骤。

(5) 发动机从高怠速状态降至怠速状态,在怠速状态维持 15 s 后,由仪器读取 30 s 内的平均值,该值即为怠速污染物测量结果。

(6) 若为多排气管,则取各排气管测量结果的算术平均值。

(7) 测量工作结束后,把取样探头从排气管里抽出来,让它吸入新鲜空气 5 min 左右,待仪器指示回到零点后再关闭电源。

说明：在测试过程中，如果任何时刻 CO 与 CO_2 的浓度之和小于 6.0%，或者发动机熄火，则终止测试，排放测量结果无效，需重新进行测试。

3. 稳态工况测试规程

1）测试准备

（1）被检车辆准备。

① 如需要，可在发动机上安装冷却液或润滑油温度传感器等测试仪器。

② 关闭车辆的空调、暖风等附属设备，对具有牵引力控制功能的车辆，应关闭该装置。

③ 车辆预热。进行测试前，车辆动力总成系统的热状态应符合汽车技术条件的规定，并保持稳定。测试前如果待检车辆的等候时间超过 20 min，或在测试前熄火时间超过 5 min，可以选择下列任何一种方法预热车辆：

a. 车辆在无负荷，发动机在 2 500 r/min 转速状态下连续运转 240 s；

b. 车辆在测功机上，按 ASM5025 工况连续运行 60 s。

④ 车辆变速器挡位选择。自动变速的车辆应使用 D 挡进行测试，手动变速的车辆应使用二挡，如果二挡所能达到的最高车速低于 45 km/h，可使用三挡。

⑤ 将车辆驱动轮置于滚筒上，必须确保车辆的横向稳定，驱动轮轮胎应干燥防滑。

⑥ 车辆应限位良好，对前轮驱动的车辆，测试前应使驻车制动起作用。

⑦ 在测试工况计时过程中，不允许对车辆进行制动。如果车辆被制动，工况起始计时应重新置零（$t = 0$ s）。

（2）设备准备。

① 排气分析仪预热。排气分析仪应在通电后 30 s 内达到稳定。在 5 min 内未经调整，分析仪零点以及 HC、CO、NO 和 CO 的量距读数应稳定在误差范围内。

② 在每次开始测试前 2 min 内，排气分析仪应自动完成零点调整、环境空气测定和对 HC 残留量的检测。

③ 在每天开机开始检测前，应对排气分析仪取样系统进行泄漏检查，如未进行泄漏检查或者没有通过泄漏检查，系统应自动锁定，不能进行检测，直到通过检查为止。

④ 每 24 h 应对排气分析仪进行一次低量程标准气体检查，若检查不能通过，则应使用高浓度标准气体进行标定，然后使用低浓度标准气体进行检查，直到满足要求为止。

⑤ 测功机预热。测功机每天开机或停机后，或车速低于 20 km/h 的时间超过 30 min，或停机后再次开机，测试前均应自动进行预热。此预热应由系统控制自动进行，如没有按规定进行测功机预热，系统将被锁定，不能进行排放检测。

⑥ 载荷设定。每个工况测试前，应根据输入的车辆参数及测试工况，自动设定加载载荷。

⑦ 在测试循环开始前应记录环境温度、相对湿度和大气压力。

⑧ 稳态工况测试中，在任何时刻，如果在测试过程中 CO 与 CO_2 的浓度之和小于 6.0%，或者发动机熄火，则终止测试，排放测量结果无效，同时系统应进行相关提示，需重新进行测试。

2）测试步骤

（1）使车辆驱动轮位于底盘测功机滚筒上，将分析仪取样探头插入排气管中，深度应不少于 400 mm，并固定于排气管上，如图 4-13 所示。对独立工作的多排气管应同时取样。

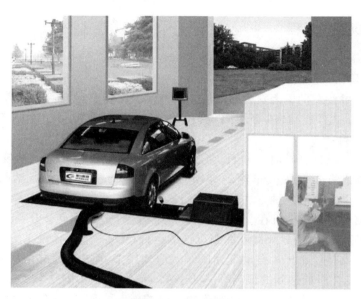

图 4-13 加速模拟工况法检测实况图

（2）ASM5025 工况检测。车辆经预热后，选择正确的挡位使车辆加速至 25 km/h 以上。此时底盘测功机自动根据检测工况要求加载，车辆保持（25±2.0）km/h 等速运转，维持 15 s 后，系统自动开始计时、测量、计算、存储并显示相关测量数据。

说明：在 0~90 s 的测量过程中，如果任意连续 10 s 内第 1 s 至第 10 s 的车速变化相对于第 1 s 小于 ±1.0 km/h，则测试结果有效。快速检查工况 10 s 内的排放平均值，经修正后如果等于或低于排放限值的 50%，则测试合格，排放检测结束，输出检测结果报告；否则应继续完成整个 ASM5025 工况。如果所有检测污染物连续 10 s 的平均值经修正后均不大于标准规定的限值，则该车应补判定为 ASM5025 工况合格，排放检验合格，打印检验合格报告。如果任何一种污染物连续 10 s 的平均值经修正后均超过标准规定的限值，则应继续进行 ASM2540 工况检测。在检测过程中，如果任意连续 10 s 内的任何一种污染物 10 s 排放平均值经修正后高于标准规定限值的 500%，则测试不合格，输出检测结果报告，检测结束。

在上述任何情况下，检验报告单上输出的测试结果数据均为测试结果的最后 10 s 内经修正后的平均值。

（3）ASM2540 工况检测。ASM5025 工况排放检验不合格的车辆，需要继续进行 ASM2540 工况排放检验。被检车辆在 ASM5025 工况结束后立即加速运行至 40 km/h，测功机根据测试工况和基准质量等参数自动加载，车辆保持在（40±2.0）km/h 范围内等速运转，同时开始计时、测量、计算、存储与显示相关数据。

说明：在 0~90 s 的测量过程中，如果任意连续 10 s 内第 1 s 至第 10 s 的车速变化相对于第 1 s 小于 ±1.0 km/h，则测试结果有效。快速检查工况 10 s 内的排放平均值，经修正后如果等于或低于排放限值的 50%，则测试合格，排放检测结束，输出检测结果报告；否则应继续进行 90 s 工况。如果所有检测污染物连续 10 s 的平均值经修正后均不大于标准规定的限值,则该车应补判定为排放检测合格,排放检验结束,输出排放检验合格报告。如果任何一种污染物连续 10 s 的平均值经修正后均超过标准规定的限值,则车辆排放测试结果不合格,继续进行到本工况检测结束,输出不合格检验报告。在检测过程中,如果任意连续 10 s 内的任何一种污染物 10 s 排放平均值经修正后高于标准规定限值的 500%,则测试不合格,输出检测结果报告,检测结束。

在上述任何情况下,检验报告单上输出的测试结果数据均为测试结果最后 10 s 内经修正后的平均值。

汽油机尾气排放的检测

4. 瞬态工况和简易瞬态工况测试规程

1)测试准备

(1)测试环境要求。环境温度:-5~45 ℃;相对湿度:≤85%。

(2)信息记录。开始测试前,应记录以下信息:车辆识别代码(VIN)、车辆号牌号码、车辆型号和生产企业、发动机型号和生产企业、发动机气缸数和排量、变速器种类和挡位数、车辆基准质量、车辆单轴轴重、驱动方式、驱动轮气压、供油形式、催化净化器情况、累计行驶里程数、车辆登记日期、燃油规格和车主姓名及其联系方式。

说明:如果受检车辆信息已经存储在数据库中,应直接调用数据库数据,获得受检车辆信息。

(3)环境数据记录。试验循环开始前应记录环境温度、相对湿度和大气压力,至少每秒测量一次,结果取 2 min 时间内测量结果的平均值。

(4)待检车辆准备。

① 受检车辆机械状况良好,无可能影响安全或引起测试偏差的机械故障。

② 受检车辆进、排气系统无泄漏。

③ 受检车辆的发动机、变速箱和冷却系统等无液体渗漏。

④ 关闭受检车辆的空调和暖风等附属装置。

⑤ 受检车辆驱动轮胎应干燥、轮胎磨损程度符合要求、轮胎间无杂物,轮胎气压符合车辆使用说明书的规定,车辆限位良好。

⑥ 进行测试前,受机车辆工作温度应符合出厂规定要求,过热车辆不得进行排放测试。如果受检车辆在测试前,停机时间超过 20 min 或车辆冷却液温度低于 80 ℃,在排放测试前,应采取适当措施对测试车辆进行预热处理,使冷却液温度达到 80 ℃以上。

(5)燃料。车辆燃料应采用符合规定的市售燃料,如车用汽油、车用天然气、车用液化石油气等。试验时直接使用车辆中的燃料进行排放测试,不需要更换燃料。

(6)设备准备。

① 测功机开机应充分预热,如果测功机长时间停机,或不满足温度要求,则应自动进行预热。

② 测功机预热完成后,应根据测功机设定的程序进行滑行测试,滑行测试合格后方可进行后续的排放检测。

③ 排气分析仪应充分预热,分析仪零点及 HC、CO、NO_x、CO_2、O_2 量距点读数应满足精度要求。

④ 每次测试开始前,都需要对环境背景空气中的 HC、CO、NO_x、CO_2 和 O_2 浓度进行测量,以确定稀释空气中的污染物浓度。应该在排放测试开始前 120 s 的时间内测量背景空气中各污染物的浓度,至少需要测试 15 s 的时间,环境测试与排放测试应该使用同一设备,测试结果记录中,应记录 15 s 内各种污染物的平均浓度。如果环境空气中的任何污染物的浓度超过下列范围,则不得进行后续的排放测试:

HC:20 ppm①; CO:30 ppm; NO_x:2 ppm。

⑤ 排放测试期间,CVS 系统(控制软件)应该连续工作,不得中断。在 CVS 停止工作期间,CVS 风机可以暂时停止工作。如果风机关闭,在下次正式排放测试开始前,CVS 风机至少应连续吹扫 2 min 以上。

⑥ 连接取样装置,对独立工作的多排气管应同时取样。

(7) 载荷设定。

① 在进行排放检测前,系统应根据试验车辆的整备质量或实际道路测试获得的载荷调整设置测功机,模拟车辆行驶时的惯性阻力和其他阻力。

② 载荷曲线固定的测功机,应在 50 km/h 的车速下调整载荷模拟器,按表 4-8 的规定设置 50 km/h 时的吸收功率。

③ 对载荷曲线可调的测功机,应分别在 50 km/h、40 km/h、30 km/h、20 km/h 和 10 km/h 等速下,调整作用在驱动轮上的功率。

④ 当无法获取车辆道路实际载荷时,可按表 4-7 的规定,在 50 km/h 车速下设定测功机载荷。

表 4-7 在 50 km/h 时驱动轮的吸收功率

基准质量 RM /kg	测功机吸收功率 P/kW		基准质量 RM /kg	测功机吸收功率 P/kW	
	A 类[1]	B 类[2]		A 类[1]	B 类[2]
$RM \leq 750$	1.3	1.3	$1\ 700 < RM \leq 1\ 930$	2.1	2.1
$750 < RM \leq 850$	1.4	1.4	$1\ 930 < RM \leq 2\ 150$	2.3	2.3
$850 < RM \leq 1\ 020$	1.5	1.5	$2\ 150 < RM \leq 2\ 380$	2.4	2.4
$1\ 020 < RM \leq 1\ 250$	1.7	1.7	$2\ 380 < RM \leq 2\ 610$	2.6	2.6
$1\ 250 < RM \leq 1\ 470$	1.8	1.8	$2\ 610 \leq RM$	2.7	2.7
$1\ 470 < RM \leq 1\ 700$	2.0	2.0			

注:1) 适用于乘用车。
2) 适用于非乘用车和四轮驱动车辆。
3) 对于车辆基准质量大于 1 700 kg 的非乘用车或四轮驱动的车辆,表中功率值应乘以系数 1.3。

2) 测试步骤

(1) 引车员使车辆驱动轮停在底盘测功机的滚筒上,应确保车辆横向稳定,驱动轮应干燥不打滑。

(2) 对车辆进行可靠限位,对前轮驱动车辆,测试前应使驻车制动起作用。

(3) 关闭受检车辆发动机,根据需要在发动机上安装冷却液或润滑油温度传感器测试

---

① 1 ppm = 0.001‰。

仪器。

（3）将排气收集软管安装到车辆排气管上，并可靠固定，注意排气收集软管的走向不应明显增加排气系统的流动阻力。

（4）起动发动机。

说明：如果排放测试前，受检车辆的发动机处于关机状态，试验前应尽早起动发动机，在进行瞬态排放测试前，发动机至少已连续运转30 s以上。

（5）发动机保持怠速运转40 s。在40 s终了时开始循环，并同时开始取样。

（6）引车员根据点阵屏（司机助）上显示的速度—时间曲线轨迹规定的速度和换挡时刻驾驶车辆，在测功机上进行排放测试期间严禁转动转向盘，直至提示测试结束。

说明：在测试过程中，对各操作步骤的要求如下。

① 怠速。手动或半自动变速器车辆怠速期间，离合器接合，变速器置于空挡位置。为了按正常循环进行加速，车辆应在循环的每个怠速后期，即加速开始前5 s，使离合器脱开，变速器置于一挡；自动变速器车辆在检测开始时，选择好挡位后（D挡），在检测期间的任何时候不得再操作换挡杆，但车辆如果在规定时间内不能完成加速工况，则应按手动变速器的要求操作换挡杆。

② 加速。进行加速时，在整个工况过程中应尽可能地使加速度恒定。如果在规定时间内未能完成加速工况，如果可能，所需的额外时间应从工况改变的复合公差允许的时间中扣除，否则应该从下一等速工况的时间内扣除。自动变速器车辆如果在规定时间内不能完成加速工况，则应按手动变速器的要求操作挡位选择器。

③ 减速。在所有减速工况时间内，应使加速踏板完全松开，离合器接合，当车速降至10 km/h时，使离合器脱开，但不操作变速杆。如果减速时间比相应工况规定的时间长，则允许使用车辆的制动器，以使循环按照规定的时间进行。如果减速时间比相应工况规定的时间短，则应由下一个等速或怠速工况中的时间补偿，使循环按规定的时间进行。

④ 等速。从加速工况过渡到下一等速工况时，应避免猛踏加速踏板或关闭节气门。等速工况应通过保持加速踏板位置不变的方法实现。

⑤ 当车速降低到0 km/h时（车辆停止在底盘测功机的滚筒上），变速器置于空挡，离合器接合。

⑥ 排气污染物测量值应由系统主机自动进行计算和修正。

四、燃油蒸发排放控制系统检验

说明：GB/T 18285—2018规定，燃油蒸发排放控制系统检验包括进油口压力测试和油箱盖测试两个项目。进油口压力测试采用压力损失法；油箱盖测试可采用压力损失测试法或泄漏流量测试法。

1. 前期检查和准备工作

（1）检查活性炭罐外观。活性炭罐应当有效可用，如果活性炭罐缺失或明显损坏，则判定外观检查不合格。

（2）检查燃油蒸发控制系统。连接软管应当有效可用，连接可靠。如果任意一部分软管、连接不正确或损坏，则判定外观检查不合格。

（3）检查油箱盖外观。如果油箱盖缺失、有明显缺陷或没有使用正确的油箱盖，则判定外观检查不合格。对无油箱盖设计的车辆（如安装了凸轮锁紧式油箱盖），应检查油箱盖阀门是否能正常工作。

2. 进油口压力测试

（1）设备准备。在不损坏蒸发系统部件的前提下，应在离活性炭罐尽可能近的地方夹死连接燃油箱与活性炭罐之间的通气管。对有两个油箱的机动车，如果仅从一个油箱的加油管加压，不足以使整个蒸发控制系统都达到所要求的压力，则这两个油箱应当单独进行测试。测试时应当选用合适的连接器。

（2）开始加压。油箱压力应加至（3 500±250）Pa。

（3）观察稳定性。在压力损失测试之前，应当对压力稳定性进行10 s的监测。当初始压力为（3 500±250）Pa时，在10 s的监测期内，压力损失不超过1 250 Pa，为稳定性合格。如果超过了这个值，应当再尝试两次以达到稳定。如果这样都不能达到稳定，说明燃油泄漏量较大，则可判定压力测试不合格。

（4）压力损失测量。在油箱压力为（3 500±250）Pa时保持120 s，如果压力损失超过了1 500 Pa，则测试结果不合格。在20~120 s测量期间，任意时刻的压力测试结果如果能满足以下公式计算结果，则可做出快速通过的决定。

$$P_m = P_i - \left(\frac{0.33P_i + 331.17}{120}\right) \times t$$

式中：P_m——任意时刻压力阈值，Pa；

P_i——初始压力，Pa；

t——时间，s。

（5）移除软管夹和用于加压的连接器。

3. 油箱盖测试

（1）安装油箱盖。拆下油箱盖，将其安装在简易试验台或台架试验台上，两者之间可以使用合适的连接器。

（2）泄漏检测。

① 燃油泄漏速率检测。在压力为7 500 Pa的条件下测试油箱盖的燃油泄漏速率，不应超过60 mL/min。

② 压力损失测试。保证在液面顶部有1 L左右的空间，在初始压力为7 000 Pa的条件下观察10 s，期间的压力损失不应超过1 500 Pa。

（3）将油箱盖安装回油箱，测试结束。

五、检测标准

GB/T 18565—2016规定，采用双急速法检测的排气污染物应符合GB/T 18285—2016的要求（目前的GB/T 18285—2018为2018版）；采用简易工况法检测的排气污染物应符合各行政区域的限值要求。但在GB/T 18285—2018标准中，对简易工况法均提出了推荐性限值要求。

1. 双怠速法检测标准

GB/T 18285—2018 规定的汽油车双怠速法检验排气污染物排放标准限值见表 4-8。

表 4-8 双怠速法检验排气污染物排放限值

类别	怠速		高怠速	
	CO/%	HC/×10⁻⁶¹⁾	CO/%	HC/×10⁻⁶¹⁾
限值 a	0.6	80	0.3	50
限值 b	0.4	40	0.3	30
注：1）对以天然气为燃料点燃式发动机汽车，该项目为推荐性要求。				

排放检验的同时，应进行过量空气系数（λ）的测量。发动机在高怠速转速工况时，λ 应在 1.00±0.05 之间或在制造厂规定的范围内。

2. 稳态工况法检测标准

GB/T 18285—2018 推荐的汽油车稳态工况法检验排气污染物排放标准限值见表 4-9。

表 4-9 双怠速法检验排气污染物排放限值

类别	ASM5025			ASM2540		
	CO/%	HC/×10⁻⁶¹⁾	NO/×10⁻⁶	CO/%	HC/×10⁻⁶¹⁾	NO/×10⁻⁶
限值 a	0.50	90	700	0.40	80	650
限值 b	0.35	47	420	0.30	44	390
注：1）对于装用以天然气为燃料点燃式发动机汽车，该项目为推荐性要求。						

排放检验的同时，应进行过量空气系数（λ）的测量。λ 应在制造厂规定的范围内。

3. 瞬态工况法检测标准

GB/T 18285—2018 推荐的汽油车瞬态工况法检验排气污染物排放标准限值见表 4-10。

表 4-10 瞬态法检验排气污染物排放限值

类别	CO/(g·km⁻¹)	HC+NO$_x$/(g·km⁻¹)
限值 a	3.5	1.5
限值 b	2.8	1.2

排放检验的同时，应进行过量空气系数（λ）的测量。λ 应在制造厂规定的范围内。

4. 简易瞬态工况法检测标准

GB/T 18285—2018 推荐的汽油车简易瞬态工况法检验排气污染物排放标准限值见表 4-11。

排放检验的同时,应进行过量空气系数(λ)的测量。λ应在制造厂规定的范围内。

表 4-11 简易瞬态法检验排气污染物排放限值

类别	CO/(g·km^{-1})	HC/(g·km^{-1})$^{1)}$	NO$_x$/(g·km^{-1})
限值 a	8.0	1.6	1.3
限值 b	5.0	1.0	0.7

注:1) 对于装用以天然气为燃料点燃式发动机汽车,该项目为推荐性要求。

六、结果判定

(1) 如果检测结果中任何一项污染物不满足限值要求,则判定车辆排放检验不合格。

(2) 如果双怠速法过量空气系数超过标准,则判定车辆排放检验结果不合格。

(3) 2011 年 7 月 1 日以后生产的轻型汽车,以及 2013 年 7 月 1 日以后生产的重型汽车,如果 OBD 检查不合格,则判定车辆排放检验结果不合格。

(4) 排放检验过程中,禁止使用降低污染物控制装置功效的失效策略,若有针对污染控制装置的篡改,则车辆排放检验不合格。

(5) 检验完毕后,应签发机动车环保检验报告。报告格式见表 4-12 和表 4-13。

表 4-12 汽油车注册登记排气污染物检验(测)报告

报告编号:　　　　　　　　检验日期$^{1)}$:　　　　　　　　计量认证证号$^{2)}$:

G.2.1 基本信息					
检验机构名称:					
号牌号码	如无填写VIN	车辆型号		基准质量/kg	
车辆识别代号(VIN)		最大设计总质量/kg		发动机型号	
发动机号码		发动机排量/L		额定转速/(r·min^{-1})	
电动机型号$^{3)}$		储能装置型号$^{3)}$		电池容量$^{3)}$	
催化转化器型号		气缸数		座位数/人	
车辆生产企业		车辆出厂日期		累计行驶里程/km	
车主姓名(单位)		联系电话(手机)		车牌颜色$^{4)}$	
燃料类型		燃油型式		驱动方式	
品牌/型号		变速器型式		使用性质	
初次登记日期		检测方法		OBD	有/无
环境参数					
环境温度/℃		大气压/kPa		相对湿度/%	
检测设备信息					
分析仪生产企业		分析仪名称		分析仪检定日期	
底盘测功机生产企业		底盘测功机型号			
OBD 诊断仪生产企业		OBD 诊断仪型号			

续表

G.2.2 外观检验

检 查 项 目	是	否	备注
车辆机械状况是否良好			
排气污染控制装置是否齐全、正常			否决项目
车辆是否存在烧机油或者严重冒黑烟现象			否决项目
曲轴箱通风系统是否正常			
燃油蒸发控制系统是否正常			否决项目
车上仪表工作是否正常			
有无可能影响安全或引起测试偏差的机械故障			
车辆进、排气系统是否有任何泄漏			
车辆的发动机、变速箱和冷却系统等有无明显的液体渗漏			
是否带 OBD 系统			
轮胎气压是否正常			
轮胎是否干燥、清洁			
是否关闭车上空调、暖风等附属设备			
是否已经中断车辆上可能影响测试正常进行的功能，如 ARS、ESP、EPC 牵引力控制或自动制动系统等			
车辆油箱和油品是否异常			
是否适合工况法检测			
外观检验结果	□合格　□不合格	检验员：	

G.2.3 OBD 检查

OBD 故障指示器	通信	□通信成功　□通信不成功 通信不成功的（填写以下原因）： □接口损坏　□找不到接口 □连接后不能通信		
	OBD 系统故障指示器报警及故障码	□有　□无		
CALID/CVN 信息	发动机控制单元	CALID		CVN
	后处理控制单元（如适用）	CALID		CVN
	其他控制单元（如适用）	CALID		CVN
OBD 检查结果	□合格　□不合格		检验员：	

续表

G.2.4 排气污染物检测					
检测方法	□双怠速　□稳态工况法　□瞬态工况法　□简易瞬态工况法				
检验结果内容[5]					
排气污染检测	双怠速				
	过量空气系数（λ）	低怠速		高怠速	
		CO/%	HC/10^{-6}	CO/%	HC/10^{-6}
	实测值				
	限值				
	瞬态工况法				
		CO/(g·km^{-1})		HC+NO$_x$/(g·km^{-1})	
	实测值				
	限值				
	简易瞬态工况法				
		HC/(g·km^{-1})	CO/(g·km^{-1})		NO$_x$/(g·km^{-1})
	实测值				
	限值				
	稳态工况法				
		HC/10^{-6}	CO/%		NO$_x$/10^{-6}
	实测值				
	限值				
	结果判定	□合格　□不合格			
	检验员：				
燃油蒸发测试	进油口测试	□合格　□不合格		油箱盖测试	□合格　□不合格
	结果判定	□合格　□不合格			
	检验员：				
排气污染物检测结果	□合格　□不合格				
授权签字人					
批准人			单位盖章		

注：1) 8位数，年份（4位）+月份（2位）+日期（2位）；
2) 按照计量认证证书填写；
3) 仅适用混合动力车辆；
4) 0—蓝牌，1—黄牌，2—白牌，3—黑牌；
5) 污染物检测结果为负数或者零时，应记录为"未检出"。

表4-13 在用汽油车排气污染物检验（测）报告

报告编号：　　　　　　　　　　检验日期[1]：　　　　　　　　　　计量认证证号[2]：

G.3.1 基本信息

检验机构名称：

号牌号码		如无填写VIN	车辆型号		基准质量/kg	
车辆识别代号（VIN）			最大设计总质量/kg		发动机型号	
发动机号码			发动机排量/L		额定转速/(r·min^{-1})	
电动机型号[3]			储能装置型号[3]		电池容量[3]	
催化转化器型号			气缸数		座位数/人	
车辆生产企业			车辆出厂日期		累计行驶里程/km	
车主姓名（单位）			联系电话（手机）		车牌颜色[4]	
燃料类型			燃油型式		驱动方式	
品牌/型号			变速器型式		使用性质	
初次登记日期			检测方法		OBD	有/无

环境参数						
环境温度/℃			大气压/kPa		相对湿度/%	

检测设备信息						
分析仪生产企业			分析仪名称		分析仪检定日期	
底盘测功机生产企业			底盘测功机型号			
OBD诊断仪生产企业			OBD诊断仪型号			

G.3.2 外观检验

检 查 项 目	是	否	备注
车辆机械状况是否良好			
排气污染控制装置是否齐全、正常			否决项目
车辆是否存在烧机油或者严重冒黑烟现象			否决项目
曲轴箱通风系统是否正常			
燃油蒸发控制系统是否正常			否决项目
车上仪表工作是否正常			
有无可能影响安全或引起测试偏差的机械故障			
车辆进、排气系统是否有任何泄漏			
车辆的发动机、变速箱和冷却系统等有无明显的液体渗漏			
是否带 OBD 系统			

续表

G.3.2 外观检验

检 查 项 目	是	否	备注
轮胎气压是否正常			
轮胎是否干燥、清洁			
是否关闭车上空调、暖风等附属设备			
是否已经中断车辆上可能影响测试正常进行的功能，如 ARS、ESP、EPC 牵引力控制或自动制动系统等			
车辆油箱和油品是否异常			
是否适合工况法检测			
外观检验结果	□合格 □不合格	检验员：	

G.3.3 OBD 检查

OBD 故障指示器	OBD 系统故障指示器	□合格 □不合格	
	通信	□通信成功 □通信不成功 通信不成功的（填写以下原因）： □接口损坏 □找不到接口 □连接后不能通信	
	OBD 系统故障指示器报警	□有 □无	
	故障代码及故障信息（若故障指示器报警）	故障信息按附件 FB 上报	
就绪状态	就绪状态未完成项目	□无 □有 如有就绪未完成的，填写以下项目 □催化器 □氧传感器 □氧传感器加热器 □废气再循环（EGR）/可变气门 VVT	
其他信息	MIL 灯点亮后的行驶里程/km		
CALID/CVN 信息	发动机控制单元	CALID	CVN
	后处理控制单元（如适用）	CALID	CVN
	其他控制单元（如适用）	CALID	CVN
OBD 检查结果	□合格 □不合格		检验员：

G.3.4 排气污染物检测

检测方法	□双急速 □稳态工况法 □瞬态工况法 □简易瞬态工况法

续表

检验结果内容[5]					
排气污染检测	双怠速				
		过量空气系数（λ）	低怠速		高怠速	
			CO/%	HC/10^{-6}	CO/%	HC/10^{-6}
	实测值					
	限值					
	瞬态工况法				
		CO/(g·km^{-1})		HC+NO$_x$/(g·km^{-1})	
	实测值				
	限值				
	简易瞬态工况法				
		HC/(g·km^{-1})	CO/(g·km^{-1})	NO$_x$/(g·km^{-1})	
	实测值				
	限值				
	稳态工况法				
		HC/10^{-6}	CO/%	NO$_x$/10^{-6}	
	实测值				
	限值				
	结果判定	□合格　□不合格			
	检验员：				
燃油蒸发测试	进油口测试	□合格　□不合格		油箱盖测试	□合格　□不合格
	结果判定	□合格　□不合格			
	检验员：				
排气污染检测结果	□合格　□不合格				
授权签字人					
批准人			单位盖章		

注：1）8位数，年份（4位）+月份（2位）+日期（2位）；
2）按照计量认证证书填写；
3）仅适用混合动力车辆；
4）0—蓝牌，1—黄牌，2—白牌，3—黑牌；
5）污染物检测结果为负数或者零时，应记录为"未检出"。

七、检测结果分析

在不同工况下废气排放浓度值的范围见表 4-14。废气检测值与发动机系统故障的关系见表 4-15。

表 4-14　不同工况下废气排放浓度值范围

转速	CO/%	HC/×10^{-6}	CO_2/%	O_2/%
急速	0.5~3	0~250	13~15	1~2
1 500/min，空负荷	0~2.0	0~200	—	1~2
2 500/min，空负荷	0~1.5	0~150	13~15	1~2

表 4-15　排气检测值与发动机系统故障的关系

CO	HC	CO_2	O_2	故障原因
低	很高	低	低	间歇性失火
低	很高	低	低	气缸压力
很高	很高/高	低	低	混合气浓
很高	很高/高	低	很高/高	混合气稀
高	低	正常	正常	点火太迟
低	高	正常	正常	点火太早
变化	变化	低	正常	EGR 阀漏气
很低	很低	很低	很高	空气喷射系统
低	低	低	高	排气管漏气

从表 4-15 中可以看出，排除三元催化转化装置和排气后处理装置的原因外，发动机间歇性失火、气缸压力不足、混合气过稀（浓）、点火正时不准及 EGR 阀漏气等均会造成尾气排放污染物超标，因而汽油车的尾气治理难度较大，需要借助多种检查手段来确定具体原因。

实际故障分析中，可利用气体分析仪测取排气中 O_2、CO_2、CO 的含量来分析故障。如果燃烧室中没有足够的空气（O_2）保证正常燃烧，在通常情况下，二氧化碳（CO_2）的读数和一氧化碳（CO）、氧（O_2）的读数相反。燃烧越完全，二氧化碳（CO_2）的读数就越高，最大值为 13.5%~14.8%，此时一氧化碳（CO）的读数应该非常接近 0%。

O_2 的读数是最有用的诊断数据之一。O_2 的读数和其他 3 个读数一起，能帮助找出诊断问题的难点。通常，装有催化转化器的汽车，O_2 的读数应该是 1.0%~2.0%，说明发动机燃烧很好，只有少量未燃烧的 O_2 通过气缸。

O_2 的读数小于 1.0%，说明混合气太浓，不利于很好的燃烧；O_2 的读数超过 2.0%，说明混合气太稀。燃油滤清器堵塞、燃油压力低、喷油器阻塞、真空系统漏气、废气再循环（ECR）阀泄漏等，都可能导致过稀失火。

技能考核

一、准备工作

1. 考核设备、材料准备

（1）在技能学习工位准备好底盘测功机（经预热和示值调零或复位）。
（2）视需要配备外接式发动机转速表、发动机冷却液温度计和机油油温计。
（3）OBD 诊断仪、五气体分析仪（包括配套装备）、软管夹、用于加压的连接器、油箱加压器、油箱盖简易试验台或台架试验台等。
（4）技能学习工作单（见本书配套教学资源"技能学习工作单"中的"工单 4 – 1"）。

2. 学员劳动保护

（1）必须穿好工作服。
（2）穿好安全鞋。

二、考核流程

1. 学员工作

两名学员为一小组，在充分学习本任务相关知识与技能的基础上完成下列工作，并随时完成相应的工单。
（1）外观检验。
（2）OBD 检查。
（3）排气污染物检测。
（4）燃油蒸发排放控制系统检查。
（5）5S 工作。
（6）自我评价。

2. 指导教师工作

学员在进行上述操作过程中，指导教师进行下列工作。
（1）向学员讲解安全注意事项，要求学员在"技能学习工作单"中做记录。
（2）观察、指导学员进行相关操作，及时制止可能发生危险的操作。
（3）实操结束后审阅学员完成的工作单，并结合其操作情况（工作成果）给出评价。

学习任务 4-2 柴油车尾气排放的检测

任务分析

根据 GB/T 3847—2018 规定,对于柴油车,目前选用自由加速烟度法和加载减速工况法检测排气污染物,同时根据车辆年款、车型确定采用的具体方法。

本学习任务主要学习柴油车排气污染物的检测项目,检测工况,检测仪器、设备的结构原理,检测方法,检测标准和检测结果分析。

学习目标

1. 能够正确描述柴油车排放性的检测项目。
2. 能够简单描述柴油车注册登记和在用车排气污染物检测流程。
3. 能够正确解释柴油车排放性评价指标。
4. 能够正确解释自由加速工况和加载减速工况。
5. 能够简单描述不透光烟度计的结构与工作原理。
6. 能够正确描述林格曼烟气黑度检测的原理、设备及观测方法。
7. 能够正确进行在用柴油车排放性检测的外观检验、OBD 检查。
8. 能够正确利用不透光烟度计,采用自由加速法检测柴油车排放性。
9. 能够根据检测标准对实际检测结果进行正确分析,给出车辆尾气排放性能的准确评价,并提出维修建议。
10. 培养良好的安全、卫生、环保及团队协作的职业素养。
11. 检查、记录和评价工作结果。

相关知识学习

一、柴油车排放性检验项目

柴油车环保检验项目见表 4-16。

表4-16 柴油车环保检验项目

检验项目	新生产汽车下线	进口车入境	注册登记[1]	在用汽车[1]
外观检验（含对污染控制装置的检查和环保信息随车清单核查）	进行	进行	进行	进行[2]
车载诊断系统（OBD）检查	进行	进行	进行	进行[3]
排气污染物检测	抽测[4]	抽测[4]	进行	进行[5]

注：1）符合免检规定的车辆，按照免检相关规定进行。
2）查验污染控制装置是否完好。
3）适用于装有OBD的车辆。
4）混合动力汽车的排气污染物抽测应在最大燃料消耗模式下进行。
5）变更登记、转移登记检验按有关规定进行。

二、检验流程和要求

1. 注册登记检验

注册登记检验项目按表4-16规定进行，按表4-17规定报送信息，检验流程如图4-14所示。

表4-17 柴油车排气污染物检验报送数据

项目	参数
车辆信息	号牌号码、车牌颜色、车辆型号、车辆类型、使用性质、车辆识别代码（VIN）、初次登记日期、燃料种类
环境参数	相对湿度（%）、环境温度（℃）、大气压力（kPa）
检测信息	检测站名称、排气检测方法、检测报告编号、检测日期
检测过程数据	OBD检查数据、排气污染物检测数据
检测结果	外观检验结果、OBD检查结果、排气污染物检测结果、最终检测数据和判定
检测设备	排气分析仪制造厂、排气分析仪名称及型号、出厂日期、上次检定日期、日常检查记录、日常比对记录

2. 在用汽车检验

在用汽车检验项目按表4-16规定进行，检验前应进行环保联网核查，查验车辆是否无环保违规记录。按表4-17规定报送信息，检验流程如图4-15所示。

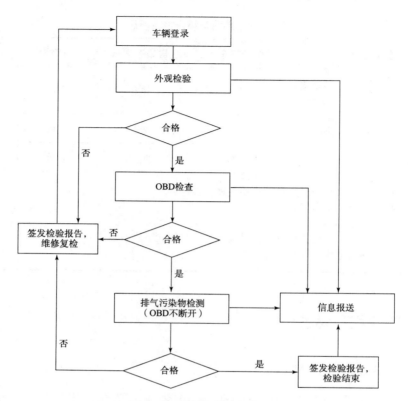

图 4-14　注册登记检验流程

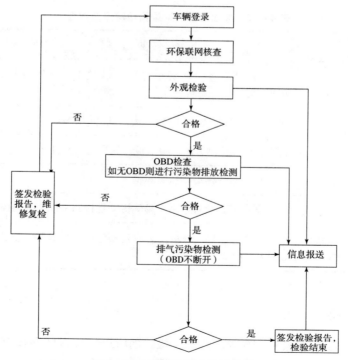

图 4-15　在用柴油车检验流程

三、柴油车排放性检测方法

GB/T 3847—2018 规定，对于新车注册登记及在用柴油汽车排气污染物检测可采用自由加速法、加载减速法或林格曼烟气黑度法。

1. 自由加速法

自由加速法是指在柴油发动机自由加速工况下检测排气污染物的方法。自由加速工况是指：柴油发动机于怠速工况（发动机运转；离合器处于接合位置；加速踏板处于松开位置；变速器处于空挡位置；具有排气制动装置的发动机，蝶形阀处于全开位置），将加速踏板迅速踏到底，维持 4 s 后松开。

2. 加载减速法

加载减速法是指在底盘测功机上，利用测功机加载以控制发动机从最高转速逐渐降速的过程中，检测柴油车排气污染物的方法。

3. 林格曼烟气黑度法

林格曼是反映锅炉烟尘黑度（浓度）的一项指标，也被应用于检测柴油汽车排气的黑度。常用的检测方法有方格黑度比较法及采用望远镜式林格曼黑度仪和数字式光电烟色仪法。GB/T 3847—2018 规定的方法为方格黑度比较法。

林格曼法的基本原理是：把林格曼烟气黑度图放在适当的位置上，将烟气的黑度与图上的黑度相比较，由具有资质的观察者用目视观察来测定固定污染源排放烟气的黑度。

四、柴油车排放性评价指标

1. 光吸收系数（k）

新车注册登记和在用柴油车采用自由加速法和加载减速法检测排气污染物时，评价指标为光吸收系数。光吸收系数表示光束被单位长度排烟衰减的一个系数，它是单位体积的微粒数 n、微粒的平均投影面积 a 和微粒的消光系数 Q 三者的乘积，即

$$k = n \cdot a \cdot Q$$

2. 林格曼黑度级数

林格曼黑度级数是评价烟羽（从柴油车排气口提出的气流）黑度的一种数值，即将排气污染物颜色与林格曼烟气黑度图对比得到的一种烟尘浓度表示法，分为 0~5 级。

3. NO_x

新车注册登记和在用柴油汽车，在采用加载减速法对汽车排放进行检测时，排气中 NO_x 的计量单位为质量单位，用"g/km"来表示。

五、烟度计与林格曼烟气黑度图

1. 烟度计

根据国家标准 GB/T 3847—2018 规定,需使用光吸收系数来度量可见污染物含量的大小,使用不透光度计测量压燃式发动机和装用压燃式发动机车辆的可见污染物含量。

不透光烟度计是一种利用透光衰减率来测定排气烟度的典型仪器。其测量原理如图 4-16 所示,烟度计的主要元件有光源、充满排气并有一定长度的光通路(烟气测量管)及放置在光源对面将透光信号转变成电信号的光电元件。光电元件的输出电压与烟气所造成的光通量衰减成正比。

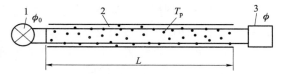

图 4-16 不透光式烟度计测量原理
1—光源;2—烟气测量管;3—光电元件

通常,不透光法测得的不透光度 N 用百分比表示,即:

$$N = \left(1 - \frac{\phi}{\phi_0}\right) \times 100\%$$

式中:ϕ——有烟时的光通量;
ϕ_0——无烟时的光通量。

光吸收系数 k 与不透光度 N 之间的关系为

$$k = \left(-\frac{1}{L}\right)\ln(1-N)$$

式中:L——烟气测量管长度,m。

可以认为 k 值与炭烟的质量浓度成正比。

不透光式烟度计可分为全流式和分流式两类,如图 4-17 所示。

分流式不透光烟度计是将排气中一部分烟气引入测量烟气取样管,送入烟度计进行连续分析。分流式不透光烟度计有排气动压式和泵吸式两种,如图 4-17(a)所示。排气动压式烟度计没有抽气泵,利用排气本身具有的动压和流速直接取样进行测量;泵吸式则是利用抽气泵,从排气管中连续抽取尾气,再送至分析装置中进行分析测量。GB/T 3847—2018 规定,在柴油汽车注册登记和在用车排气污染物检测时,应使用分流法。

全流式不透光烟度计测量全部排气的透光衰减率,有在线式及排气管尾端式两种,如图 4-17(b)所示。在线式烟度计的测量装置安装于排气管中部;排气管尾端式则是将烟度计安置在排气管尾端。美国 PHS 烟度计就是这种全流排气管尾端式不透光烟度计,其原理如图 4-18 所示。在排气管口端不远处的排气烟束两侧分别布置有光源和光电池,光电池接收到的光线与排气烟度成反比。为了不受排气热影响,光源和光电器件应置于离排气通路有一定距离的地方。

此外,还有一种便携的分流式烟度计,可直接插在排气管尾部或中部接口,安装及使用都比较方便,适用于作现场检测用。

对于不透光式烟度计,由于排烟是连续不断通过测试管的,所以不论稳态、非稳态还过渡状态,烟度的测定都很方便。但是由于光学系统的污染,这种烟度计测定中容易产生

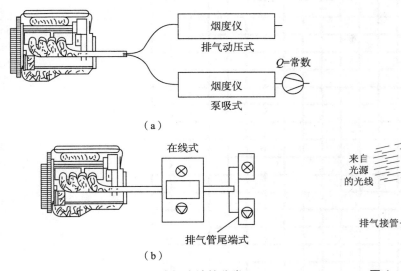

图 4-17 不透式烟度计的分类
（a）分流式；（b）全流式

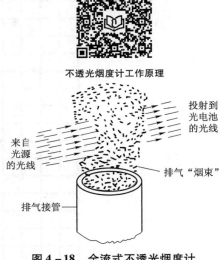

图 4-18 全流式不透光烟度计工作原理

误差，因此必须注意清洗。另外排气中所含的水滴和油滴也可能作为烟度显示出来。当需要检测的排烟温度超过 500 ℃时，必须采用其他热交换器来冷却排烟。

2. 林格曼烟气黑度图

林格曼烟度检测设备包括林格曼烟气黑度图、计时器（秒表或手表，精度 1 秒）、烟气黑度图支架、风向/风速测定仪。

林格曼烟气黑度图有 6 种，0 级为全白，1 级黑度为 20%，2 级黑度为 40%，3 级黑度为 60%，4 级黑度为 80%，5 级为全黑。以全白、微灰、灰、深灰、灰黑、全黑 6 种颜色分别代表含烟尘量为 0 g/m、0.25 g/m、0.7 g/m、1.2 g/m、2.3 g/m、4~5 g/m。林格曼烟气黑度图 1~4 级分别如图 4-19 ~ 图 4-22 所示，其由 14×21 的不同黑度的图片组成，每张图片上均有 10 mm×10 mm 的小方格，共 294 个小格。除全白与全黑分别代表林格曼黑度 0 级和 5 级外，其余 4 个级别是根据黑色条格占整块面积的百分数来确定的，黑色条格的面积占 20%（黑色线条宽为 1 mm）的为 1 级，占 40%（黑色线条宽为 2.31 mm）的为 2 级，占 60%（黑色线条宽为 3.7 mm）的为 3 级，占 80%（黑色线条宽为 5.5 mm）的为 4 级。

林格曼烟气黑度检测法有以下缺点：

（1）国家尚未对林格曼级数的确定方法，观测周期、读数方法及读数频次有较大的随意性。

（2）用林格曼烟气黑度图鉴定烟气的黑度取决于观察者的判断力。由于观察者在经验和主观判断上存在着一定的差异，故对观测精度有一定的影响。

（3）凭视觉所鉴定的烟气的黑度是反射光的作用。所观察到的烟气黑度的读数，受天空均匀性和亮度、风速风向及观察时照射光线角度的影响较大。

（4）观测时汽车发动机的运行工况对观测结果有很大影响。

鉴于以上缺点，在 GB/T 3847—2018 标准中，虽然给出了林格曼法的具体观测位置和条件、观测方法、计算方法、标准林格曼烟气黑度图的规格以及林格曼烟度测试仪的技术

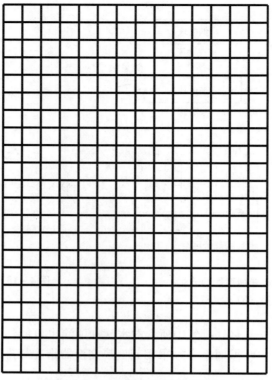

图 4−19 林格曼烟气黑度图 1 级

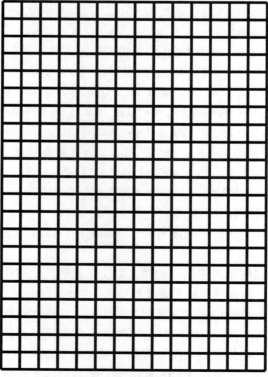

图 4−20 林格曼烟气黑度图 2 级

图 4-21 林格曼烟气黑度图 3 级

图 4-22 林格曼烟气黑度图 4 级

要求等，但在具体的汽车检测行业中很少采用这一方法。

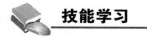

一、外观检验

1. 注册登记检验

（1）查验环保随车清单内容与信息公开内容是否一致。

（2）检查车辆污染控制和发动机是否与环保信息随车清单一致。

2. 在用汽车检验

（1）检查被检车辆的车况是否正常。如果有异常，应要求车主进行维修。

（2）检查车辆是否存在烧机油或严重冒黑烟现象，如有，应要求车主进行维修。

（3）检查发动机排气管、排气消声器和排气后处理装置的外观及安装紧固部位是否完好，如发现有腐蚀、漏气、破损或松动的，应要求车主进行维修。

（4）检查车辆是否配置有OBD系统。

（5）判断车辆是否适合进行加载减速法检测，如不适合（例如：无法手动切换两驱动模式的全时四驱车和适时四驱车等），应标注；适合进行加载减速法检测的，应确认车辆轮胎表面无夹杂异物。

（6）变更登记、转移登记检验时，应查验污染控制装置是否完好。

二、OBD检查

OBD检验包括注册登记检查和在用汽车检验两种，具体检查方法参见汽油车排气污染物检验的相关部分。

三、排气污染物检测（注册登记和在用汽车）

GB/T 3847—2018对柴油车排气污染物检测有如下规定：有手动选择行驶模式功能的混合动力汽车应切换到最大燃料消耗模式进行测试，如无最大燃料消耗模式，则应切换到混合动力模式进行测试。若测试过程中发动机自动熄火并自动切换到纯电动模式，则无须中止测试，可进行至测试结束。

1. 自由加速法

1）试验条件

（1）试验应针对整车进行。

（2）试验前车辆发动机不应停机或长时间怠速运转。

（3）不透光烟度计及其安装应符合GB/T 3847—2018附录的规定。

（4）试验应采用符合国家标准的车用燃料，可以直接使用车辆油箱中的燃料进行测试。

2）仪器准备

按照仪器说明书的规定进行仪器的预热、检查和校准。

3）车辆准备

（1）车辆在不进行预处理的情况下也可以进行自由加速烟度试验。但出于安全考虑，试验前应确保发动机处于热状态，并且机械状态良好。

（2）发动机应充分预热，在发动机机油标尺位置测得的机油温度至少为 80 ℃。如果由于车辆结构限制无法进行温度测量，则可以通过其他方法判断发动机温度是否处于正常运转温度范围内。

（3）在正式进行排放测量前，应采用 3 次自由加速过程或其他等效方法吹拂排气系统，以清扫排气系统中的残留污染物。

4）测试步骤

（1）通过目测进行车辆排气系统相关部件的泄漏检查。

（2）车辆在发动机怠速下，按要求插入不透光度计取样探头。

（3）迅速但不猛烈地踏下加速踏板，使喷油泵供给最大油量。在发动机达到调速器允许的最大转速前，保持此位置。一旦达到最大转速，立即松开加速踏板，使发动机恢复至怠速，不透光度仪恢复到相应状态。

（4）上述操作过程至少进行 3 次，记录不透光度仪的最大读数值。

（5）计算 3 次测量结果的算术平均值。

2. 加载减速法

1）仪器设备准备

对仪器设备的准备工作请参阅本教材学习任务 2-1 中"汽车底盘测功"等相关内容或参阅相关仪器、设备的使用说明书。

2）检测程序

（1）预检。待检车辆完成检测登记后，引车员将车辆驾驶到底盘测功机前等待检测，并进行车辆的预先检查。预先检查的目的是核实受检车辆和车辆行驶证是否相符，并评价车辆的状况是否能够进行加载减速检测。预检不合格的车辆，不能进行检测。预检的程序如下：

① 车辆身份确认。检测员检查车辆，判断车辆与车辆行驶证是否相符合。若车辆身份无法确认，则不允许参加测试。

② 安全检查。安全检查的目的是评估车辆是否适合进行加载减速测试，检测员应彻底检查车辆的状况，如出现下列情况或缺陷，则不能进行加载减速法检测排气污染物。

a. 仪表：里程表失灵；机油偏低；冷却液温度表失灵；空气制动阀压力偏低。

b. 车辆制动失灵。

c. 机动车车身和结构：驾驶员无法在短时间内打开车门；车身的任何部分与车轮或传动轴相接触；在加载和卸载时，车身部件有可能损坏检测设备。

d. 发动机系统：无法加满冷却液；冷却系统严重泄漏；散热器管路有裂缝；冷却风

扇损坏或无法正常工作；发动机机油不足；发动机工作过程中，机油严重泄漏；机油泄漏到排气系统上；涡轮增压器的润滑油泄漏；发动机空气滤清器丢失或损坏，或中冷器严重堵塞；真空管损坏；供油系统（高压油泵或喷油器）故障；调速器工作不正常；急速时排气管排出过浓的白烟或蓝烟；燃油液位偏低；发动机进、排气管松脱；发动机排气系统严重泄漏；发动机有异响。

  e. 变速器：变速器油严重泄漏；变速器异响。

  f. 驱动轴和轮胎：固定螺栓松动或丢失；轮胎损坏；轮胎橡胶磨损超过厂商设定的警告线；轮胎在行驶中不正常鼓胀，或轮胎速度等级低于 70 km/h；使用了不符合尺寸的轮胎；轮胎有径向或横向裂纹；轮胎间夹杂其他物体。

  （2）调整。在将车辆驶上底盘测功机前，检测员还应对受检车辆进行以下调整：

  ① 中断车上所有主动型制动功能和扭矩控制功能（自动缓速器除外），如中断 ABS、ESP 等。对无法中断车上主动型制动功能和扭矩控制功能的车辆，可采用自由加速法进行排放检测。

  ② 关闭车上所有以发动机为动力的附加设备，如空调系统，并切断其动力传递机构（如适用）。

  ③ 除引车员外，受检车辆不能载客，也不能装载货物，不得有附加的动力装置。必要时，可以用测试驱动桥质量的方法来判断底盘测功机是否能够承受待检车辆驱动桥的质量。

  ④ 在检测准备工作中，应特别注意以下事项：

  a. 对非全时四轮驱动车辆应根据车辆的驱动类型选择驱动方式。

  b. 对紧密型多驱动轴的车辆，或全时四轮驱动车辆等，不能进行加载减速检测，应进行自由加速排放检测。

  c. 预检没合格或者存在故障的车辆，维修合格后才能进行检测。

  （3）可检测性判定。

  ① 车辆驶入底盘测功机，使车轮尽可能垂直于滚筒。

  ② 轻踩制动踏板使车轮停止转运，发动机熄火。

  ③ 用三角块楔住车辆的非驱动车轮，固定车辆的安全限位装置。对前轮驱动的车辆，应有防侧滑措施（安装轮挡）。

  ④ 打开动力舱盖板，调整好风扇位置，打开风扇电源开关，使其对动力舱进行吹拂冷却。

  ⑤ 连接好发动机转速传感器。

  ⑥ 选择合适的挡位，使加速踏板在最大位置时受检车辆的最高车速接近 70 km/h。

  ⑦ 由控制系统判定测功机是否能够吸收受检车辆的最大功率，如果车辆最大功率超过了测功机的功率吸收范围，则不能进行检测。

  （4）排气检测。在确认机动车可以进行排放检测后，将底盘测功机切换到自动检测状态。

  ① 试验前最后检查。

  a. 检查实验通信系统工作是否正常。

  b. 检查试验场地内是否还有其他非检测人员。

c. 对车辆进行低速运行检查,确保车辆运行处于稳定状态。

d. 发动机应充分预热,在发动机机油标尺位置测得的机油温度至少为 80 ℃。如果由于车辆结构限制无法进行温度测量,则可以通过其他方法判断发动机温度是否处于正常运转温度范围内。

e. 若车辆传动系统处于冷状态,则应在测功机无加载状态下低、中速运行车辆,使车辆的传动部件达到正常工作温度。

f. 发动机熄火,变速器置于空挡。

g. 将不透光烟度计的采样探头置于大气中,检查烟度计的零刻度和满刻度。检查完毕后,将采样探头插入受检车辆的排气管中,注意连接好烟度计,采样探头的插入深度不得低于 400 mm。

注意:不应使用尺寸过大的采样探头,以免对受检车辆的排气背压影响过大,影响输出功率。在检测过程中,应将采样气体的温度和压力控制在规定的范围内,必要时可对采样管进行适当冷却,但要注意不能使测量室内出现冷凝现象。

② 检测开始后,引车员始终将加速踏板踩到底,直到检测系统通知松开加速踏板为止。

注意:在测试过程中,引车员应实时监控发动机冷却液温度、机油压力和检测系统的工作情况。一旦冷却液温度超出了规定的温度范围,或者机油压力偏低时,都必须立即停止检测。冷却液温度过高时,引车员应松开加速踏板,将变速器置空挡,使车轮停止运转,然后使发动机在怠速工况下运转,直到冷却液温度重新恢复到正常范围为止。

(5)驶离工位。按下列步骤将受检车辆驶离底盘测功机:

① 从受检车辆上拆下所有测试和保护装置,盖好动力舱盖。

② 举起底盘测功机举升板,锁住滚筒。

③ 去掉车轮挡块,确认受检车辆及其行驶路线周围没有障碍物或人员。

④ 慢慢将受检车辆驶离底盘测功机,并停放到指定地点。

柴油车尾气排放的检测

说明:

测试结果的判定由计算机自动控制系统完成。自动控制系统采集两组检测状态下的检测数据,以判定受检车辆的排气光吸收系数 k 和 NO_x 是否达标。两组数据分别为最大功率下的滚筒线速度点和80%最大功率下的滚筒线速度点。上述两组检测数据包括轮边功率、发动机转速、排气光吸收系数 k 和 NO_x,必须将不同工况点的检测结果与排放限值进行比较。若修正后的最大轮边功率低于所要求的最小功率,或者测得的排气度光吸收系数 k、NO_x 超过了标准规定的限值,均判定该车的排放不合格。

3)注意事项

(1)本项目检测至少应配备 3 名检测员,1 名检测员操作控制计算机,1 名检测员(引车员)负责驾驶受检车辆,另 1 名检测员进行辅助检查,并随时注意受检车辆在检测过程中是否出现异常情况。

(2)除检测员外,在检测过程中其他人员不得在检测现场逗留。

(3)对非全时四轮驱动车辆,应选择后轮驱动方式。

(4)对紧密型多轴驱动的车辆,或全时四轮驱动车辆,不能进行加载减速检测,应进行自由加速排气烟度检测。

（5）如果发现受检车辆的车况太差，不适宜进行加载减速法检测，则必须先进行修理后才能进行检测。

（6）检测过程中由于发动机发生故障，使检测工作终止时，必须待故障排除后重新进行排放检测。

（7）在加载减速检测过程中，不论什么原因，如果引车员想通过松开加速踏板来暂时停止检测工作，检测工作都将被提前中断。在这种情况下，检测程序自动认为检测工作已经中止。

（8）不透光烟度计至少每年检定一次，每次维修后必须进行检定，经检定合格后方可重新投入使用。

3. 林格曼烟气黑度法

1）观测位置条件

（1）应在白天进行观测，观察者与柴油车排气口的距离应足以保证能对烟气排放情况进行清晰观察。林格曼烟气黑度图安置在固定支架上，图片面向观察者，尽可能使图位于观察者至排气口端部的连线上，并使图与排气有相似的天空背景。图距观察者应有足够的距离，以使图上的线条看起来融合在一起，从而使每个方块有均匀的黑度。

（2）观察者的视线应尽量与烟羽飘动的方向垂直。观察烟气的仰视角不应太大，一般情况下不宜大于45°，尽量避免在过于陡峭的角度下观察。

（3）观察烟气黑度力求在比较均匀的天空光照下进行。如果在太阳光照射下观察，应尽量使照射光线与视线成直角，且光线不应来自观察者的前方或后方。雨雪天、雾天及风速大于4.5 m/s时不应进行观察。

2）观测方法

（1）观察烟气的部位应选择在烟气黑度最大的地方。观察时，观测人员连续观测排气黑度，将排气黑度与林格曼烟气黑度图进行比较，记下烟气的林格曼级数最大值作为林格曼烟度值。如排气黑度处于两个林格曼级之间，可估计一个0.5或0.25林格曼级数。

（2）观察排气宜在比较均匀的天空照明下进行。如在阴天的情况下观察，由于天空背景较暗，在读数时应根据经验取稍偏低的级数（减去0.25级或0.5级）。

四、检测标准

GB/T 18565—2016规定，采用自由加速法检测的排气烟度应符合GB/T 3847—2016的要求（目前该标准为GB/T 3847—2018）；采用加载减速法检测的排气可见污染物应符合各行政区域的限值要求。但在GB/T 3847—2018标准中，给出了加载减速法推荐限值和林格曼烟气黑度的推荐限值。

GB/T 3847—2018规定的在用汽车和注册登记排放检验限值见表4-18。

对于道路运输车辆等级评定，JT/T 198—2016标准规定，对注册登记和在用柴油车排气污染物检测为不分级项。

表 4-18

类别	自由加速法	加载减速法		林格曼黑度法
	光吸收系数/m^{-1} [或不透光度（%）]	光吸收系数/m^{-1} [或不透光度（%）]$^{1)}$	氮氧化物 /×10$^{-6\,2)}$	林格曼黑度 /级
限值 a	1.2（40）	1.2（40）	1 500	1
限值 b	0.7（26）	0.7（26）	900	

注：1）海拔高度高于 1 500 m 的地区加载减速法可以按照每增加 1 000 m 增加 0.25 m^{-1} 幅度调整，总调整不得超过 0.75 m^{-1}；
2）2020 年 7 月 1 日前限值 b 过渡限值为 1 200×10^{-6}。

五、结果判定

（1）如果污染物检测结果中有任何一项不满足限值要求，则判定排放检验不合格。
（2）车辆排放有明显可见烟度值超过林格曼 1 级，则判定排放检验不合格。
（3）加载减速法功率扫描过程中，经修正的轮边功率测量结果不得低于制造厂规定的发动机额定功率的 40%，否则判定为检验结果不合格。
（4）对于 2018 年 1 月 1 日以后生产的车辆，如果 OBD 检验不合格，也判定排放检验不合格。
（5）检验完毕后，应签发机械车环保检验报告，报告的具体格式和内容见表 4-19 和表 4-20。
（6）禁止使用降低排放控制装置功效的失效策略，所有针对污染控制装置的篡改都判定排放检验不合格。

表 4-19　柴油车注册登记排气污染物检验报告

检验报告编号：_____　　　检验日期$^{1)}$：_____　　　计量认证号$^{2)}$：_____

F.2.1 基本信息			
检验机构名称：			
号牌号码	如无填写 VIN	车辆型号	基准质量/kg
车辆识别代号（VIN）		最大设计总质量/kg	发动机型号
发动机号码		发动机排量/L	额定转速/(r·min^{-1})
发动机额定功率 /kW		DPF	有/无	DPF 型号
SCR	有/无	SCR 型号	气缸数
电动机型号$^{3)}$		储能装置型号$^{3)}$	电池容量$^{3)}$

续表

F.2.1 基本信息					
车辆生产企业		车辆出厂日期		累计行驶里程/km	
车主姓名（单位）		联系电话（手机）		车牌颜色[4)]	
燃料类型		燃油型式		驱动方式	
品牌/型号		变速器型式		使用性质	
初次登记日期		检测方法		OBD	有/无
环境参数					
环境温度/℃		大气压/kPa		相对湿度/%	
检测设备信息					
分析仪生产企业		分析仪名称		分析仪检定日期	
底盘测功机生产企业		底盘测功机型号			
OBD 诊断仪生产企业		OBD 诊断仪型号			
F.2.2 外观检验					

检 查 项 目	是	否	备注
车辆机械状况是否良好			
污染控制装置是否齐全、正常			否决项目
发动机燃油系统是否采用电控泵			否决项目
车上仪表工作是否正常			
有无可能影响安全或引起测试偏差的机械故障			
车辆是否存在烧机油或者严重冒黑烟现象			否决项目
车辆进、排气系统是否有任何泄漏			
车辆的发动机、变速箱和冷却系统等有无明显的液体渗漏			
是否带 OBD 系统			
轮胎气压是否正常			
轮胎是否干燥、清洁			
是否关闭车上空调、暖风等附属设备			
是否已经中断车辆上可能影响测试正常进行的功能，如 ARS、ESP、EPC 牵引力控制或制动控制系统等			
车辆油箱和油品是否异常			
是否适合工况法检测			
外观检验结果	□合格 □不合格	检验员：	

续表

F.2.3 OBD 检查					
OBD 故障指示器	通信		☐通信成功　☐通信不成功 通信不成功的（填写以下原因）： ☐接口损坏　☐找不到接口 ☐连接后不能通信		
	OBD 系统故障指示器报警及故障码		☐有　　☐无		
CALID/CVN 信息	发动机控制单元	CALID		CVN	
	后处理控制单元（如适用）	CALID		CVN	
	其他控制单元（如适用）	CALID		CVN	
OBD 检查结果	☐合格　　☐不合格			检验员：	
F.2.4 排气污染物检测					
检测方法	☐自由加速　　☐加载减速				

检验结果内容[5]

排气污染物测试	自由加速法						
	额定转速 /(r·min^{-1})	实测转速 /(r·min^{-1})	最后三次烟度测量值 /m^{-1}			平均值 /m^{-1}	限值 /m^{-1}
			1	2	3		
	加载减速法						
	转速			最大轮边功率			
	额定转速	实测（修正） VelMaxHP		实测/kW		限值/kW	
	烟度			氮氧化物 NO$_x$			
		100%点	80%点		80%点		
	实测值			实测值			
	限值			限值			
排气污染物检测结果	☐合格　　☐不合格			检验员：			
授权签字人							
批准人				单位盖章			

注：1）8位数，年份（4位）+月份（2位）+日期（2位）；
2）按照计量认证证书填写；
3）仅适用混合动力车辆；
4）0—蓝牌，1—黄牌，2—白牌，3—黑牌；
5）污染物检测结果为负数或者零时，应记录为"未检出"。

表4-20 在用柴油车排气污染物检验报告

检验报告编号：_____　　　检验日期[1]：_____　　　计量认证号[2]：_____

F.3.1 基本信息					
检验机构名称：					
号牌号码	如无填写VIN	车辆型号		基准质量/kg	
车辆识别代号（VIN）		最大设计总质量/kg		发动机型号	
发动机号码		发动机排量/L		额定转速/(r·min^{-1})	
发动机额定功率/kW		DPF	有/无	DPF 型号	有/无
SCR	有/无	SCR 型号		气缸数	
电动机型号[3]		储能装置型号[3]		电池容量[3]	
车辆生产企业		车辆出厂日期		累计行驶里程/km	
车主姓名（单位）		联系电话（手机）		车牌颜色[4]	
燃料类型		燃油型式		驱动方式	
品牌/型号		变速器型式		使用性质	
初次登记日期		检测方法		OBD	有/无
环境参数					
环境温度/℃		大气压/kPa		相对湿度/%	
检测设备信息					
分析仪生产企业		分析仪名称		分析仪检定日期	
底盘测功机生产企业					
OBD 诊断仪生产企业					

F.3.2 外观检验			
检 查 项 目	是	否	备注
车辆机械状况是否良好			
排气污染控制装置是否齐全、正常			否决项目
发动机燃油系统是否采用电控泵			
车上仪表工作是否正常			
车辆是否存在烧机油或者严重冒黑烟现象			否决项目
有无可能影响安全或引起测试偏差的机械故障			
车辆进、排气系统是否有任何泄漏			
车辆的发动机、变速箱和冷却系统等有无明显的液体渗漏			
是否带 OBD 系统			

续表

F.3.2 外观检验

检 查 项 目	是	否	备注
轮胎气压是否正常			
轮胎是否干燥、清洁			
是否关闭车上空调、暖风等附属设备			
是否已经中断车辆上可能影响测试正常进行的功能，如 ARS、ESP、EPC 牵引力控制或制动控制系统等			
车辆油箱和油品是否异常			
是否适合工况法检测			
外观检验结果	□合格　□不合格	检验员：	

F.3.3 OBD 检查

OBD 故障指示器	通信	□通信成功　□通信不成功	
		通信不成功的（填写以下原因）： □接口损坏　□找不到接口 □连接后不能通信	
	OBD 系统故障指示器报警及故障码	□有　□无	
	故障代码及故障信息（若故障指示器报警）	故障信息按附件 EB 上报	
就绪状态	就绪状态未完成项目	□无　□有 如有就绪未完成的，填写以下项目 □SCR　□POC　□DOC　□DPF □废气再循环（EGR）	
其他信息	MIL 灯点亮后的行驶里程/km：		
CALID/CVN 信息	发动机控制单元	CALID	CVN
	后处理控制单元（如适用）	CALID	CVN
	其他控制单元（如适用）	CALID	CVN
OBD 检查结果	□合格　□不合格	检验员：	

F.3.4 排气污染物检测

检测方法	□自由加速法　□加载减速法　□林格曼黑度法

续表

检验结果内容[5]							
排气污染物测试	自由加速						
	额定转速 /(r·min^{-1})	实测转速 /(r·min^{-1})	最后三次烟度测量值 /m^{-1}			平均值 /m^{-1}	限值 /m^{-1}
			1	2	3		
	加载减速						
	转速			最大轮边功率			
	额定转速	实测（修正） VelMaxHP		实测/kW			限值/kW
	烟度			氮氧化物 NO$_x$			
	100%点		80%点			80%点	
	实测值			实测值			
	限值			限值			
	林格曼黑度法						
	明显可见烟度		有/无	林格曼黑度（级）			
检测结果	□合格 □不合格 检验员：						
授权签字人							
批准人				单位盖章			
注：1）8位数，年份（4位）+月份（2位）+日期（2位）； 2）按照计量认证证书填写； 3）仅适用混合动力车辆； 4）0—蓝牌，1—黄牌，2—白牌，3—黑牌； 5）污染物检测结果为负数或者零时，应记录为"未检出"。							

六、检测结果分析

装配压燃式发动机的在用汽车的排气烟度检测结果超标，主要原因是柴油机供油系统调整不当。此外，柴油机气缸活塞组和曲柄连杆机构的技术状况及柴油的质量等对排放烟度也有影响。柴油机供油系统调整不当和相关系统技术状况的变化，主要表现在柴油机出现冒黑烟、蓝烟及白烟故障，其黑烟对排放烟度检测结果的影响最大。柴油机工作时黑烟浓重，其故障多是由喷油量过大、雾化不良、各缸喷油量不均匀、喷油时刻过早、调速器失调和空气滤清器堵塞等因素引起。

此外，柴油机冒黑烟还与柴油质量有关，为使着火性能良好，一般柴油机选用十六烷值为40~45的柴油为宜。若十六烷值超过65，则柴油蒸发性变差，致使燃烧不彻底，工作时也可发生冒黑烟现象。

 技能考核

一、准备工作

1. 考核设备、材料准备

（1）在技能学习工位准备好柴油汽车（经充分预热）。
（2）视需要配备外接式发动机转速表、发动机冷却液温度计和机油油温计。
（3）OBD 诊断仪、不透光烟度计（包括配套装备）等。
（4）技能学习工作单（见本书配套教学资源"技能学习工作单"中的"工单4-2"）。

2. 学员劳动保护

（1）必须穿好工作服。
（2）穿好安全鞋。

二、考核流程

1. 学员工作

两名学员为一小组，在充分学习本任务相关知识与技能的基础上，完成下列工作，并随时完成相应的工单。
（1）外观检验。
（2）OBD 检查。
（3）排气污染物检测（自由加速法）。
（4）5S 工作。
（5）自我评价。

2. 指导教师工作

学员在进行上述操作过程中，指导教师进行下列工作。
（1）向学员讲解安全注意事项，要求学员在"技能学习工作单"中做记录。
（2）观察、指导学员进行相关操作，及时制止可能发生危险的操作。
（3）实操结束后审阅学员完成的工作单，并结合其操作情况（工作成果）给出评价。

项目 5
转向操纵性检测

转向操纵性实际上是汽车操纵稳定性的一个方面。汽车的操纵稳定性包含着互相联系的两部分内容，一个是操纵性，一个是稳定性。

操纵性：汽车能够及时而准确地执行驾驶人转向指令的能力。操纵性通过实际检测转向盘自由行程（转向盘最大自由转动量）、最大转向角及转向操纵力来评价。

稳定性：汽车受到外界扰动（路面扰动或突然阵风扰动）后，能自行尽快地恢复正常行驶状态和方向，而不发生失控以及抵抗倾覆、侧滑的能力。

综检线的转向参数检测工位一般为第三个工位。在该工位一般配备转向参数测试仪（转向力—角仪）等可进行转向盘最大自由转动量检测。考虑该工位检测项目较多，大多数检测线将侧滑量检测置于其他工位。

学习任务 5–1 转向轮横向侧滑量的检测

任务分析

汽车直线行驶时，单位行驶里程转向轮的横向滑动量称为转向轮侧滑量。对于后轮有定位参数的车辆，后轮也可能会产生侧滑。当这种横向滑移现象过于严重时，会降低车轮的附着能力，减弱汽车的定向行驶能力，导致轮胎异常磨损，严重时还可能引发交通事故。

为保证汽车的车轮在直线行驶中无横向滑移，要求车轮的外倾角和前束要匹配适当。所以检测前轮侧滑量的目的就是确知前轮前束与前轮外倾的配合是否恰当。有些汽车（如桑塔纳等）的后轮也有前束和外倾，因此也应进行后轮侧滑量检测，但在 GB/T 18565—2016 中没有规定必须检测后轮侧滑量。

车轮侧滑量检测，须采用侧滑检测台。侧滑检测台是测量汽车车轮横向滑动量并判断是否合格的一种检测设备，有滑板式和滚筒式之分。GB/T 18565—2016 标准规定采用滑板式侧滑检测台（以下简称为侧滑检测台）。

汽车侧滑量检测工位一般为安检线的第三工位，主要完成汽车侧滑量、前照灯技术状况、喇叭声级等项目的检测。在综检线上，这些相关项目的检测一般也结合于一个工位，大多也位于检测线的第三工位。

本学习任务主要学习汽车车身轮侧滑量的检测原理、检测设备的结构原理、检测方法、检测标准、结果判定及不合格项原因分析。

学习目标

1. 能够正确解释汽车转向轮侧滑量检测的原理。
2. 能够正确描述侧滑检测台的结构与工作原理。
3. 能够正确使用侧滑检测台检测汽车的转向轮侧滑量。

4. 能够对检测结果进行准确的分析，对车辆的前轮前束与车轮外倾角的匹配状况给出准确评价，并提出维修建议。

5. 培养良好的安全、卫生、环保及团队协作的职业素养。

6. 检查、记录、评价工作结果。

相关知识学习

一、转向操纵系统的一般要求

在 GB/T 7258—2017 中，对汽车转向系统提出以下要求：

（1）动力转向（或助力转向）的车辆卸载阀的工作时刻应符合原厂规定的该车的有关技术条件。

（2）转向轮转向后应能自动回正，在平坦、硬实、干燥和清洁的道路上行驶，不得跑偏，其转向盘不得有摆振或其他异常现象。

（3）转向盘应转动灵活，操纵轻便，无阻滞现象。在车轮转向过程中，不得与其他部件有干涉现象。

（4）转向节及臂，转向横、直拉杆及球头销应无裂纹和损伤，并且球头销不得松旷。对车辆进行改装或修理时，横、直拉杆不得拼焊。

二、转向轮定位值引起的侧滑

引起车辆横向滑移的原因很多，经分析，在汽车结构上汽车转向轮的前束值与外倾角对其侧滑的影响比较大。

1. 车轮外倾角引起的侧滑

为了保证重载后轮胎胎面能与具有横向拱形的路面平面接触，以减小轮胎磨，汽车设计有车轮外倾角，如图 5-1 所示。

车轮外倾角有正外倾（车轮上部向外张开）或负外倾（车轮上部向内侧倾斜），大多数车辆的车轮外倾角为正外倾。因为车轮正外倾角的存在，在滚动过程中车轮将力图向外滚动开，只是由于车桥（或车身）不可能伸长，因此，在实际滚动过程中才不至于真正向外滚开，但由此而形成的这种外张力势必成为加剧轮胎磨损的隐患。

假设让两个只有正外倾角而没有前束的车轮同时向前驶过两块相对于地面可以左右滑动的滑动板，就可以看到左右车轮下的滑动板在车轮外张力的作用下出现如图 5-2 中虚线所示的分别向内侧滑移的现象，其单边车轮的内侧滑量 S_c 为

$$S_c = \frac{L' - L}{2}$$

式中，L'——车轮滚过滑板后，两滑板的距离；

L——滑板为自由状态时，两滑板的距离。

2. 车轮前束引起的侧滑

为了弥补车轮外倾角产生的不良作用，对于设有车轮外倾角的车轮，均设有车轮前

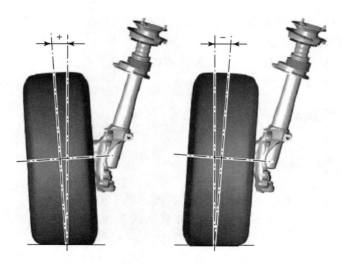

图 5-1 车轮外倾角

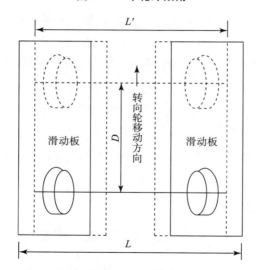

图 5-2 由车轮正外倾角引起的侧滑

束,如图 5-3 所示,总前束值 $c+d=a-b$（mm）。通常车轮正外倾角配合正前束（图 5-3 中的 $b<a$）,而负外倾的车轮配合负前束（图 5-3 中的 $b>a$）。

车轮有了正前束后,在滚动过程中力图向内收拢,只是由于车桥（或车身）不可能缩短,因此,在实际滚动过程中才不至于真正向内滚拢,但由此而形成的这种内向力势必成为加剧轮胎磨损的隐患。

假设让两个只有正前束而没有外倾角的车轮向前驶过如图 5-4 所示的滑动板,可以看到左右车轮下的滑动板在车轮作用力的推动下,出现图中虚线所示的分别向外侧滑移的现象。其单边转向轮的外侧滑量 S_t 为

$$S_t = \frac{L'-L}{2}$$

式中,L'——车轮滚过滑板后,两滑板的距离;

L——滑板为自由状态时,两滑板的距离。

图 5-3 车轮前束

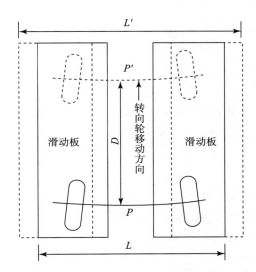

图 5-4 由车轮前束引起滑动板的侧滑

由上述分析可见，如果车轮前束与外倾角配合恰当，则车轮将不会产生向内收拢和向外滚动开的趋势，因而可保证轮胎只做纯滚动而不产生横向滑移。

侧滑检测台就是应用上述原理来检测出转向轮的侧滑量的。

三、滑板式侧滑检测台的结构与工作原理

汽车侧滑量检测设备按其测量的参数不同可以分为两类：一类是测量车轮侧滑量的滑板式侧滑检测台；另一类是测量车轮侧向力的侧滑检测台。上述两种检测台都属于动态侧滑检测台。

滑板式侧滑检测台，按其结构又可分为单板式侧滑检测台和双板式侧滑检测台两种形式。前者只有一块滑板，检测时汽车只有一侧车轮从检测台上通过；后者有左、右两块滑板，检测时汽车左、右车轮同时从滑板上通过。

1. 双板联动式侧滑检测台

双板联动式侧滑检测台的结构如图 5-5 所示,由测量装置、指示装置和报警装置等部分组成。

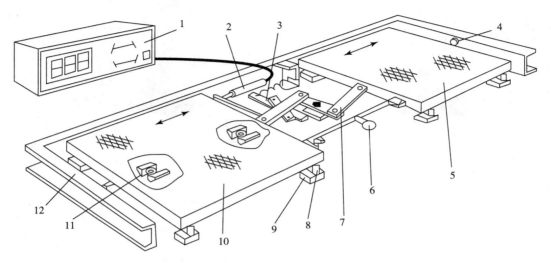

图 5-5 双板联动式侧滑检测台的结构
1—仪表;2—位移传感器;3—回位装置;4—限位装置;5—右滑板;6—锁定装置;
7—双摇臂杠杆机构;8—滚轮;9—导轨;10—左滑板;11—导向装置;12—框架

1) 测量装置

测量装置由框架、左右两块滑动板、杠杆机构、回位装置、滚轮装置、导向装置、锁止装置、位移传感器及信号传递装置等组成。该装置能把车轮侧滑量测出并传递给指示装置。

滑动板的长度一般有 500 mm、800 mm 和 1 000 mm 三种。滑动板的上表面制有"T"形纹或"十"字形纹,以增加与轮胎之间的附着力。滑动板的下部装有滚轮装置和导向装置,两滑动板之间连接有曲柄机构、回位装置和锁止装置。在侧向力的作用下,两滑动板只能在左右方向上做等量同向位移,在前后方向上不能产生位移。

当车轮正前束大时,滑动板向外侧滑动;当车轮侧倾大时,滑动板向内侧滑动;当侧向力消失时,在回位装置的作用下两滑动板回到零点位置;当关闭锁止装置时,两滑动板被锁止,不再左右滑动。

按滑动板位移传递给指示装置方式的不同,测量装置可分为机械式和电测式两种。

(1) 机械式测量装置。该种测量装置是把滑动板与指示装置机械地连接在一起,通过连杆和 L 形杠杆等零件,把滑动板位移量直接传递给指示装置的一种结构形式,如图 5-6 所示。具有机械式测量装置的侧滑检测台一般也称为机械式侧滑检测台,其指示装置设立在测量装置的一端,二者必须靠得很近。机械式测量装置已逐渐退出应用。

(2) 电气式测量装置。该种测量装置是把滑动板的位移量通过位移传感器变成电信号,再经过放大与处理而传输给指示装置的一种结构形式。位移传感器有自整角电动机式、电位计式和差动变压器式等多种形式,以自整角电动机式应用较为普遍。

以自整角电动机作为位移传感器的测量装置如图 5-7 所示。测量装置上的自整角电动

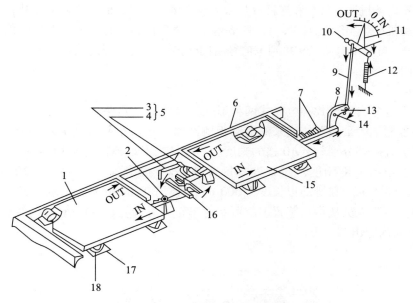

图 5-6 侧滑检测台机械式测量装置

1—左滑动板；2—导向滚轮；3—回位弹簧；4—摆臂；5—回位装置；6—框架；7—限位开关；8—L形杠杆；9—连杆；10—刻度放大倍数调整器；11—指示机构；12—调整弹簧；13—零位调整装置；14—支点；15—右滑动板；16—双销叉式曲柄；17—轨道；18—滚轮

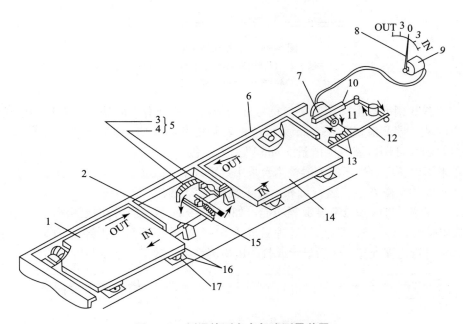

图 5-7 侧滑检测台电气式测量装置

1—左滑动板；2—导向滚轮；3—回位弹簧；4—摆臂；5—回位装置；6—框架；7—产生电信号的自整角电动机；8—指针；9—接受电信号的自整角电动机；10—齿条；11—齿轮；12—连杆；13—限位开关；14—右滑动板；15—双销叉式曲柄；16—轨道；17—滚轮

机 7 通过齿轮齿条机构、杠杆和连杆等与滑动板连接在一起。指示装置中也装备有同一规格的自整角电动机 9。当滑动板位移时,自整角电动机 7 回转一定角度并产生电信号传输给自整角电动机 9,自整角电动机 9 接到电信号后回转同一角度并通过指针指示出滑动板位移量的大小和方向。

2) 指示装置

指示装置也分为机械式和电气式两种形式。电气式指示装置(指针式)如图 5-8 所示。指示装置能把测量装置传递来的滑动板侧滑量,按汽车每行驶 1 km 侧滑 1 m 定为一格刻度,正负方向都分别刻有 10 格的刻度。因此,当滑动板长度为 1 000 mm、侧滑 1 mm 时,指示装置指示 1 格刻度,代表汽车每行驶 1 km 侧滑 1 m。同样,当滑动板长度为 800 mm、侧滑 0.8 mm 和滑动板长度为 500 mm、侧滑 0.5 mm 时,指示装置也都指示一格刻度。这样,检测人员从指示装置上就可获得车轮侧滑量的具体数值,并根据指针偏向 IN 或 OUT 的方向确定出侧滑方向。

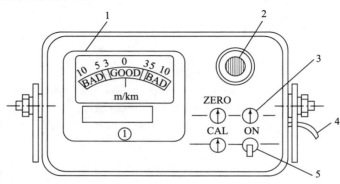

图 5-8 指针式指示装置

1—指针式表头;2—报警用蜂鸣器或信号灯;3—电源指示灯;
4—导线;5—电源开关

指示装置的刻度盘上除用数字与符号标明侧滑量和侧滑方向外,有的还用颜色和文字划为三个区域,即侧滑量 0~3 mm 为绿色,表示为良好(GOOD)区域;侧滑量 3~5 mm 为黄色,表示为可用区域;侧滑量 5 mm 以上为红色,表示为不良(BAD)区域。

近年来国内各厂家生产的侧滑检测台采用数字式指示装置,多以单片机进行数据采集和处理,因而具有操作方便、运行可靠、抗干扰性强等优点,同时还具有对检测结果进行分析、判断、存储、打印和数字显示等功能。如图 5-9 所示,当滑动板侧滑时通过位移传感器转变成电信号,经过放大与信号处理后成为 0~5 V 的模拟量,再经 A/D 转变成数字量,输入计算机进行运算处理,然后显示或打印出检测结果。数字式指示装置如图 5-10 所示。

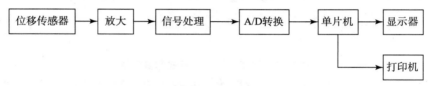

图 5-9 侧滑检测台电气部分原理框图

3) 报警装置

在检测车轮侧滑量时,为便于快速表示检测结果是否合格,当车轮侧滑量超过规定值

项目 5　转向操纵性检测

双板联动侧滑检验台结构

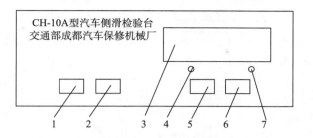

图 5-10　数字式指示装置

1—电源接通键；2—电源断开键；3—数码显示器；
4—电源指示灯；5—打印键；6—复位键；7—报警灯

双板联动侧滑检验台测量原理

（5 格刻度）后，侧滑检测台的报警装置能根据测量装置限位开关发出的信号，用蜂鸣器或信号灯报警，因而无须再读取指示仪表上的具体数值，为检测工作节约了时间。

2. 单板式侧滑检测台的结构

便携式单板侧滑检测台结构如图 5-11 所示。在上下滑板之间装有滚棒，从而可以使得上滑板沿横向（左右方向）自由滑动，但纵向不能移动。当被测车轮从上滑板通过时，车轮的侧滑通过轮胎与上滑板间的附着作用传递给上滑板，使上滑板左右横向滑动，通过杠杆机构带动指针偏转，从而在刻度尺上显示出侧滑量的大小和方向。为了防止滚动棒滑出上下滑板，在两板间设有滚棒保持架和导轨。当车轮通过上滑板后，在复位弹簧的作用下，上滑板重新回位。

另外一种单板式侧滑检测台是固定在地面上使用，其主要结构特点是在上下滑板之间装有位移传感器，其工作原理同前述双板联动式侧滑检测台一致。由于这种检测台结构简单、磨损件少、工作可靠，故在欧洲得到较普遍的应用。

从上述结构原理可以看出，即使是单滑板，检测时只有一个车轮通过滑板，但位于地面上的车轮仍会将其产生的侧向力通过车桥（车身）传给位于滑板上的车轮，故实际检测的数值仍反映同轴两个车轮产生的侧滑量，但滑板实际移动量将是双滑板的 2 倍。

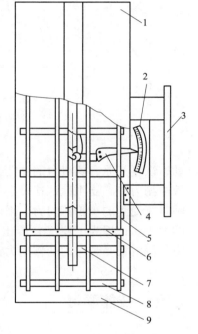

图 5-11　单板式侧滑检测台

1—上滑板；2—刻度尺；3—把手；
4—指针；5—滚棒；6—保持架；
7—杠杆；8—导轨；9—下滑板

3. 侧向力与侧滑量双功能侧滑检测台结构

对于滑板式侧滑检测台，由于滑动板的横向移动会释放积蓄在左右轮胎与地面间的横向作用力和能量，故与实际行车状况不符。为更准确地测出轮胎与地面间侧向力的大小和方向，可在原有侧滑台的基础上加装上两个测力传感器，测量出车轮与地面间的侧向力。

如图 5-12 所示，在左右滑动板旁安装了两个测力传感器，两传感器通过连接器与两滑动板相连，它们的连接与松开只要轻扳手柄就可完成。连接器松开时，滑动板可以移

165

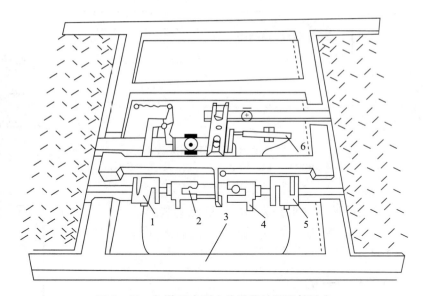

图 5-12　加装两个测力传感器的侧滑梭验台
1—左侧向力传感器；2—左连接器；3—框架；4—右连接器；
5—右侧向力传感器；6—位移传感器

动，恢复其原有侧滑台的功能，此时的侧滑量由位移传感器测出；连接器连接时，两侧滑板被测力传感器刚性地连接在一起，如同地面一样稳固不动，此时所测得的力就是汽车行驶时所受到的车轮侧向力。因而采用两个力传感器可以同时测出左右车轮所受到的侧向力的大小。这里为了便于分析比较，作如下规定：侧滑板受到向外的作用力记为正的侧向力，侧滑板受到向内的作用力记为负的侧向力。

GB/T 18565—2016 规定，检测汽车转向轮横向侧滑量推荐使用双联板式侧滑检测台。

 技能学习

一、准备工作

（1）轮胎气压应符合汽车制造厂的规定。

（2）轮胎上粘有油污、泥土、水或花纹沟槽内嵌有石子时，应清理干净。

（3）检查侧滑检测台导线连接情况，在导线连接良好的情况下打开电源开关，查看指针式仪表的指针是否在机械零点上，并视必要进行调整；或查看数码管是否亮度正常并都在零位上。

（4）检查报警装置在规定值时能否发出报警信号，并视需要进行调整或修理。

（5）检查侧滑检测台上表面及其周围的清洁情况，如有油污、泥土、砂石及水等应予清除。

（6）打开侧滑检测台的锁止装置，检查滑动板能否在外力作用下左右滑动自如，以及外力消失后能否回到原始位置，且指示装置指在零点。

二、检测流程

1. 操作流程

（1）汽车以 3~5 km/h 的速度垂直侧滑板驶向侧滑检测台，使前轮（或后轮）平稳通过滑动板。

（2）当前轮（或后轮）完全通过滑动板后，从指示装置上观察侧滑方向并读取、打印最大侧滑量。

（3）检测结束后，切断电源并锁止滑动板。

2. 注意事项

（1）不能让超过检测台允许轴荷的车辆通过侧滑检测台。
（2）不能使车辆在侧滑检测台上转向、制动、停留或起步。
（3）保持侧滑检测台内、外及周围环境清洁。
（4）其他注意事项见侧滑检测台使用说明书。

侧滑检测

三、检测标准

GB/T 18565—2018 和 GB/T 7258—2016 规定，转向桥采用非独立悬架的车辆，其转向轮（含双转向桥的转向轮）的横向侧滑量应在 ±5 m/km 范围内。

前轴采用独立悬架的汽车，以前轮定位参数符合原厂规定的该车有关技术条件为合格。

JT/T 198—2016 规定，道路车辆等级评定检测时，转向轮横向侧滑量为不分级项，各级车辆均应符合上述合格标准。

四、检测结果分析

如果侧滑量检测不合格，说明前束与车轮外倾角配合不当。

如果检测值正向偏大（向外），一般说明前束小，可调大前束。但个别情况下也可能是由于车轮外倾角过大引起的，所以最后应再做车轮定位。

同理，如果检测值负向偏大（向内），一般说明前束过大，但也可能是由于车轮外倾角过小。

 技能考核

一、准备工作

1. 考核设备、材料准备

（1）在技能学习工位准备好等检汽车（经充分预热）。

(2) 将侧滑检测台充分预热。
(3) 技能学习工作单（见本书配套教学资源"技能学习工作单"中的"工单 5-1"）。

2. 学员劳动保护

(1) 必须穿好工作服。
(2) 穿好安全鞋。

二、考核流程

1. 学员工作

两名学员为一小组，在充分学习本任务相关知识与技能的基础上，完成下列工作，并随时完成相应的工单。
(1) 检测前的准备。
(2) 转向轮横向侧滑量检测。
(3) 5S 工作。
(4) 自我评价。

2. 指导教师工作

学员在进行上述操作过程中，指导教师进行下列工作。
(1) 向学员讲解安全注意事项，要求学员在"技能学习工作单"中做记录。
(2) 观察、指导学员进行相关操作，并及时制止可能发生危险的操作。
(3) 实操结束后审阅学员完成的工作单，并结合其操作情况（工作成果）给出评价。

学习任务 5-2 转向盘最大自由转动量的检测

任务分析

转向盘的自由转动量，是指为消除转向系统间隙而设置的转向盘空行程，该参数反映了转向盘转动至带动车轮偏转之间全部传动部件的配合状况。

转向盘最大自由转动量的大小主要与最高设计车速有关，最高设计车速越高，其转向盘最大自由转动量越小。转向盘的最大自由转动量不能过大，过大会使操纵系统反应迟缓。但也不能过小，过小会使路面的反冲作用过大，造成驾驶人驾驶操纵不柔和，容易产生疲劳。随着汽车的使用，转向操纵系统磨损加剧，转向盘最大自由转动量会不断增加，所以转向盘的最大自由转动量应定期进行检测、调整和维护，使其保持在合适的范围之内。

本学习任务主要学习转向盘最大自由转动量的检测理由、仪器结构原理、检测方法、检测标准及检测不合格原因分析。

学习目标

1. 能够正确解释转向盘最大自由转动量检测的原理。
2. 能够正确描述转向参数测量仪的结构与工作原理。
3. 能够凭经验检测转向盘自由转动量。
4. 能够正确使用转向参数测量仪进行汽车转向盘自由转动量的检测。
5. 能够根据检测结果，对车辆转向系统的技术状况给出正确的评价，并提出维修建议。
6. 培养良好的安全、卫生、环保及团队协作的职业素养。
7. 检查、记录、评价工作结果。

相关知识学习

一、简易转向盘自由行程检测仪

简易转向盘自由行程检测仪如图5-13所示，主要由刻度盘和指针组成。刻度盘和指针分别固定在转向盘轴管和转向盘边缘上，其固定方式有机械式和磁力式两种。

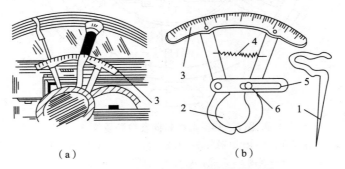

图5-13 简易的转向盘自由行程检测仪
(a) 测量状态；(b) 仪器结构
1—指针；2—夹盘；3—刻度盘；4—弹簧；5—连接板；6—固定螺钉

简易转向盘自由行程检测仪的检测工作原理是：置汽车于平坦、干燥和清洁的硬质路面上，汽车的两个转向轮保持直线向前行驶位置不动；将简易检测仪安装好；轻轻向左（或向右）转动转向盘，使转向盘向一侧刚好能带动转向轮而转向轮又没转动（感觉有阻力）时，调整检测仪器的指针指向刻度盘的零度位置，然后向另一侧转动转向盘到刚好能带动转向轮而转向轮还没转动（感觉有阻力）时止。此时读取指针指向刻度盘的角度值，即为该车转向盘的最大自由转动量。

二、转向参数测量仪

转向参数测量仪也称为转向力—角仪、转向盘转动量扭矩检测仪等,是用来检测转向盘最大自由转动量及转向操纵力的仪器。

典型转向参数测量仪如图 5-14 所示。该仪器可同时测得转向盘最大自由转动量和转向操纵力,其主要由操纵盘、主机箱、连接叉和定位杆 4 部分组成。操纵盘由螺钉固定在三爪底板上,底板经力矩传感器与 3 个连接叉相连,每个连接叉上都有一只可伸缩长度的活动卡爪,以便与被测汽车转向盘相连接。主机箱为一圆形结构,固定在底板中央,其内装有接口板、计算机板、转角编码器、打印机、力矩传感器和电池等。定位杆从底板下伸出,经磁力座吸附在驾驶室内的仪表盘上。定位杆的内端连接有光电装置,光电装置装在主机箱内的下部,用于检测转向盘转动的角度。

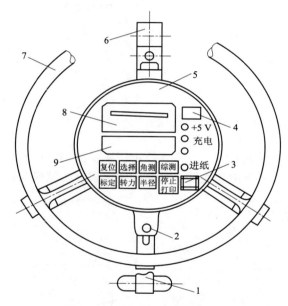

图 5-14 典型转向参数测量仪
1—定位杆;2—固定螺钉;3—电源开关;4—电压表;5—主机箱;
6—连接叉;7—操纵盘;8—打印机;9—显示器

转向参数测量仪的检测原理是:将转向参数测量仪的中心对准被测车辆的转向盘中心,调整好 3 只伸缩爪长度并与转向盘连接牢固,然后转动仪器的操纵盘,此时施加于操纵盘上的转向力便通过底板、力矩传感器、连接叉传递到被测的转向盘上,使转向盘带动汽车的转向系统。同时计算机处理器读取测力传感器及角度传感器输出的电信号,并根据转向盘的直径换算成圆周上的转向操纵力显示在主机箱的窗口,角度值直接根据电信号的大小以角度方式显示。

根据上述检测原理制成的仪器有多种形式,国产 AFY-C 型转向盘转动量扭矩检测仪外形如图 5-15 所示。该仪器可测量转向盘最大自由转动量和转向操纵力矩。

项目 5 转向操纵性检测

图 5–15 国产 AFY–C 型转向盘转动量扭矩检测仪

 技能学习

一、准备工作

1. 车辆准备

车辆的转向轮气压符合标准规定，轮胎表面清洁。

2. 仪器准备

（1）使汽车的两转向轮处于直线行驶位置。

（2）把转向参数测量仪对准被测转向盘中心，调整好 3 个连接叉上伸缩卡爪的长度，与转向盘连接并固定好。

（3）将定位杆磁力座吸附在驾驶室仪表板上。

检查转向盘自由行程

3. 场地准备

检测场地，应选择平坦、硬实、干燥和清洁的水泥或沥青道路。

二、检测流程

GB/T 18565—2016 规定，可通过人工定性检查转向盘最大自由转动量，如自由转动量与规定限值接近而无法判定，则应用仪器进行定量检测。

安装转向测试仪

1. 人工检查（经验法）

检测员用手轻轻左右转动转向盘，感觉空行程的大小，并凭经验判定是否合格。

2. 仪器法

（1）轻轻向左（或向右）转动转向盘至空行程一侧的极端位置（感到有阻力），将仪器的指示数据归零。

（2）轻轻转动转向盘至另一侧空行程极端位置，仪器显示的数据即为转向盘最大自由转动量。

（3）人工读数时，需要记录读取的数据，然后通过工位计算机键盘录入，由计算机进行对比评价。如果仪器带有无线发射功能，则工位计算机可自动获取测量数据。

三、检测标准

1. GB/T 7258—2017 规定

最大设计车速大于或等于 100 km/h 的机动车，转向盘自由转动量不得大于 15°；三轮车不大于 35°；其他机动车不大于 25°。

2. GB/T 18565—2016 规定

最高设计车速不小于 100 km/h 的道路运输车辆，其转向盘的最大自由转动量不大于 15°，其他道路运输车辆不大于 25°。

3. JT/T 198—2016 规定

转向轮自由转动量为不分级项目。

转向参数检测

四、检测结果分析

转向盘自由行程过大的故障现象是：转向轮保持直线行驶位置静止不动时，转向盘左右转动的游动角度过大。

转向盘自由转动量过大的故障原因有：转向系统的齿轮啮合间隙调整不当；转向器齿轮箱安装不良；转向器齿轮磨损；转向轴万向节磨损；横拉杆连接处磨损等。

 技能考核

一、准备工作

1. 考核设备、材料准备

（1）在技能学习工位准备好待检汽车（经充分预热）。

(2) 准备好转向参数检测仪。
(3) 技能学习工作单（见本书配套教学资源"技能学习工作单"中的"工单 5-2"）。

2. 学员劳动保护

(1) 必须穿好工作服。
(2) 穿好安全鞋。

二、考核流程

1. 学员工作

两名学员为一小组，在充分学习本任务相关知识与技能的基础上，完成下列工作，并随时完成相应的工单。
(1) 检测前的准备。
(2) 人工定检检测转向盘自由转动量。
(3) 用检测仪检测转向盘自由转动量。
(4) 5S 工作。
(5) 自我评价。

2. 指导教师工作

学员在进行上述操作过程中，指导教师进行下列工作。
(1) 向学员讲解安全注意事项，要求学员在"技能学习工作单"中做记录。
(2) 观察、指导学员进行相关操作，并及时制止可能发生危险的操作。
(3) 实操结束后审阅学员完成的工作单，并结合其操作情况（工作成果）给出评价。

项目 6
悬架特性检测

任务分析

汽车悬架装置最易发生故障的部件是减震器。减震器对汽车行驶平顺性、乘坐舒适性、操纵稳定性和行驶安全性的影响很大。研究表明，大约有1/4的在用汽车上至少有1个减震器工作不正常。当减震器工作不正常时，将出现汽车行驶中跳跃严重、车轮轮胎接地力减小、汽车转向发飘、弯道行驶时车身晃动加剧、制动时易发生跑偏或侧滑、轮胎磨损异常、乘坐舒适性降低、有关机件磨损速度加快等不良后果。

随着道路条件的改善，尤其是高速公路的发展，不仅是小轿车的行驶速度已大大提高，就是货车和大客车以100 km/h车速行驶的情况也很常见。在高速行驶状态下，汽车的操纵稳定性和行驶安全性尤为重要，并与悬架装置有着直接的关系。所以，悬架装置工作性能的检测是十分重要的。目前，GB/T 18565—2016只对于最大设计车速大于或等于100 km/h、轴载质量小于或等于1 500 kg的载客汽车提出悬架特性检测要求。

在综检线上，悬架装置检测通常设置在第4工位（最后工位的前一个工位）。

学习目标

1. 能够正确解释悬架性能检测的理由。
2. 能够正确解释汽车悬架装置特性的评价指标。
3. 能够正确描述谐振式和平板式悬架装置检测台的结构与工作原理。
4. 能够用谐振式和平板式悬架装置检测台检测悬架特性。
5. 能够根据检测结果,对汽车悬架系统的技术状况给出正确评价,并提出维修建议。
6. 能够注意培养良好的安全与卫生习惯和团队协作意识。

项目 ⑥ 悬架特性检测

相关知识学习

一、悬架特性评价指标

汽车悬架特性可通过谐振式悬架装置检测台或平板式检测台检测。不同的检测台，由于检测的参数不同，所以评价指标也就不一样。

1. 谐振式悬架装置检测台的评价指标

由汽车理论可知，汽车悬架装置的弹性元件或减震器损坏后，会使悬架装置的角刚度减少，增加了高频非悬挂质量的振动位移，使车轮和道路的接触状态变坏，车轮作用在地面的接地力减少，大振幅的车轮振动甚至会使车轮跳离地面。因此，悬架装置有故障，不仅会影响汽车行驶的平顺性，也会使汽车的操纵稳定性恶化，进而影响汽车的行驶安全性。

为了评价悬架装置的性能，引入了车轮与道路接触状态的概念。车轮与道路的接触状态可以用车轮对地面的作用力来表征，把这个作用力称为接地力。但在实际路面上时，汽车的各个车轮与地面的作用状况是不一样的，这是由各车轮悬架装置的性能不一样或承受负荷不一样或轮胎气压不一样或路面冲击不一样等原因造成的。如果在检测台上，人为使各车轮的轮胎气压、承受的负荷和台面冲击做到一致，那么，车轮与地面的作用状态就主要决定于悬架装置的工作性能。因此，用测量汽车在检测台上车轮与台面接地力的大小和变化，来评价汽车悬架装置的品质和性能，是完全可行的。

目前研发生产的谐振式悬架装置检测台都是利用检测车轮与道路接地力的原理，来快速评价汽车悬架装置性能的，其评价指标为"吸收率"。吸收率是指在悬架装置检测台上，受检车辆的车轮在受外界激励振动过程中，产生共振时的车轮最小垂直接地力与静止状态下车轮垂直接地力的百分比值，即

$$P = \frac{F_{动}}{F_{静}} \times 100\%$$

式中：$F_{动}$——最小动态接地力，N；

　　　$F_{静}$——静态接地力，N；

　　　P——吸收率，%。

其实，汽车悬架性能属于汽车行驶平顺性检测项目，所以该装置一直采用平顺性评价指标，是以汽车车身振动固有频率或汽车振动的加速度均方根值来评价的，这种评价方法不适宜对在用车的快速检测分析评价。另外，悬架装置的性能也会影响到汽车的操纵稳定性，会直接影响到汽车的安全行驶。采用吸收率来评价，不仅考虑了悬架装置对汽车平顺性的影响，更主要的是着重考虑了对汽车操纵稳定性和行驶安全性的影响。它考查的是汽车在最差工作条件的情况下，即地面激振使车轮达到共振时，车轮与地面的接触状态。这是一个比较直观的评价指标，既能快速检测，又能综合评价汽车悬架装置的弹簧与减震器的匹配性能及品质。当然，随着汽车检测技术的发展，这种方法还会不断进行修改和完善。

2. 平板式检测台的评价指标

平板式检测台的测试采样过程是：利用车辆制动→引起车身振动→测量车轮动态载荷

177

的变化→悬架吸收、衰减振动→得出悬架效率。在对其过程的数据进行分析、计算、处理时，引出悬架效率这一评价参数。悬架效率的定义为

$$\eta = 1 - \left| \frac{G_B - G_0}{G_A - G_0} \right|$$

式中：η——悬架效率

G_0——各车轮处静态轮荷值，kg；

G_A——车轮处负荷变化曲线上 A 点的绝对坐标值（图 6-1），kg；

G_B——车轮处负荷变化曲线上 B 点的绝对坐标值，kg；

$\left| \frac{G_B - G_0}{G_A - G_0} \right|$——车身有阻尼自由振动的振幅在第一半周期内的减小程度；

$1 - \left| \frac{G_B - G_0}{G_A - G_0} \right|$——悬架装置对车身振动的阻尼衰减和吸收的程度，即反映了悬架的减振能力。

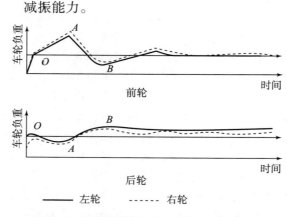

图 6-1 汽车制动时车轮处负重的变化曲线

从上面公式中可以分析出，G_B 值越小，则该轮悬架装置的吸振性能越好。

平板式检测台检测汽车悬架效率时，测试过程接近于路试，可以真实地反映车辆悬架的减振性能，而且数据全部由计算机自动处理，操作方便，计算速度快。因此，该检测台适合于车辆检测和维修单位使用。

二、悬架装置检测台的结构原理

汽车悬架装置工作性能的检测方法有经验法、路试法和台架检测法，其中台架检测法按检测原理不同又分为按压车体法、跌落法、谐振法和制动法 4 种。在综检线上，目前多用谐振法和制动法。谐振法检测汽车悬架装置性能需使用谐振式悬架装置检测台；制动法检测汽车悬架装置性能需使用组合平板式汽车性能检测台。

1. 谐振式悬架装置检测台

谐振式悬架装置检测台基本原理如图 6-2 所示，由机械部分和计算机控制部分两部分组成。检测时，先通过检测台的电动机、偏心轮、蓄能飞轮和弹簧组成的激振器，迫使检测台台面及其上的被检汽车悬架装置产生振动，然后在开机数秒后断开电动机电源，从

而由蓄能飞轮产生扫频激振。由于电动机的频率比车身固有频率高，因此蓄能飞轮逐渐降速的扫频激振过程中总可以扫到车身固有振动频率处，从而使台面—汽车系统产生共振。通过检测共振后振动衰减过程中力或位移的振动曲线，求出频率和衰减特性，便可判断悬架装置（主要是评价减震器）的工作性能。

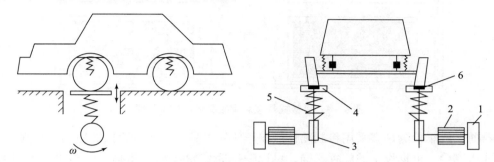

图 6-2　谐振式悬架装置检测台基本原理示意图
1—蓄能飞轮；2—电动机；3—偏心轮；4—台面；5—激振弹簧；6—测量装置

根据测试参数不同，谐振式悬架装置检测台可分为测力式和测位移式两种，一个是测振动衰减过程中的力，另一个是测振动衰减过程中的位移量，它们的结构简图如图 6-3 所示。由于谐振式悬架装置检测台性能稳定、数据可靠，因此应用广泛。

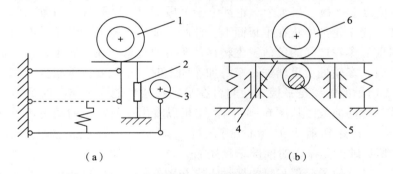

图 6-3　测力式和测位置式悬架装置检测台结构简图
（a）测位移式；（b）测力式
1,6—车轮；2—位移传感器；3—偏心轮；4—力传感器；5—偏心轴

检测时，将汽车驶上检测台台面，起动测试程序，驱动电机带动偏心机构使整个汽车—台面系统振动。激振数秒钟达到角频率为 ω_0 的稳定强迫振动后（ω_0 高于车身振动固有频率），断开驱动电机电源，接着由蓄能飞轮以起始频率为 ω_0 的角频率进行扫频激振。由于停在台面上车身的固有频率处于 ω_0 和 0 之间，因此蓄能飞轮的扫频激振总能使汽车—台面系统产生共振。断开驱动电机电源的同时，起动采样测试装置，记录数据和波形，然后进行分析、处理和评价。

2. 平板式检测台

平板式悬架装置检测台主要结构为四块制动平板（见图 6-4），每块平板在检测时承担一个车轮的质量。在每块平板的下面，有起支撑作用的轮重传感器，用于检测车轮与台面间压力的变化。

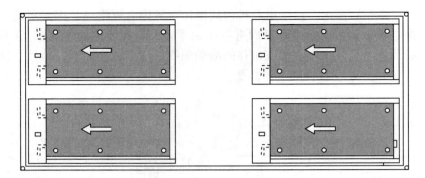

图 6-4　平板式悬架装置检测台结构示意图

目前，汽车检测站多采用将制动性能、车轮侧滑量和悬架装置性能检测组合在一起的平板式检测台。根据设备的配置不同，可以一次完成轮（轴）重称量、车轮最大制动力、制动协调时间、整车制动减速度、车轮侧滑量、悬架效率等多种项目的检测。

平板式汽车检测台的最大特点是汽车在运动过程中测试，能够比较真实地反映汽车在道路上行驶时的实际性能。平板式汽车检测设备的检测方法简便，检测效率高，且具有耗电少、安装方便、费用低等优点。目前，这种平板式检测台正越来越多地被汽车检测机构所采用。

平板式检测台检测悬架性能时，测试过程接近于道路试验。检测时，车辆以 5～10 km/h 的速度驶上平板，当 4 个车轮都位于平板上时，驾驶人进行紧急制动，迅速将制动踏板踩到底，使车轮都停止在平板面上。此时，前后车轮处的负重情况将发生变化，主要是由制动时前后车轮之间的负荷发生转移及车身通过悬架在车轮上的振动而引起的。车身在加速向下时，车轮处负重增加；车身加速向上时，车轮处负重减少。

如图 6-1 所示的曲线是平板式检测台在显示悬架性能测试结果时给出的前后车轮处的负重随时间变化的曲线。从图 6-1 (a) 中可以看出：前轮处的动态负重先从静态负重值附近 (O 点) 上升到最大值 (A 点)，再从最大值下降到最小值 (B 点)。显然，图 6-1 (a) 所反映的是制动时前部车身先加速向下，再加速回升向上的"制动点头"现象。图 6-1 (b) 反映了后部车身的振动，它与图 6-1 (a) 反相位，即前部车身向下运动时，后部车身向上抬起（在加速度较大时后轮可能会离地）；前部车身回升时，后部车身向下运动。因此，图 6-1 (b) 反映了车辆制动时引起的前后车身纵向俯仰振动的现象。由于车辆的悬架系统能够衰减、吸收车身的振动，所以车身的振动经过一段时间后就会消失，故图 6-1 中曲线的后段部分逐渐平直并接近 O 点的高度（车轮处于静态负重值）。该曲线反映了车辆制动时引起的车身振动被悬架系统逐渐衰减的过程，这说明平板式检测台是按照"车轮处动态负重的变化—车身振动—悬架衰减振动—悬架效率"这一原理测试汽车悬架性能的。

 技能学习

一、准备工作

（1）按照检测台的说明要求进行检测台的起动、预热等相关准备。

(2) 轮胎规格、气压应符合规定值,车辆空载,不乘人(无驾驶人,但平板式检测台除外)。

(3) 平板式检测台的平板表面应保持干燥,不能有松散物质或油污。

二、检测流程

1. 用谐振式悬架装置检测台的检测流程

(1) 将车辆每轴的车轮依次驶上检测台的台面,使轮胎位于台面的中央位置。引车员离开车辆。

(2) 起动检测程序,激振器工作,带动汽车悬架产生振动,使振动频率上升至超过系统的共振频率。

(3) 当振动频率超过共振点后(电动机稳定运转),自动关闭激振源电源,系统振动频率自然衰减(降低),并通过系统共振点。

(4) 记录衰减振动的过程数据及曲线变化,设纵坐标为车轮动态载荷变化值,横坐标为时间。计算并显示车轮动态载荷与静态载荷的百分比,计算同轴左右轮吸收率的差值。

(5) 打印检测报告单及车轮振动衰减曲线图(通常由主控计算机集中打印)。

2. 用平板式检测台的检测流程

(1) 引车员将车辆对正平板台,以 5~10 km/h 的速度驶上平板,置变速器于空挡,急踩制动踏板,使车辆停止在平板上。

(2) 连续测量并记录车辆制动时的车轮动态轮荷的变化。

(3) 计算并显示悬架效率和同轴左右悬架效率的差值。

(4) 打印检测报告单及车轮振动衰减曲线图(通常由主控计算机集中打印)。

悬架检测

三、检测标准

GB/T 18565—2016 规定:用悬架装置检测台检测时受检车辆的车轮在受外界激励振动下测得的吸收率(被测汽车共振时的最小动态车轮垂直载荷与静态车轮垂直载荷的百分比值)应不小于40%,同轴左右轮吸收率之差不得大于15%;用平板式检测台检测时,受检车辆制动时测得的悬架效率应不小于45%,同轴左右轮悬架效率之差不得大于20%。

在营运车辆技术等级评定中,悬架特性为不分级项目,检测结果符合上述要求即为合格。

四、检测结果分析

在悬架系统中,起主要作用的部件是减震器。对在悬架装置检测中不合格的车辆,其可能的故障原因有:

(1) 减震器内部的轴磨损,内部阀片损坏,各密封处漏油,导致减振功能失效。

(2) 减震器外部的紧固螺栓磨损、松动、脱落。

(3) 悬架弹簧弹性降低、疲劳或折断，造成早期损坏。

(4) 悬架系统各连接部件磨损、松动。

 技能考核

一、准备工作

1. 考核设备、材料准备

(1) 在技能学习工位准备好待检汽车（经充分预热）。

(2) 准备好悬架检测台。

(3) 技能学习工作单（见本书配套教学资源"技能学习工作单"中的"工单6"）。

2. 学员劳动保护

(1) 必须穿好工作服。

(2) 穿好安全鞋。

二、考核流程

1. 学员工作

两名学员为一小组，在充分学习本任务相关知识与技能的基础上，完成下列工作，并随时完成相应的工单。

(1) 检测前的准备。

(2) 用谐振式悬架装置检测台或平板式检测台检测汽车悬架特性。

(3) 5S工作。

(4) 自我评价。

2. 指导教师工作

学员在进行上述操作过程中，指导教师进行下列工作。

(1) 向学员讲解安全注意事项，要求学员在"技能学习工作单"中做记录。

(2) 观察、指导学员进行相关操作，并及时制止可能发生危险的操作。

(3) 实操结束后审阅学员完成的工作单，并结合其操作情况（工作成果）给出评价。

项目 7

汽车前照灯与喇叭的检测

学习任务 7-1 汽车前照灯检测

任务分析

汽车前照灯即汽车前大灯,是保证汽车在夜间或在能见度较低的情况下安全行车并保持较高车速的照明装置。前照灯的技术状况主要是指发光强度的变化和光束照射位置是否偏斜。当发光强度不足或光束照射位置偏斜时,汽车驾驶人不易辨清前方的障碍物或给对方来车驾驶人造成炫目,因而容易导致交通事故,所以应定期对前照灯的发光强度和光束照射位置进行检测、校正。

汽车灯光检测一般为安检线的第三工位,主要完成汽车侧滑量、前照灯技术状况、喇叭声级等项目的检测。在综检线上,这些相关项目的检测一般也组合于一个工位,大多也位于检测线的第三工位。

学习目标

1. 能够正确解释汽车前照灯检测的原理。
2. 能够正确解释汽车前照灯的评价指标。
3. 能够正确描述全自动前照灯检测仪的结构与工作原理。
4. 能够正确使用全自动前照灯检测仪检测汽车的前照灯技术状况。
5. 能够对检测结果进行分析,对车辆前照灯的技术状况给出准确评价,并提出维修建议。
6. 培养良好的安全、卫生习惯及团队协作的职业精神。
7. 能够检查、记录和评价工作结果。

相关知识学习

一、前照灯技术状况的评价指标

1. 发光强度

发光强度表示光源在一定方向范围内发出的可见光辐射强弱的物理量,单位为坎德拉,简称"坎",用符号 cd 表示。按国际标准单位(SI)规定,若一光源在给定方向上发

出频率为 540×10^{12} Hz 的单色辐射,且在此方向上的辐射强度为每球面度 1/683 W,则此光源在该方向上的发光强度为 1 cd。

由于实际检测汽车前照灯时,检测仪均需离开前照灯一定的距离,故前照灯检测仪实际检测的并不是发光强度,而是照度。

照度是物体单位面积上所得到的光通量,它表示不发光物体被光源照明的程度,为受光面明亮度的物理量,单位为勒克斯,用符号 lx 表示。1 勒克斯等于 1.02 cd 的点光源在半径为 1 m 的球面上产生的光照度。

说明: 光通量指人眼所能感觉到的辐射能量,它等于单位时间内某一波段光的辐射能量和该波段光的相对视见率的乘积。由于人眼对不同波长光的相对视见率不同,所以不同波长光的辐射功率相等时,其光通量并不相等。

照度可用下式表示:

$$E = \frac{\Phi}{S}$$

式中　E——照度,lx;

　　　Φ——照射到物体上的光通量,lm;

　　　S——被照明物体的面积,m²。

在光源发光强度不变的情况下,物体离开光源越远,被照明的程度越差。在不计光源大小即把光源看作点光源的情况下,照度与离开光源距离的平方成反比,可用下式表示:

$$\text{照度} = \text{发光强度}/\text{离开光源距离的平方}$$

其关系如图 7-1 所示。

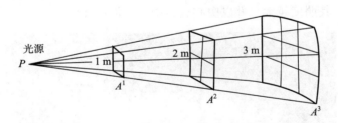

图 7-1　发光强度与照度的关系

图 7-2 所示为由经大量实验测得的数据绘制的前照灯主光轴照度与距离的关系图,从图中可以看出距离超过 5 m 时,实测值和理论计算值基本一致。可见距离越远,越能得到准确的测量值。但由于受到场地限制,在用前照灯检测仪测量时,通常采用在前照灯前方 3 m、1 m、0.5 m、0.3 m 的距离进行测量,并将该测量值换算为前照灯前方 10 m 处的照度,再换算成发光强度进行指示。

2. 光束照射位置的偏移量

如果把前照灯最亮的地方看作是光束的中

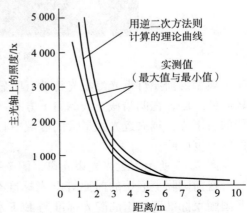

图 7-2　前照灯主光束照度随距离的变化曲线

心，则它对坐标轴交点（理论光束中心照射位置）的偏离即表示它的照射方位的偏移，其偏移的尺寸就是光束照射位置的偏斜量，也称为光轴的偏移值，如图 7-3 所示。

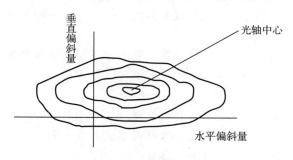

图 7-3　光束照射方向

二、前照灯的配光特性

前照灯的远光是夜间行车照明用的，当无迎面来车或不尾随其他车辆时，希望灯光照得远并使路面有足够的亮度；前照灯的近光是会车时用的，要求光束倾向路面一侧，避免使对面来车的驾驶员炫目。因此，前照灯发出的光线应满足一定的分布要求。配光特性就是用等照度曲线表示的明亮分布特性，也称为光形分布特性图。前照灯的配光特性有对称和非对称两种。

典型的前照灯远光配光特性如图 7-4 所示，它是一个上下、左右对称分布的亮斑，越靠近光斑中心，其照度越大，并以中心点为中心，形成如图 7-5 所示的等照度曲线。

图 7-4　远光光束光斑

典型的前照灯近光灯配光特性有明显的明暗截止线，在明暗截止线的左上方有一个比较暗的暗区，在明暗截止线的右下方有一个比较亮的亮区，其光强最强的区域在明暗截止线的右下方，越靠近光强最大的区域中心点，照度越大，并以这中心点为中心，形成一定的等照度曲线。

图 7-6 所示为近光光束光斑，图 7-7 所示为其对应的光形分布特性。

目前国际上通用的前照灯配光标准有两种，即美国的 SAE 标准和欧洲的 ECE 标准。我国国家标准所规定的配光标准与 ECE 标准一致，按照此标准制造的前照灯属于"非对称防炫光前照灯"。两种配光标准的远光基本相同，区别在于近光的照射位置和防炫目的

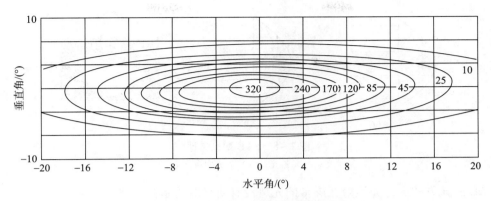

图 7-5 远光光形分布特性（×100 cd）

图 7-6 近光光束光斑

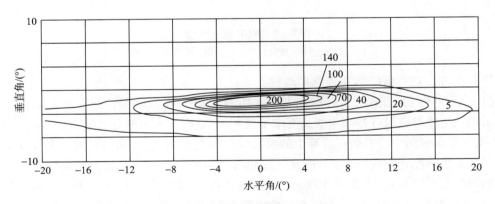

图 7-7 近光光形分布特性（×100 cd）

方法。前照灯的配光特性应满足的要求是远光要有良好照明，近光应具有足够照度且不炫目。

1. SAE 配光方式

SAE 配光方式也称为美国配光方式，如图 7-8 所示。远光灯丝位于反射镜焦点处，所发出的光线经反射后沿光学轴线方向射向远方；近光灯丝位于焦点之上，所发出的光线经反射后大部分向下倾斜，从而下部较亮而上部较暗，所形成的光形分布是水平方向宽、垂直方向窄。若等照度曲线左右对称，不偏向一边，上下扩展不太宽，就是好的配光特

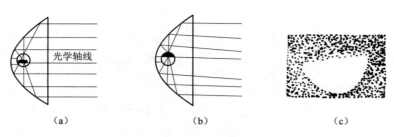

图 7-8 SAE 配光特性
(a) 远光；(b) 近光；(c) 近光照在屏幕上的光斑

性。SAE 配光方式的近光照射在屏幕的光斑没有明显的明暗截止线。

2. ECE 配光特性

ECE 配光方式也称为欧洲配光方式，其远光配光与 SAE 配光方式相同；但近光灯丝位于反射镜焦点之前，且在灯丝下设一遮光屏，这样近光光线只落在反射镜上半部分而向下倾斜反射，照射到屏幕上时，可看到明显的明暗截止线和明暗截止线转角点的光斑。如图 7-9 所示。

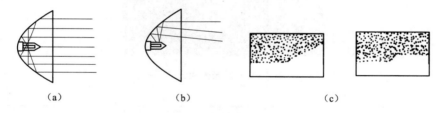

图 7-9 ECE 配光特性
(a) 远光；(b) 近光；(c) 近光照在屏幕上的光斑

ECE 配光方式有折线形和 Z 字形两种。

(1) 折线形配光方式。折线形配光方式如图 7-10 (a) 所示，即在配光屏幕上，左半边明暗截止线与前照灯基准中线高度水平线 $h-h$ 重合，右半部分明暗截止线以 $h-h$ 与 $V-V$ 线（汽车纵向中心平面在屏幕上的投影线）的交点为起点，呈 15°向右上方倾斜。

(2) Z 字形配光方式。Z 字形配光方式如图 7-10 (b) 所示，即灯光在屏幕上左半部分投影明暗截止线在 $h-h$ 线下 250 mm 处，右半部分则先在左半部分投影明暗截止线与 $V-V$ 线交点处向上倾斜 45°，与 $h-h$ 线相交后成为水平线，明暗截止线在屏幕上呈 Z 字形。

我国前照灯的近光灯已采用 Z 字形配光方式。

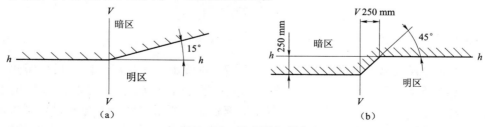

图 7-10 近光配光方式

三、前照灯检测原理

前照灯检测仪是利用光电原理制成的专门用于检测汽车前照灯技术状况的仪器,该仪器可同时检测到前照灯光束照射位置及发光强度,进而对前照灯的技术状况给出全面的评价。

由于前照灯远、近光的功能不同,法规对其检测项目有不同的规定。GB/T 18565—2016 和 GB/T 7258—2017 规定:对于双丝(含有远、近光灯丝)前照灯,应检查其远光发光强度和近光的光轴偏斜量;对单丝远光灯,应同时检查其发光强度和光轴偏斜量;而对于近光单光束,应检查其光轴偏斜量。

由于前照灯远光和近光配光特性不同,所以检测原理也有所差别。

1. 发光强度检测原理

目前生产的前照灯检测大多使用光电池法检测远光发光强度。前照灯检测仪上使用的光电池主要是硒光电池,其结构及工作原理如图 7-11 所示。当硒光电池受光照射时,光使金属薄膜和铁底板的左、右部产生电动势,其左部带负电、右部带正电,因此若在金属薄膜和铁底板上装上引线,并将其用导线与电流表连接起来,光电流就会流过电流表,使电流表指针偏转。

检测前照灯发光强度的电路由光度计、可变电阻和光电池等组成,如图 7-12 所示。按规定的距离使前照灯照射光电池,光电池便按受光强度的大小产生相应的电流使光度计指针偏摆,指示出前照灯的发光强度。

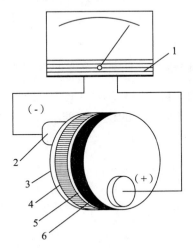

图 7-11 硒光电池结构与工作原理
1—电流表;2—引线;3—金属薄膜;
4—非结晶硒;5—结晶硒;6—铁底板

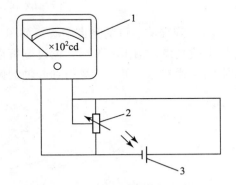

图 7-12 发光强度检测原理
1—光度计;2—可变电阻;3—光电池

2. 光轴偏斜量检测原理

1)人工观察法

利用人工观察法设计的前照灯检测仪是根据图 5-10 所示的原理,将近光投射到标有坐标及长度（或角度）刻度的投影屏上，然后人工观察光形拐点偏离投影屏坐标原点的刻度，从而确定光轴偏斜量的数值。基于这一原理生产的前照灯检测仪为早期产品，目前在一些修理厂和高职院校仍有应用。

2）光电池扫描法

光电池扫描法是指用多个光电池对近光光形进行扫描，以得到平面图像后，用DSP（DSP芯片，也称数字信号处理器，是一种具有特殊结构的微处理器，可以快速地实现各种数字信号和图像的处理）对图像进行高速、精确的处理，从而得到光轴偏斜量。

3）CCD法

CCD是（Charge Coupled Device，电荷耦合器件）的缩写，它是一种半导体成像器件，具有灵敏度高、抗强光、畸变小、体积小、寿命长、抗振动等优点，能够获得准确的光形图像，然后经DSP对图像进行高速、精确的处理，从而得到光轴偏斜量数据。

采用CCD法检测光轴偏斜量时，有以下两种瞄准方式。

(1) 直接对准前照灯的中心。如图7-13所示，这种测量方法是先利用摄像头找到前照灯的位置，然后拍摄成像后的光斑图像，分析其中的光轴位置，得到和基点相比的偏差，从而根据标定的数据得到实际的角度偏差值。

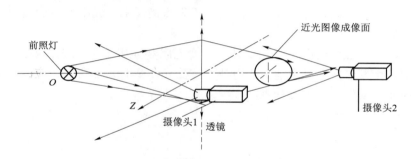

图7-13 瞄准前照灯方式的测量原理

(2) 瞄准前照灯的光束中心。如图7-14所示，两个摄像头从不同角度分别瞄准前照灯发出的光束，拍摄成像后，通过分析在两个成像面上光束轴线的位置偏差，以获得光轴的空间位置差异，可以计算得到光轴的偏斜角。

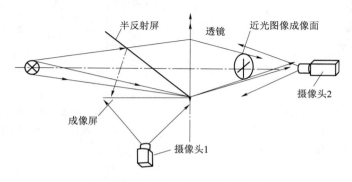

图7-14 瞄准光束方式的测量原理

4）全光电池法

对于远光灯，由于其配光特性为对称的，利用这一特点，可利用4块光电池检测出光轴偏斜量。

光电池法检测前照灯远光光轴偏斜量的电路如图7-15所示。电路中有四块硒光电池，即B_u、B_d、B_L和B_R。在B_u和B_d之间接有上下偏斜指示计（电流表），在B_L和B_R之间接有左右偏斜指示计。当前照灯光束照射光电池时，如果光束照射方向偏斜，将分别使光电池B_u和B_d、B_L和B_R的受光面不一致，因而产生的电流大小也不一致。光电池B_u和B_d、B_L和B_R产生的电流差值分别使上下偏斜指示计及左右偏斜指示计的指针偏摆，从而指示出光轴的偏斜方向和偏斜量。图7-16所示为光轴无偏斜时的情况，这时上下偏斜指示计的指针和左右偏斜指示计的指针均垂直向下，即处于零位。图7-17所示为光轴有偏斜时的情况，这时上下偏斜指示计的指针向"下"方向偏斜，左右偏斜指示计的指针向"左"方向偏斜。

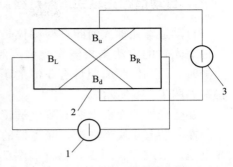

图7-15　光轴偏斜量的检测原理图
1—左右偏斜指示计；2—光电池；
3—上下偏斜指示计

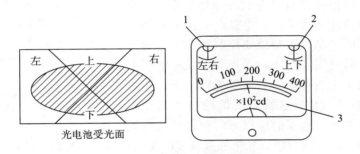

图7-16　光轴无偏斜时的情况
1—左右偏斜指示计；2—上下偏斜指示计；3—光度计

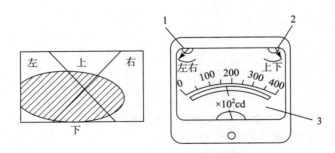

图7-17　光轴有偏斜时的情况
1—左右偏斜指示计；2—上下偏斜指示计；3—光度计

四、前照灯检测仪的结构与工作原理

因检测线通常使用全自动前照灯检测仪，故以下仅介绍全自动前照灯检测仪。全自动前照灯检测仪根据检测原理不同可分为自动追踪光轴式和电控式两种。

1. 自动追踪光轴式前照灯检测仪

自动追踪光轴式前照灯检测仪是采用使受光器自动追踪光轴的方法来检测发光强度和光轴偏斜量的。检测时，检测仪距前照灯有 3 m 的距离。该检测仪的构造如图 7-18 所示。

在受光器的面板上装有聚光透镜，聚光透镜的上下和左右装有 4 块光电池，受光器的内部也装有 4 块光电池，形成主、副受光器，如图 7-19 和图 7-20 所示。另外，还有由两组光电池电流差所控制的、能使受光器沿垂直方向和水平方向移动的驱动与传动装置。

检测时，要使前照灯的光束照射到检测仪的受光器上。此时，若前照灯光束照射方向偏斜，则主、副受光器的上下光电池或左右光电池的受光量不等，它们各自产生的电流便失去平衡。由其电流的差值控制受光器上下移动的电动机运转或使控制箱左右移动的电动机运转，并通过钢丝绳牵动受光器上下移动或驱动控制箱在轨道上左右移动，直至受光器上下、左右光电池受光量相等为止，这就是所谓的自动追踪光轴。在追踪光轴时，受光器的位移方向和位移量由光轴偏斜指示计指示，此即前照灯光束的偏斜方向和偏斜量，其发光强度由光度计指示。

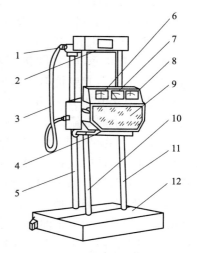

图 7-18　自动追踪光轴式前照灯检测仪

1—接线盒；2—上支架；3—连接电缆；4—支撑座；5—后立柱；6—上下偏斜指示表；7—光强度指示表；8—左右偏斜指示表；9—光接收器；10—左立柱；11—右立柱；12—底箱

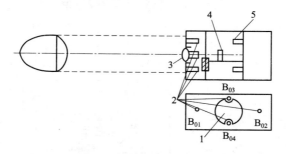

图 7-19　自动追踪光轴式前照灯检测仪受光器结构简图

1，3—聚光透镜；2—主受光器光电池；4—中央光电池；5—副受光器光电池

2. 电控式前照灯检测仪

典型的电控式前照灯检测仪主要由机架、光学机构和电路板组成，如图 7-21 所示。机架由上箱、中箱、立板、立柱和下箱组成。

（1）上箱主要有仪器的各种接口，包括 7 芯和 14 芯的上中箱连线接口、串行口、电源接口、保险丝座（保险丝为 5 A），仪器的电源为交流 220 V，在上箱通过一个滤波器（减少电源的干扰）将电源输送到各相关器件（变压器和开关电源）上。

（2）仪器的中箱在整台仪器中占有非常重要的位置，中箱内装有前、后置 CCD 和两

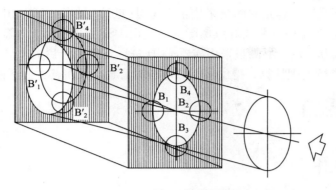

图 7-20　主副受光器光电池示意图

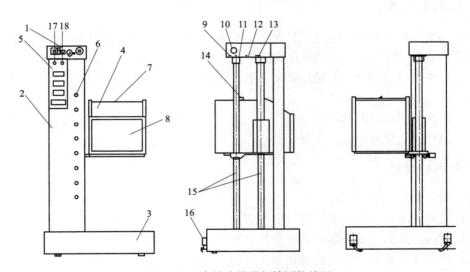

图 7-21　电控式前照灯检测仪外形

1—上箱；2—立板；3—下箱；4—光电箱（中箱）；5—显示面板；6—立柱光电池；7—准尖；8—透镜；9—熔丝盒；10—电源开关；11—电源插孔；12—串行通信和标定器接口；13—控制器接口；14—水准泡；15—立柱；16—行程开关；17—远光测量指示灯；18—近光测量指示灯

块 DSP 板及整个光学回路，用于拍摄机动车前照灯的发光体表面图像和模拟 10 m 远处该前照灯的成像，而两块 DSP 板用于处理和分析这些图像。另外，还装有一块硅光电池，用于检测该前照灯的发光强度。

（3）仪器的下箱为仪器行走的驱动结构，装有仪器行走所需要的直流电动机、减速器（上下和左右各一个）；用于限制仪器行走的行程开关，上下的限位开关在仪器的下箱内部，左右的限位开关在仪器下箱后部的外侧；用于测量高度的高精度多圈电位器（最大阻值为 1 kΩ）；用于行走的主、副动轮，其中一个主动轮和一个副动轮可以调节，保证整台仪器在导轨上行走时四个轮子在一个水平面上；在仪器的下箱还装有给仪器提供电源的开关电源和离合器、制动器。

（4）仪器的立板内安装有仪器的大部分控制线路板，包括显示板（用于显示仪器的检测结果）、放大板（用于放大信号）、主板（对整台仪器的动作进行控制）、继电器板、制动板等。

电控式前照灯检测仪远光的测量采用前置 CCD 进行定位，用硅光电池检测前照灯的发光强度，于后置 CCD 拍得前照灯成像图形后，由 DSP 进行处理计算，得出该前照灯的上下偏差和左右偏差。近光的测量采用前置 CCD 进行定位，于后置 CCD 拍得前照灯成像图形后，由 DSP 进行处理计算，得出该前照灯的明暗截止线拐点、上下偏差和左右偏差。

技能学习

一、准备工作

1. 检测仪的准备

（1）在前照灯检测仪不受光的情况下，检查光度计和光轴偏斜量指示计的指针是否对准机械零点。若指针失准，可用零点调整螺钉调整。

（2）检查聚光透镜和反射镜的镜面上有无污物。若有，可用柔软的布料或镜头纸等擦拭干净。

（3）预热前照灯检测仪。

（4）检查导轨是否沾有泥土等杂物。若有，应扫除干净。

2. 车辆的准备

（1）清除前照灯上的污垢。

（2）轮胎气压应符合汽车制造厂的规定。

（3）前照灯开关和变光器应处于良好状态。

（4）汽车蓄电池和充电系统应处于良好状态。

二、检测流程

1. 操作流程

由于前照灯检测仪的厂牌、形式不同，其检测发光强度和光轴偏斜量的具体方法也不完全相同。因此，仅将通用的使用方法介绍如下。

（1）被检车辆沿引导线居中行驶，并在规定的检测位置停止，车辆的纵向轴线应与引导线平行。如不平行，车辆应重新停放或采用车辆摆正装置进行拨正。

（2）使车辆电源处于充电状态，变速器置于空挡。

（3）按检验程序指示器提示，打开汽车前照灯远光。

（4）按检验程序指示器提示，打开汽车前照灯近光。

（5）检测结束，前照灯检测仪沿轨道或沿地面退回护栏内，汽车驶出本工位。

2. 注意事项

在仪器正常的前提下，对前照灯检测影响最大的，就是车间环境和受检车辆的停车位置。

车间环境主要是指灯光检测仪在整个行驶轨迹上不得有阳光或外来光的强烈照射，否则会影响检测仪自动寻找光源中心，同时对检测结果产生较大的影响。

受检车辆的停车位置也会直接关系到它的检测结果，若位置没和轨道垂直或没按要求距离停车，都会产生找不到光源中心或灯光偏差较大的影响，所以要求操作人员一定要将车辆垂直于检测仪轨道停车，并按要求的位置停车，才能测得较为准确的数据。

三、检测标准

1. GB/T 18565—2016 规定

1）远光发光强度检测标准

前照灯远光光束发光强度的最小限值见表 7-1。

前照灯、喇叭、轴距差检测

表 7-1 前照灯远光光束发光强度最小限值

道路运输车辆	二灯制/cd	四灯制[a]/cd
最大设计车速≥70 km/h 的车辆	≥15 000	≥12 000

a. 四灯制是指前照灯具有四个远光光束。采用四灯制的车辆其中两只对称灯达到两灯制的要求时，视为合格。

2）前照灯光束照射位置

前照灯光束照射位置如图 7-22 所示，图中屏幕上画有三条垂直线和三条水平线，中间垂直线 V-V 与被检车辆的纵向中心垂直面对正，两侧的垂直线 V_L-V_L 和 V_R-V_R 分别为被检车辆左右前照灯基准中心的垂直线。三条水平线中的 h-h 线与被检车辆前照灯的基准中心等高，距地面高度为 H（mm）；中间水平线与被检车辆前照灯远光光束的中心等高，距地面高度为 H_1（mm）；下边水平线与被检车辆前照灯近光光束的中心等高，距地面高度为 H_2（mm）。

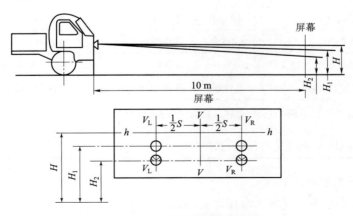

图 7-22 前照灯光束照射位置

GB/T 18565—2016 对前照灯光束照射位置的要求见表 7-2。

表 7-2　前照灯光束照射位置

车辆类型	近光光束		远光光束[a]	
	明暗截止线转角或中点高度	水平方向位置/mm	光束中心离地高度	水平方向位置/mm
M1 类乘用车	$0.7H \sim 0.9H$	左偏≤170	$0.85H \sim 0.95H$[b]	左灯左偏≤170 左灯右偏≤350
其他车辆	$0.6H \sim 0.8H$	右偏≤350	$0.8H \sim 0.95H$	右灯左偏≤350 右灯右偏≤350

H——前照灯基准中心高度，单位毫米（mm）。
a. 能单独调整远光光束且不影响近光光束照射角度的前照灯。
b. 不得低于前照灯近光光束明暗截止线转角或中点的高度。

2. GB/T 7258—2017 规定

1）远光光束发光强度要求

机动车每只前照灯的远光光束发光强度应达到表 7-3 的要求，并且同时打开所有前照灯（远光），其总的远光光束发光强度应不超过 225 000 cd。测试时，其电源系统应处于充电状态。

表 7-3　前照灯远光光束发光强度最小值要求　　　　　　　　　　　　　　cd

机动车类型		检查项目					
		新注册车			在用车		
		一灯制	二灯制	四灯制[a]	一灯制	二灯制	四灯制[a]
三轮汽车		8 000	6 000	—	6 000	5 000	—
最大设计车速小于 70 km/h 的汽车		—	10 000	8 000	—	8 000	6 000
其他汽车		—	18 000	15 000	—	15 000	12 000
普通摩托车		10 000	8 000	—	8 000	6 000	—
轻便摩托车		4 000	3 000	—	3 000	2 500	—
拖拉机运输机组	标定功率>18 kW	—	8 000	—	—	6 000	—
	标定功率≤18 kW	6 000[b]	6 000	—	5 000[b]	5 000	—

a. 四灯制是指前照灯具有四个远光光束。采用四灯制的机动车其中两只对称的灯达到两灯制的要求时视为合格。
b. 允许手扶拖拉机运输机组只装用一只前照灯。

2）光束照射位置要求

（1）在空载状态下，汽车、摩托车前照灯近光光束照射在距离 10 m 的屏幕上，近光光束明暗截止线转角或中点的垂直方向位置，对近光光束透光面中心（基准中心，下同）高度小于或等于 1 000 mm 的机动车，应不高于近光光束透光面中心所在水平面以下

50 mm 的直线且不低于近光光束透光面中心所在水平面以下 300 mm 的直线；对近光光束透光面中心高度大于 1 000 mm 的机动车，应不高于近光光束透光面中心所在水平面以下 100 mm 的直线且不低于近光光束透光面中心所在水平面以下 350 mm 的直线。除装用一只前照灯的三轮汽车和摩托车外，前照灯光束明暗截止线转角或中点的水平方向位置，与近光光束透光面中心所在垂直位置相比，向左偏移应小于或等于 170 mm，向右偏移应小于或等于 350 mm。

（2）在空载状态下轮式拖拉机运输机组装用的前照灯近光光束的照射在距离 10 m 的屏幕上，近光光束中点的垂直位置应小于或等于 0.7 H（H 为前照灯近光光束透光面中心的高度）；水平位置向右偏移应小于或等于 350 mm，不应向左偏移。

（3）在空载状态下，对于能单独调整远光光束的汽车、摩托车前照灯，前照灯远光光束照射在 10 m 处的屏幕上，其发光强度最大点的垂直方向位置，应不高于远光光束透光面中心所在水平面（高度值为 H）以上 100 mm 的直线且不低于远光光束透光面中发光强度最大点的水平位置。与远光光束透光面中心所在垂直位置相比，左灯向左偏移应小于或等于 170 mm，向右偏移应小于或等于 350 mm，右灯向左或向右偏移均应小于或等于 350 mm。

3. JT/T 198—2016 规定

对于营运车辆的等级评定，前照灯检测项目为不分级项，即各检测值均应达到合格标准。

四、检测结果分析

前照灯检测不合格有两种情况，一是前照灯发光强度偏低，二是前照灯照射位置偏斜。

（1）对于发光强度偏低的前照灯，主要原因是前照灯反光镜发黑或镀层剥落、灯泡老化、熔丝松动、导线接头松动、前照灯开关或继电器触点接触不良等。

（2）前照灯光束照射位置偏斜，主要原因是前照灯安装位置不当或因强烈振动而错位，应进行调整。

技能考核

一、准备工作

1. 考核设备、材料准备

（1）在技能学习工位准备好待检汽车（经充分预热）。

（2）准备好前照灯检验仪。

（3）技能学习工作单（见本书配套教学资源"技能学习工作单"中的"工单 7"）。

2. 学员劳动保护

（1）必须穿好工作服。
（2）穿好安全鞋。

二、考核流程

1. 学员工作

两名学员为一小组，在充分学习本任务相关知识与技能的基础上，完成下列工作，并随时完成相应的工单。
（1）检测前的准备。
（2）用前照灯检测仪检测汽车前照灯技术状况。
（3）5S 工作。
（4）自我评价。

2. 指导教师工作

学员在进行上述操作过程中，指导教师进行下列工作。
（1）向学员讲解安全注意事项，要求学员在"技能学习工作单"中做记录。
（2）观察、指导学员进行相关操作，并及时制止可能发生危险的操作。
（3）实操结束后审阅学员完成的工作单，并结合其操作情况（工作成果）给出评价。

学习任务 7-2 汽车喇叭的检测

任务分析

噪声作为一种严重的公害已日益引起人们的关注，目前世界各国已纷纷制定了控制噪声的标准。随着汽车向快速和大功率方面的发展，汽车噪声已成为一些大城市的主要噪声源。汽车噪声主要包括：发动机的机械噪声、燃烧噪声、进排气噪声和风扇噪声；底盘的机械噪声、制动噪声和轮胎噪声；车厢振动噪声、货物撞击噪声；喇叭噪声和转向、倒车时的蜂鸣声等噪声。由于车辆噪声具有游动性，影响范围大，干扰时间长，因而危害比较大。

GB/T 18565—2016 和 GB/T 7258—2017 规定，对汽车噪声的检测一般只检测喇叭噪声级。

本学习任务主要学习噪声的评价指标，声级计的结构与工作原理，汽车喇叭噪声级的检测方法、标准及不合格原因分析。

学习目标

1. 能够正确解释汽车噪声检测的原理。
2. 能够正确解释汽车噪声的评价指标。
3. 能够正确描述声级计的结构与工作原理。
4. 能够利用声级计进行汽车喇叭噪声级的检测。
5. 能够根据检测结果，给出车辆噪声性能准确的评价，并提出维修建议。
6. 培养良好的安全、卫生、环保及团队协作的职业素养。
7. 能够检查、记录、评价工作结果。

相关知识学习

一、噪声的主要物理参数

噪声是频率和声强杂乱无章的声音组合，造成的对人和环境的不利影响。更人性化地描述是，人们不喜欢的声音就是噪声。

噪声的主要物理参数有声压与声压级、声强与声强级和声功率与声功率级。其中声压与声压级是表示声音强弱的最基本的参数。

1. 声压和声压级

声压是指由于声波的存在引起弹性介质中压力的变化值。声音的强弱取决于声压，声压越大听到的声音越强。人耳可以听到的声压范围是 2×10^{-5}（听阈声压）～20 Pa（痛阈声压），相差100万倍，因此用声压的绝对值表示声音的强弱会感到很不方便，所以人们常用声压级来表示声音的强弱。

声压级是指某点的声压 P 与基准声压（听阈声压）P_0 的比值取常用对数再乘以 20 的值 $\left(L_P = 20\lg\dfrac{P}{P_0}\right)$，单位为分贝（dB）。可闻声声压级范围为 0～120 dB。

2. 声强与声强级

声强是与声波传播相垂直方向单位面积、单位时间内通过的声能量，用 I 表示，单位为 W/m^2。声强也可用声强级来表示，声强级可用下式表示：

$$L_I = 10\lg\left(\dfrac{I}{I_0}\right)$$

式中：I——声强，W/m^2；

I_0——基准声强，等于听觉能感受的最低声强值，$I_0 = 10^{-12} \text{ W/m}^2$。

3. 声功率

声功率是指声源在单位时间内向外辐射的总能量，单位为 W。声功率同样也可用声功

率级表示，声功率级的表达式为

$$L_W = 10\lg(W/W_0)$$

式中：W——声功率，W；

W_0——基准声功率，$W_0 = 10^{-12}$ W。

4. 噪声的频谱

人耳对声音的感觉不仅与声压有关，还与声音的频率有关。人耳可闻声音的频率范围为 20～20 000 Hz。一般的声源，并不是仅发出单一频率的声音，而是发出具有很多频率成分的复杂声音。声音听起来之所以会有很大的差别，就是因为它们的组成成分不同。因此，为全面了解一个声源的特性，仅知道它在某一频率下的声压级和声功率级是不够的，还必须知道它的各种频率成分和相应的声音强度，这就是频谱分析。

以声音频率（Hz）为横坐标、声音强度（如声压级 dB）为纵坐标绘制的噪声测量图形，称为噪声频谱图。

人耳可闻声音的频率有 1 000 多倍的变化范围，在实际频谱分析中不可能逐个频率分析。在声音测量中，让声音通过滤波器把可闻声音的频率范围分割成若干个小的频段，称为频程或频带。频带的上限频率 f_h（或称上截止频率）与下限频率 f_L（或称下截止频率）具有 $f_h/f_L = 2^n$ 的关系，频带的中心频率 $f_m = \sqrt{f_h \cdot f_L}$，当 $n = 1$ 时称为倍频程或倍频带。可闻声音频率范围用 10 段倍频程表示，见表 7-4。

表 7-4 倍频程中心频率及频率范围   Hz

中心频率	31.5	63	125	250	500
频率范围	22～45	45～90	90～180	180～355	355～710
中心频率	1 000	2 000	4 000	8 000	16 000
频率范围	710～1 400	1 400～2 800	28 000～5 600	5 600～11 200	11 200～22 400

如果需要更详细地分析噪声，可采用 1/3 倍频程，即可以把每个倍频程分成 3 份（$n = 1/3$）。

二、噪声的评价指标

噪声的评价指标有响度级、噪声级。

1. 响度级

与人耳生理感觉相适应的指标来评价声音的强弱，即响度级，用 LN 表示，单位为"方"。

人耳可闻声音的频率范围为 20～20 000 Hz。往往声压级相同，但由于频率不同，听起来并不一样；相反，不同频率的声音，虽然声压级不同，但有时听起来却可能一样响。

选取 1 000 Hz 的纯音作为基准音，某噪声听起来与该纯音一样响，该噪声的响度级就等于这个纯音声压级的分贝数。

响度级是表示声音响度的主观量，它把声压级和频率用一个概念统一了起来。

2. 噪声级

为了模拟人耳在不同频率有不同的灵敏性，在声级计内设有一种能够模拟人耳的听觉特性，把电信号修正为与听觉相近似的网络，这种网络称作计权网络。通过计权网络测得的声压级已不再是客观物理量的声压级，而是经过听感修正的声压级，称作计权声级或噪声级。

国际电工委员会（IEC）对声学仪器规定了 A、B、C 等几种国际标准频率计权网络，它们是参考国际标准等响曲线而设计的。由于 A 计权网络的特性曲线接近人耳的听感特性，故目前普遍采用 A 计权网络对噪声进行测量和评价，记作 dB（A）。

三、声级计的结构与工作原理

在汽车噪声的测量方法中，国家标准规定使用的仪器是声级计。声级计是一种能把噪声以近似于人耳听觉特性测定其噪声级的仪器，可以用来检测机动车的行驶噪声、排气噪声和喇叭噪声级等。

根据声级计在标准条件下测量 1 000 Hz 纯音所表现出的精度，20 世纪 60 年代，国际上把声级计分为两类：一类是精密声级计，另一类是普通声级计，我国也采用这种分类法。20 世纪 70 年代以来，有些国家推行四类分类法，即 0 型、Ⅰ型、Ⅱ型和Ⅲ型，它们的测量精度分别为 ±0.4 dB、±0.7 dB、±1.0 dB 和 ±1.5 dB。0 型和Ⅰ型属于精密声级计，Ⅱ型和Ⅲ型属于普通声级计。根据声级计所用电源不同，还可将声级计分为交流式声级计和使用干电池的直流式声级计两类，后者也可以称为便携式声级计。便携式声级计具有体积小、重量轻和现场使用方便等优点。

声级计一般由传声器、放大器、衰减器、计权网络、检波器、指示表头和电源等组成。其工作原理是：被测的声波通过传声器被转换为电压信号，根据信号大小选择衰减器或放大器，放大后的信号送入计权网络处理，最后经过检波并在以 dB 标度的表头上指示出噪声数值。图 7-23 所示为我国生产的 ND2 型精密声级计，图 7-24 所示为其组成框图。

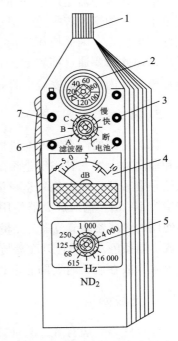

图 7-23　ND2 型精密声级计
1—电容传声器；2—衰减器；
3—放大器输出；4—指示表头；
5—滤波器旋钮；6—计权网络旋钮；
7—外接滤波器

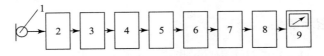

图 7-24　声级计的组成框图
1—传声器；2—前置放大器；3—输入衰减器；4—输入放大器；5—计权网络；
6—输出衰减器；7—输出放大器；8—检波器；9—指示表头

1. 传声器

传声器是把声压信号转变为电信号的装置,也称为话筒,是声级计的传感器。常见的传声器有晶体式、驻极体式、动圈式和电容式等多种形式,其中电容式应用较为广泛。

电容式传声器主要由金属膜片和靠得很近的金属电极组成,实质上是一个平板电容,其示意图如图 7-25 所示。金属膜片与金属电极构成了平板电容的两个极板。当膜片受到声压作用时,膜片发生变形,使两个极板之间的距离发生变化,电容量也发生变化,从而产生交变电压,其波形在传声器线性范围内与声压级波形成比例,实现了将声压信号转变为电压信号的功能。

电容式传声器是声学测量中比较理想的传声器,具有动态范围大、频率响应平直、灵敏度高和在一般测量环境中稳定性好等优点,因而应用广泛。由于电容式传声器输出阻抗很高,因此需要通过前置放大器进行阻抗变换。前置放大器装在声级计内部靠近安装电容式传声器的部位。

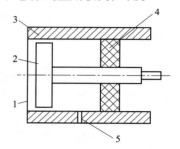

图 7-25 电容式传声器结构示意图

1—金属膜片;2—电极;3—壳体;
4—绝缘体;5—平衡孔

2. 放大器和衰减器

目前使用的许多国产与进口的声级计,在放大线路中都采用两级放大器,即输入放大器和输出放大器,其作用是将微弱的电信号放大。输入衰减器和输出衰减器是用来改变输入信号衰减量和输出信号衰减量的,以便使表头指针指在适当的位置。衰减器每一挡的衰减量为 10 dB。输入放大器使用的衰减器调节范围为测量低端(如 0~70 dB),输出放大器使用的衰减器调节范围为测量高端(如 70~120 dB)。输入和输出两个衰减器的刻度盘常做成不同颜色,以黑色刻度盘与透明刻度盘配对居多。由于许多声级计的高、低端以 70 dB 为界限,故在旋转时要防止超过界限,以免损坏装置。

3. 计权网络

计权网络一般有 A、B、C 三种。A 计权声级是模拟人耳对 55 dB 以下低强度噪声的频率特性,B 计权声级是模拟 55~85 dB 的中等强度噪声的频率特性,C 计权声级是模拟高强度噪声的频率特性。三者的主要差别是对噪声低频成分的衰减程度:A 衰减最多,B 次之,C 最少。A 计权声级由于其特性曲线接近于人耳的听感特性,因此是目前世界上噪声测量中应用最广泛的一种计权声级,B、C 计权声级应用较少。

从声级计上得出的噪声级读数,必须注明采用的是何种计权网络。

4. 检波器和指示表头

为了使经过放大的信号通过表头显示出来,声级计还需要有检波器,以便把迅速变化的电压信号转变成变化较慢的直流电压信号。这个直流电压的大小要正比于输入信号的大小。根据测量的需要,检波器有峰值检波器、平均值检波器和均方根值检波器之分。峰值检波器能给出一定时间间隔中的最大值,平均值检波器能在一定时间间隔中测量其绝对平均值。均方根值检波器能对交流信号进行平方、平均和开方,得出电压的均方根值,最后将均方根电压信号输送到指示表头。除了像枪炮声那样的脉冲声需要测量它的峰值外,在多数的噪声测量中均采用均方根值检波器。

指示表头是一只电表,只要对其刻度进行一定的标定,就可从表头上直接读出噪声级的分贝值。声级计表头阻尼一般都有"快"和"慢"两个挡。"快"挡的平均时间为0.27 s,很接近人耳听觉器官的生理平均时间;"慢"挡的平均时间为1.05 s。当对稳态噪声进行测量或需要记录声级变化过程时,使用"快"挡比较合适;在被测噪声的波动比较大时,使用"慢"挡比较合适。

为适应测量现场的需要,声级计一般都备有三脚支架,以便根据需要将声级计固定在三脚支架上。

声级计面板上一般还备有一些插孔,这些插孔如果与便携式倍频带滤波器相连,可组成小型现场使用的简易频谱分析系统;如果与录音机组合,则可把现场噪声录制在磁带上储存下来,待以后再进行更详细的研究;如果与示波器组合,则可观察到声压变化的波形,并可存储波形或用照相机、摄像机把波形摄制下来;还可以把分析仪、记录仪等仪器与声级计组合、配套使用,这要根据测试条件和测试要求而定。

技能学习

一、检测流程

1. 声级计的准备

(1) 在未接通电源时,先检查声级计仪表指针是否在机械零点上。若不在零点,可调节零点调整螺钉使指针与零点重合。

(2) 检查电池容量,把声级计功能开关对准"电池",此时声级计仪表指针应达到额定红线或规定区域,否则读数不准。打开后盖便可更换电池。

(3) 打开电源开关,预热仪器10 min。

(4) 对声级计进行校准。每次测量前或使用一段时间后,必须对声级计的电路和传声器进行校准。声级计上一般都配有电路校准的"参考"位置,可校验放大器的工作是否正常。如不正常,应调节微调电位器。电路校准后,再利用已知灵敏度的标准传声器对声级计上的传声器进行对比校准。常用的标准传声器有声级校准器和活塞式发声器,它们的内部都有一个可发出恒定频率、恒定声级的机械装置,因而很容易对比出被检传声器的灵敏度。声级校准器产生的声压级为94 dB,频率为1 000 Hz;活塞式发声器产生的声压级为124 dB,频率为250 Hz。

(5) 将声级计的功能开关对准"线性""快"挡。如果此时在室内,由于一般办公室内的环境噪声为40~60 dB,因此声级计上应有相应的示值;变换衰减器刻度盘,表头示值应相应变化10 dB左右。

(6) 检查计权网络。按以上步骤,将"线性"位置依次变为"C""B""A"计权网络。由于室内环境噪声多为低频成分,故经频率计权后的噪声级示值将低于线性值,而且应依次递减。

(7) 考查"快""慢"挡。将声级计衰减器刻度盘调至高端处（例如 90 dB），操作人员断续发出声响，并注意观察"快"挡时的指针摆动能否跟上发声速度、"慢"挡时的指针摆动是否明显迟缓，这是"快""慢"两挡所要求的表头阻尼程度的基本特征。

(8) 经过上述检查和校准后，声级计便可投入使用。在不知道被测声级多大时，必须把衰减器刻度盘预先放在最大衰减位置上（即 120 dB 处），然后在实测中再逐步旋至被测声级所需要的衰减挡。

2. 检测步骤

(1) 将声级计安放于汽车前 2 m 处，距地面高度为 1.2 m，并指向被检车辆驾驶员位置，如图 7-26 所示。

(2) 声级计用"A"计权网络、"快"挡进行测量，按响喇叭并保持发声 3 s 以上，测取声压级，并注意监听喇叭声是否悦耳。

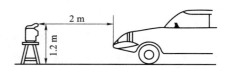

图 7-26　汽车喇叭声级的测点位置

二、检测标准

GB/T 18565—2016 及 GB/T 7258—2017 规定，喇叭声级应在 90 dB（A）~ 115 dB（A）的范围内。

对于道路运输车辆，该项目为不分级项，即各级车均应达到上述合格标准。

三、检测结果分析

汽车喇叭声级检测不合格，即超出标准规定的范围，通常是喇叭有故障或调整不当。喇叭声级低，主要原因是线路接触不良；喇叭声级高，主要原因是调整不合适。

 技能考核

一、准备工作

1. 考核设备、材料准备

(1) 在技能学习工位准备好待检汽车（经充分预热）。

(2) 准备好声级计、三角支架和钢卷尺等。

(3) 技能学习工作单（见本书配套教学资源"技能学习工作单"中的"工单 7-2"）

2. 学员劳动保护

(1) 必须穿好工作服。

（2）穿好安全鞋。

二、考核流程

1. 学员工作

两名学员为一小组，在充分学习本任务相关知识与技能的基础上，完成下列工作，并随时完成相应的工单。

（1）声级计的准备。
（2）用声级计检测汽车喇叭声级。
（3）5S 工作。
（4）自我评价。

2. 指导教师工作

学员在进行上述操作过程中，指导教师进行下列工作。
（1）向学员讲解安全注意事项，要求学员在"技能学习工作单"中做记录。
（2）观察、指导学员进行相关操作，并及时制止可能发生危险的操作。
（3）实操结束后审阅学员完成的工作单，并结合其操作情况（工作成果）给出评价。

项目 8
车速表示值误差的检测

📖 任务分析

汽车行驶速度与行车安全有着直接关系。汽车行驶速度高,可以缩短运输时间、提高运输效率。但是,行驶速度过高往往使车辆失去操纵稳定性,使行车制动距离大大增加。因此,行驶速度对交通安全有很大影响。为了保证行车安全,特别是在限速路段和限速车道上行驶时,驾驶人必须按照车速表的指示值,根据车辆、行人和道路状况,准确地控制车速,为此,车速表一定要准确可靠。如果车速表示值误差太大,驾驶人就难以正确控制车速,且极易因判断失误而造成交通事故。为确保车速表的示值精度,必须适时对车速表进行检测和校正。

GB/T 18565—2016 规定:车速表示值误差应采用滚筒式车速表检验台检验。对于无法台架检验车速表指示误差的车辆,如全时四驱、带防滑控制功能、车速传感器未装在驱动轮的车辆,检查车速表速度指示功能是否正常,必要时,可采用便携式制动性能检测仪、非接触式速度计或五轮仪,通过路试的方法检验。

说明: 由于综检线一般不单独设置车速表检验台,通常是借助底盘测功机检验车速表示值误差,而底盘测功机一般没有驱动电机,所以只能检测车速表与驱动轮相关的车辆。而在安检线上,由于没有底盘测功工位,所以必须设置独立的车速表检验台。

车速表指示误差的检测一般在安检线的第 1 工位。在综检线上,车速表指示误差的检测在底盘测功工位。

学习目标

1. 能够正确解释汽车车速表示值误差检测的理由。
2. 能够正确描述车速表检测台的结构与工作原理。
3. 能够利用车速表检测台进行汽车车速表示值误差的检测。
4. 能够根据检测结果,给出准确的车辆的车速表技术状况评价,并提出维修建议。
6. 培养良好的安全、卫生习惯及团队协作的职业精神。
7. 能够检查、记录和评价工作结果。

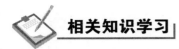

一、车速表示值误差的检测原理

车速表试验台的检测方法

车速表的检测方法有道路试验法和室内台架试验法两种。道路试验法通常是汽车以不同车速等速通过某一预定长度试验路段，测出通过该路段的时间，然后计算出实际车速，并与车速表指示值相对照，即可求出不同车速下车速表的示值误差。道路试验法也可利用便携式制动检测仪进行测试。室内台架试验法是在滚筒式车速表检测台上进行的。

为了在室内测得车速表的示值误差，须采用滚筒式车速表检测台对车速表进行检测。用滚筒式车速表检测台（以下简称为车速表检测台）检测车速表示值误差，是把与车速表有传动关系的车轮置于检测台滚筒上旋转，以滚筒的表面作为连续移动的路面，模拟汽车在路试中的行驶状态，进行车速表示值误差的检测。车速表示值误差的检测原理如图8-1所示。检测时，将汽车上与车速表有传动关系的车轮（视车型而定，多数情况下是驱动车轮）置于车速表检测台的滚筒上，由车轮驱动滚筒旋转或由滚筒驱动车轮旋转。车速表检测台滚筒的端部装有转速传感器，能发出与车速变化成正比的电信号。

图8-1 车速表误差的测量原理
1—实际车速的指示仪表；2—速度传感器；
3—车速表检测台滚筒；4—驱动车轮

滚筒表面的线速度、滚筒的圆周长度和滚筒转速之间的关系，可用下式表示：

$$V = Ln \times 60 \times 10^{-6}$$

式中：V——滚筒表面的线速度，km/h；

L——滚筒的圆周长度，mm；

n——滚筒的转速，r/min。

由于滚筒表面的线速度就是车轮的线速度，因此上述计算值即为汽车的实际车速值，由车速表检测台上的速度指示仪表显示，也称为检测台指示值。

车轮带动滚筒或滚筒带动车轮转动的同时，汽车驾驶室内的车速表也在显示车速值，称为车速表指示值。将车速表指示值与实际车速值相比较，即可获得车速表指示误差，可用下式表示：

车速表指示误差 =（车速表指示值 − 实际车速值）/实际车速值 × 100%

二、车速表检测台

常用的车速表检测台有3种类型，即无驱动装置的标准型，它依靠被测车轮带动滚筒旋转；有驱动装置的驱动型，它由电动机驱动滚筒旋转；与制动检测台、底盘测功机等组合在一起的综合型。

1. 标准型车速表检测台

标准型车速表检测台由速度测量装置、速度指示装置和速度报警装置等组成，其具体结构如图 8-2 所示。

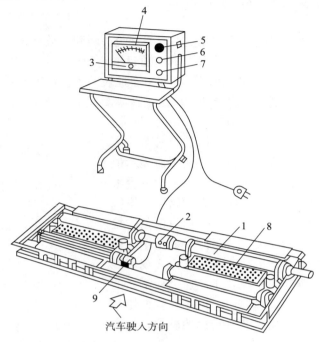

图 8-2　标准型车速表检测台
1—滚筒；2—联轴器；3—零点校正螺钉；4—速度指示仪表；5—蜂鸣器；
6—报警灯；7—电源灯；8—举升器；9—转速传感器

1）速度测量装置

该装置主要由框架、滚筒装置、举升器和转速传感器等组成。滚筒为 4 个，直径一般为 185 mm 或更大，通过滚动轴承安装在框架上。检测时，为防止汽车驱动轴差速器行星齿轮自转，车速表检测台的两个前滚筒用联轴器连接在一起。为使汽车进、出车速表检测台方便，在前后滚筒之间设有举升器。举升器与滚筒装置联动，当举升器升起使车轮进、出检测台时，滚筒因自身制动装置的制动作用而不会转动。转速传感器有测速发电机式、差动变压器式、磁电式和光电式等多种形式，它安装在滚筒的一端，将对应于滚筒转速发出的电信号送至速度指示装置。

2）速度指示装置

该装置按照转速传感器传来的电信号进行工作，能把以滚筒圆周长度与滚筒转速算出的线速度，以 km/h 为单位在仪表上指示。

3）速度报警装置

该装置是在测量中为提示汽车实际车速已达到检测车速（通常为 40 km/h，下同）而设置的。在车速表检测台的速度指示装置上，一般都设有报警灯或蜂鸣器作为报警装置。在检测过程中，当汽车实际速度达到检测车速时，报警灯亮或蜂鸣器响，提示引车员立即读取驾驶室内车速表的指示值，以便与实际车速对照，判断车速表指示值是否在合格范围之内。

2. 驱动型车速表检测台

多数汽车的车速表转速信号取自变速器或分动器的输出端,即取自汽车的传动系统。但是,也有一些汽车的车速表转速信号取自汽车从动车轮。驱动型车速表检测台就是为适应后一种汽车而设置的,如图 8-3 所示。需要指出的是,该种车速表检测台在滚筒与电动机之间装有离合器,当离合器处于分离状态时,驱动型车速表检测台也可以作为标准型车速表检测台使用。

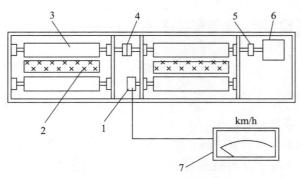

电机驱动型车速表
检验台结构

图 8-3 驱动型车速表检测台
1—测速发电机;2—举升器;3—滚筒;4—联轴器;
5—离合器;6—电动机;7—速度指示仪表

三、便携式制动检测仪

便携式制动检测仪是通过记录车辆制动过程中由加速度传感器输出的加速度值的时间历程,计算出速度、距离后,计算得到符合 GB/T 7258—2017 要求的充分发出的平均减速度(MFDD)和制动协调时间,用于判别机动车的制动性能,并可进行现场打印和数据通信的仪器。该类仪器也可进行加速性能、瞬时加速度值、加速度峰值、坡度值和附着系数等测试。典型的便携式制动检测仪如图 8-4 所示。

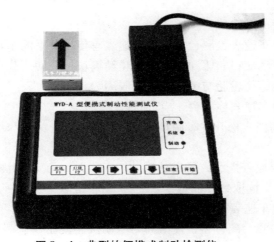

图 8-4 典型的便携式制动检测仪

在进行车速表示值误差检测时,利用便携式制动检测仪测取制动初速度,即当检测员观察汽车车速表达到检测车速(40 km/h)时,踩下制动踏板,此时装在制动踏板上的脚踏开关向仪器发送检测信号,仪器将读取此时的车速值(实际车速),然后将此数据与车速表示值(40 km/h)进行对比,便可评价车速表示值误差。

技能学习

一、用车速表检测台检测车速表示值误差

1. 准备工作

1)车速表检测台的准备

(1)按车速表检测台要求预热。

(2)在车速表检测台滚筒处于静止状态下,检查指示仪表的指针是否在机械零点上。若指针不在零点上,可用零点调整螺钉调整。若指示仪表为数码管式,数码管亮度应正常,且均处于零位。

(3)检查车速表检测台滚筒上是否沾有油、水、泥、砂等杂物。若有,应清除干净。

(4)检查车速表检测台举升器的升、降动作是否自如。若动作阻滞或有泄漏部位,应予以修理。

(5)检查车速表检测台导线的连接情况。若有接触不良或断路,应予以修理或更换。对于经常使用的车速表检测台,不一定每次使用前都要全面进行上述检查。

2)被检车辆的准备

(1)检查轮胎气压,应符合汽车制造厂的规定。

(2)若轮胎上沾有油、水、泥、砂或花纹内嵌有小石子,应清除干净。

2. 检测流程

(1)接通车速表检测台电源。

(2)升起滚筒间的举升器。

(3)将汽车开上车速表检测台,使与车速表有传动关系的车轮停于两滚筒之间。

(4)前轮驱动车辆应在非驱动轮前部加止动楔块,并使用驻车制动。

(5)降下举升器,至轮胎与举升器平板脱离为止。

(6)对于标准型车速表检测台,应进行以下操作:

① 汽车挂入最高挡,松开驻车制动,踩下加速踏板,使驱动车轮带动滚筒平稳地加速运转。

② 当驾驶室内车速表指示值稳定达到 40 km/h 时,读取检测台指示值(或操作遥控器,向工位计算机发出读取数据的指令)。

(7)对于驱动型车速表检测台,应进行以下操作:

① 接合车速表检测台离合器,使滚筒与电动机连接在一起。

② 将汽车变速器挂入空挡,松开驻车制动,起动电动机,通过滚筒带动车轮旋转。

③ 当车速表指示值稳定达到 40 km/h 时，读取检测台指示值（或操作遥控器，向工位计算机发出读取数据的指令）。

（8）读取数据后，轻轻踩下汽车制动踏板，使滚筒和车轮停止转动。对于驱动型车速表检测台，必须先关闭电动机电源，再踩制动踏板。

（9）升起举升器，汽车开出检测台。

（10）关闭检测台电源，测量工作结束。

车速表检测

3. 注意事项

（1）检查汽车的轴荷，以保证待检汽车轴荷在检测台允许范围内。

（2）对于前轮驱动的汽车，驶上检测台时应在低速情况下操纵转向盘，确保汽车处于直驶状态，然后再加速到检测车速。切忌汽车上检测台就迅速加速。

（3）对驱动型车速表检测台，在不用驱动装置进行测试时，务必分离离合器，使滚筒与电动机脱开。

二、用便携式制动检测仪检测车速表示值误差

采用便携式制动性能检测仪时，按以下方法检验车速表示值误差，采用同类仪器设备检验时，按其说明书进行操作。

（1）在被检车辆上安装便携式制动性能检测仪。

（2）起动被检车辆，将车速稳定在 40 km/h 并踩下制动踏板。

（3）将便携式制动性能检测仪计算、打印的制动初速度作为车速表 40 km/h 对应的实际车速，计算两者差值。

三、检测标准

GB/T 18565—2016 和 GB/T 7258—2017 规定，车速表指示车速与实际车速间应符合下列关系：

$$0 \leqslant V_1 - V_2 \leqslant (V_2/10) + 4$$

式中：V_1——车速表示值，km/h；

V_2——实际车速值，km/h。

即当车速表示值（V_1）为 40 km/h 时，实际车速（V_2）在 32.8~40 km/h 范围内为合格。

JT/T 198—2016 规定，对于道路运输车辆，车速表示值误差为不分级项目，所有车辆均执行 GB/T 18565—2016 的合格标准。

四、检测结果分析

车速表有磁感应式和电子式等类型，往往与里程表组合在一起。磁感应式车速表是利用蜗轮蜗杆和软轴的传动作为传感器，利用磁电互感作用并通过指针的摆动来指示汽车行

驶速度的。机件在使用过程中的磨损、磁性元件的磁性变化和轮胎滚动半径的变化等，都会造成车速表示值误差增大。不论是磁感应式车速表还是电子式车速表，在本身技术状况正常的情况下，轮胎滚动半径的变化是造成车速表示值误差的主要原因。轮胎滚动半径的变化主要是由轮胎磨损、气压不足或气压过高等造成的。

汽车行驶速度用下式计算：

$$V = 0.377 \frac{rn}{i_g i_0}$$

式中：V——汽车行驶速度，km/h；

r——车轮滚动半径，m；

n——发动机转速，r/min；

i_g——变速器传动比；

i_0——主减速器传动比。

由上式可以看出，汽车实际行驶速度与车轮滚动半径成正比关系。因此，即使车速表的技术状况正常，车速表示值也会因车轮滚动半径的变化与实际车速形成误差。

 技能考核

一、准备工作

1. 考核设备、材料准备

（1）在技能学习工位准备好待检汽车（经充分预热）。

（2）准备好车速表检测台（或底盘测功机）。

（3）技能学习工作单（见本书配套教学资源"技能学习工作单"中的"工单8"）。

安全性检测

2. 学员劳动保护

（1）必须穿好工作服。

（2）穿好安全鞋。

二、考核流程

1. 学员工作

两名学员为一小组，在充分学习本任务相关知识与技能的基础上，完成下列工作，并随时完成相应的工单。

（1）车速表检测台的准备。

（2）被检车辆准备。

（3）用车速表检测台检测车速表示值误差。

（4）5S 工作。

(5) 自我评价。

2. 指导教师工作

学员在进行上述操作过程中,指导教师进行下列工作。

(1) 向学员讲解安全注意事项,要求学员在"技能学习工作单"中做记录。

(2) 观察、指导学员进行相关操作,并及时制止可能发生危险的操作。

(3) 实操结束后审阅学员完成的工作单,并结合其操作情况(工作成果)给出评价。

附 录
国内外与汽车整车性能检测相关的法律法规和标准简介

附录Ⅰ 国外与汽车整车性能相关的法律法规和标准

1. 日本

日本与汽车整车性能相关的基本法规如图Ⅰ-1所示。为执行这些法规，通常以命令（政令、省令、通告）和告示两大类法令构成。法令（法律和命令）等的种类见表Ⅰ-1。

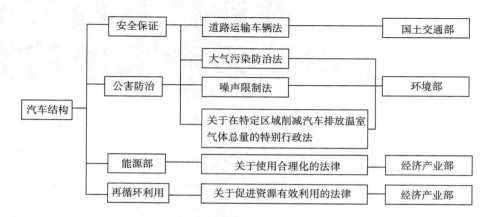

图Ⅰ-1 日本汽车的法规体系

表Ⅰ-1 日本汽车法令的种类

种类	制定	事 例	备 注
法律	国会	道路运送车辆法； 大气污染防治法	官方公布 经国会决议制定，具有比宪法优先的效力
政令	内阁	道路运送车辆法； 大气污染防治法等	官方公布 为实施宪法和法律由内阁制定的命令
省令	大臣	道路运送车辆的保安基准等	官方公布 各省大臣关于主任的行政事务发布的命令
告示	大臣	基于保安基准的技术基准及其保安基准规则； 汽车排放气体量的允许限值； 汽车噪声大小的允许限值等	官方公布 国家和地方公共团体对省会和条件等内容的详细告知
通告	局长 部长 科长	排放气体平均值限值； 试验法； 审查基准等	行政机关对所辖各机构和职员等的指导意见，法令等的解释，通告执行要领

附 录 国内外与汽车整车性能检测相关的法律法规和标准简介

(1) 为确保汽车的安全性,在日本的车辆关系法规《道路车辆运输法》中规定了一些定性的内容。《道路车辆运输法》及其关联法规的关系如图Ⅰ-2所示。

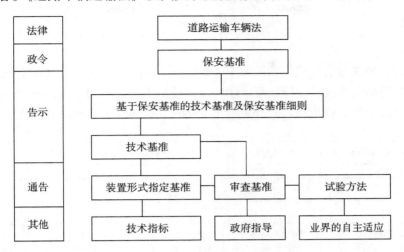

图Ⅰ-2 基准体系

(2) 日本的环境关系法规以《环境基本法》为基础,根据《大气污染防止法》和《噪声限制法》限制了气体排放,规定了噪声的声源及汽车环境对策等必要的措施。环境关系法规体系如图Ⅰ-3所示。

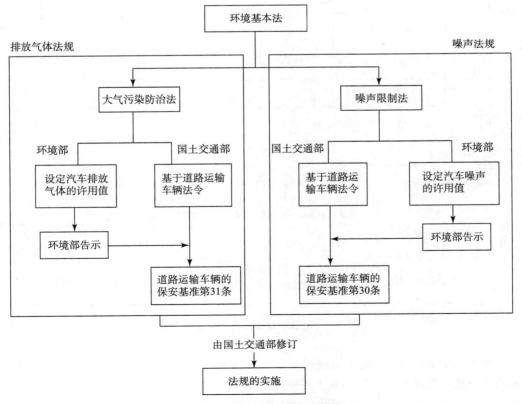

图Ⅰ-3 汽车的环境关系法规体系

（3）日本燃费基准的制定是以确保资源的有效利用为目的，在各项法律法规中均公示了燃料目标值。

2. 北美

1）法规体系

美国联邦有关汽车的法规体系如图Ⅰ-4所示，包括美国联邦会议制定和修改的基本法以及相关部门制定修改的现行法规。联邦法规适用于美国各州。美国各个州也制定了自己的法规，但法律规定各州制定的有关汽车的法规不能违反美国联邦的法规。

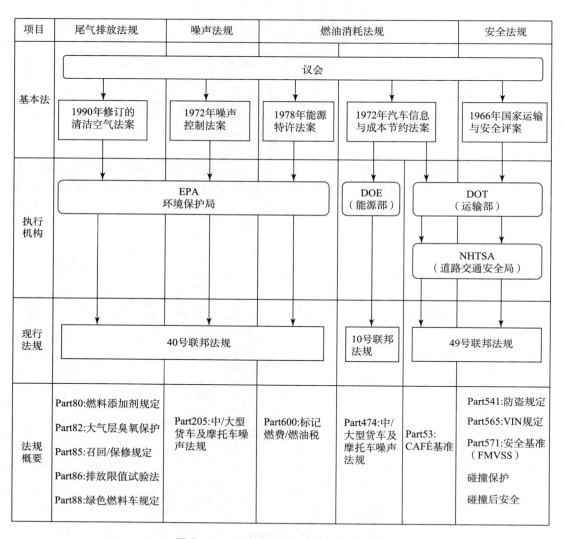

图Ⅰ-4 美国联邦有关汽车的法规体系

加拿大采用如图Ⅰ-5所示的法规体系，与美国的法规体系基本相同。另外，同样加拿大的汽车法规体系也存在于加拿大各州的法规中。

附　录　国内外与汽车整车性能检测相关的法律法规和标准简介

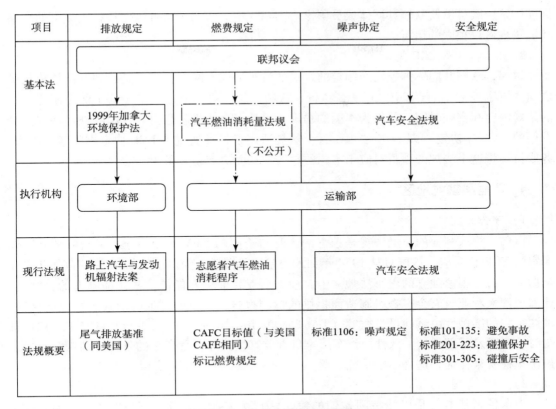

图Ⅰ-5　加拿大的汽车法规体系

2）北美的汽车排放气体、燃费认证制度

美国的汽车排放气体、燃费认证是通过对试验组排放气体性能相同的车辆组进行的一种认证制度，并采取年度认证制度，即使车辆没有改变，每年也要提出认证申请书。

加拿大对于汽车排放气体法规采取与美国的认证流程相同的方式。同时在美国和加拿大销售的汽车，如果加盖了美国的许可证，那么加拿大的流程就可以省略，如果汽车没有加盖美国的许可证，就要加拿大当局自己认证。

3）北美的汽车安全认证制度

美国的汽车安全认证是采用由汽车制造厂家自己认证的制度。汽车制造厂家将各种基准的适用性作为自己的责任进行试验，汽车在贴上确保适用性的标准后才能进行销售。

加拿大目前的汽车安全法规的认证方法，基本上也执行的是自我认证制度，这与美国的安全法规的认证方式相同。汽车制造厂家只有对其产品进行自我认证后才能销售，汽车在出厂之前没有必要得到法规执行机构的认可，但执行机构会从市场上销售的汽车中采取抽样的方式对汽车的安全性进行试验，以检查汽车的安全性能。

3. 欧洲

1）欧洲与汽车整车性能相关的法规、标准

历史上欧洲的各个国家依照本国的交通环境制定了相对完善的汽车法规和标准。伴随着欧洲共同体的成立，客观上要求欧洲共同体成员国家制定一个相对统一的汽车的法规和标准体系,既可以使欧洲共同体成员国家之间相互平等认同,又可以保持各国原有的交通环境法规可以独立的运行。

2) EC 指令与 ECE 规定

目前,欧洲共同体国家已经制定的统一的汽车法规有两个,一个是欧洲共同体成员国之间的协定规定,主要是按 EC 法令执行。欧洲共同体成员国必须基于这个法令制定本国的法规内容和实施时间,并作为本国的法规。另外一个法规就是由联合国欧洲经济委员会发行的 1958 年协定,即 ECE 法规,这个法规适用于批准通过了 ECE 协定书的各个国家,各成员国将这个法规的项目对应于本国的国情,从而决定是否采用。

4. 其他国家或地区

1) 澳洲

以前,澳大利亚的车辆法规是独立的,既与美国的 FMVSS 相适应,又与欧洲共同体国家的 ECE 相对应。该国自从 1958 年加入协定成员国后,为谋求与 ECE 的一致,几乎完全抛弃了自己国家独立的汽车法规。但,澳大利亚目前仍然保持一些认证制度的独立性。比如说澳大利亚政府会审查由制造商提供的检测报告,以发许可证的形式进行政府认证。检测报告的准确性由试验设备监察(Test Facility Inspection,TFI)进行,量产车与认证试验时的车辆及零部件的一致性由汽车厂家负责监察。另外,量产车的外形、结构等也要通过实车检验来保证,这是一个系统工程。

2) 中东各国

中东各国基本上是以沙特阿拉伯的汽车法规为基础,制定了 CCC(Culf Cooperation Council,海湾协作会议)六个国家共同遵守的中东标准。该标准基本上是以 FMVSS、ECE、ISO 为基础制定的。其是由汽车厂家制作汽车出厂证明书,交给认证当局进行审查的一种形式认证制度。

3) 其他国家

将汽车环境、安全部件作为认证内容的国家有印度(现场检测)和阿根廷(接受第三方报告)。印度的车辆法规以 ECE 为基础,对 ECE 的个别部分标准作了修改。

到目前为止,限制尾气排放、车外噪声等认证制度的国家或地区有中国香港、新加坡、马来西亚、泰国、菲律宾、韩国、墨西哥、巴西、智利等。但是,这些国家或地区都是以 ECE 为基础,并引入了汽车的安全法规。

附录 Ⅱ 国外汽车排放限值

1. 欧盟

欧盟轻型乘用车排放限值见表Ⅱ-1,欧盟轻型商用车排放限值见表Ⅱ-2,欧盟重型柴油车稳态工况排放限值表Ⅱ-3,欧盟重型柴油和气体发动机瞬态工况排放限值见表Ⅱ-4。

附　录　国内外与汽车整车性能检测相关的法律法规和标准简介

表Ⅱ-1　欧盟轻型乘用车排放限值（M_1，M_2）[h]

阶段	生效日期	CO	HC	HC + NO_x	NO_x	PM	PN
		g/km					#/km
压燃式（柴油车）							
欧Ⅰ	1992.07	2.72（3.16）	—	0.97（1.13）	—	0.14（0.18）	—
欧Ⅱ	1996.01	1.0	—	0.7	—	0.08	—
欧Ⅲ	2000.01	0.64	—	0.56	0.50	0.05	—
欧Ⅳ	2005.01	0.50	—	0.30	0.25	0.025	—
欧Ⅴa	2009.09[b]	0.50	—	0.23	0.18	0.005[f]	—
欧Ⅴb	2011.09[c]	0.50	—	0.23	0.18	0.005[f]	6.0×10^{11}
欧Ⅵ	2014.09	0.50	—	0.17	0.08	0.005[f]	6.0×10^{11}
点燃式（汽油车）							
Euro 1[a]	1992.07	2.72（3.16）	—	0.97（1.13）	—	—	—
Euro 2	1996.01	2.2	—	0.5	—	—	—
Euro 3	2000.01	2.30	0.20	—	0.15	—	—
Euro 4	2005.01	1.0	0.10	—	0.08	—	—
Euro 5	2009.09	1.0	0.10[d]	—	0.06	0.005[e,f]	—
Euro 6	2014.09	1.0	0.10[d]	—	0.06	0.005[e,f]	$6.0 \times 10^{11e,g}$

a. 括号中数字为生产一致性检查要求。
b. 2009年9月对新认证车型生效，2011年1月对所有新上市车型生效。
c. 2011年9月对新认证车型生效，2013年1月对所有新上市车型生效。
d. NMHC = 0.068 g/km。
e. 仅适用于缸内直喷发动机车型。
f. 使用PMP测试规程时，限值为0.004 5 g/km。
g. 欧Ⅵ实施后的三年内颗粒物颗粒数限值为6.0×10^{12}/km。
h. M_1为9座（含）以下、总质量3 500 kg（含）以下的乘用车；M_2为9座以上、总质量5 000 kg（含）以下的乘用车。

表Ⅱ-2　欧盟轻型商用车排放限值（N_1，N_2）

车型[a]	阶段	生效日期	CO	HC	HC + NO_x	NO_x	PM	PN
			g/km					#/km
压燃式（柴油车）								
N_1，C_1	Euro 1	1994.10	2.72	—	0.97	—	0.14	—
	Euro 2	1998.01	1.0	—	0.70	—	0.08	—
	Euro 3	2000.01	0.64	—	0.56	0.50	0.05	—
	Euro 4	2005.01	0.50	—	0.30	0.25	0.025	—
	Euro 5a	2009.09[b]	0.50	—	0.23	0.18	0.005[f]	—

续表

车型[a]	阶段	生效日期	CO	HC	HC+NO$_x$	NO$_x$	PM	PN
			g/km					#/km
压燃式（柴油车）								
N$_1$，C$_1$	Euro 5b	2011.09[d]	0.50	—	0.23	0.18	0.005[f]	6.0×10^{11}
	Euro 6	2014.09	0.50	—	0.17	0.08	0.005[f]	6.0×10^{11}
N$_1$，C$_2$	Euro 1	1994.10	5.17	—	1.40	—	0.19	—
	Euro 2	1998.01	1.25	—	1.0	—	0.12	—
	Euro 3	2001.01	0.80	—	0.72	0.65	0.07	—
	Euro 4	2006.01	0.63	—	0.39	0.33	0.04	—
	Euro 5a	2010.09[c]	0.63	—	0.295	0.235	0.005[f]	—
	Euro 5b	2011.09[d]	0.63	—	0.295	0.235	0.005[f]	6.0×10^{11}
	Euro 6	2015.09	0.63	—	0.195	0.105	0.005[f]	6.0×10^{11}
N$_1$，C$_3$	Euro 1	1994.10	6.90	—	1.70	—	0.25	—
	Euro 2	1998.01	1.5	—	1.20	—	0.17	—
	Euro 3	2001.01	0.95	—	0.86	0.78	0.10	—
	Euro 4	2006.01	0.74	—	0.46	0.39	0.06	—
	Euro 5a	2010.09[c]	0.74	—	0.350	0.280	0.005[f]	—
	Euro 5b	2011.09[d]	0.74	—	0.350	0.280	0.005[f]	6.0×10^{11}
	Euro 6	2015.09	0.74	—	0.215	0.125	0.005[f]	6.0×10^{11}
N$_2$	Euro 5a	2010.09[c]	0.74	—	0.350	0.280	0.005[f]	—
	Euro 5b	2011.09[d]	0.74	—	0.350	0.280	0.005[f]	6.0×10^{11}
	Euro 6	2015.09	0.74	—	0.215	0.125	0.005[f]	6.0×10^{11}
点燃式（汽油车）								
N$_1$，C$_1$	Euro 1	1994.10	2.72	—	0.97	—	—	—
	Euro 2	1998.01	2.2	—	0.50	—	—	—
	Euro 3	2000.01	2.3	0.20	—	0.15	—	—
	Euro 4	2005.01	1.0	0.10	—	0.08	—	—
	Euro 5	2009.09[b]	1.0	0.10[g]	—	0.06	0.005[e,f]	—
	Euro 6	2014.09	1.0	1.10[g]	—	0.06	0.005[e,f]	6.0×10$^{11[e,j]}$
N$_1$，C$_2$	Euro 1	1994.10	5.17	—	1.40	—	—	—
	Euro 2	1998.01	4.0	—	0.65	—	—	—
	Euro 3	2001.01	4.17	0.25	—	0.18	—	—
	Euro 4	2006.01	1.81	0.13	—	0.10	—	—

续表

车型[a]	阶段	生效日期	CO	HC	HC + NO$_x$	NO$_x$	PM	PN
			g/km					#/km
点燃式（汽油车）								
N$_1$，C$_2$	Euro 5	2010.09[c]	1.81	0.13[h]	—	0.075	0.005[e,f]	—
	Euro 6	2015.09	1.81	0.13[h]	—	0.075	0.005[e,f]	6.0×10^{11}[e,j]
N$_1$，C$_3$	Euro 1	1994.10	6.90	—	1.70	—	—	—
	Euro 2	1998.01	5.0	—	0.80	—	—	—
	Euro 3	2001.01	5.22	0.29	—	0.21	—	—
	Euro 4	2006.01	2.27	0.16	—	0.11	—	—
	Euro 5	2010.09[c]	2.27	0.16[i]	—	0.082	0.005[e,f]	—
	Euro 6	2015.09	2.27	0.16[i]	—	0.082	0.005[e,f]	6.0×10^{11}[e,j]
N$_2$	Euro 5	2010.09[c]	2.27	0.16[i]	—	0.082	0.005[e,f]	—
	Euro 6	2015.09	2.27	0.16[i]	—	0.082	0.005[e,f]	6.0×10^{11}[e,j]

a. N 类车为商用车，其中 N$_1$ 类车为总质量 3 500 kg（含）以下的商用车。N$_1$ 类车按整备质量进一步分为 C$_1$、C$_2$ 和 C$_3$，C$_1$≤1 250 kg，1 250 kg＜C$_2$≤1 700 kg，C$_3$＞1 700 kg。
b. 2011 年 1 月对所有车型生效。
c. 2012 年 1 月对所有车型生效。
d. 2012 年 1 月对所有车型生效。
e. 仅适用于缸内直喷发动机车型。
f. 使用 PMP 测试规程时，限值为 0.004 5 g/km。
g. NMHC = 0.068 g/km。
h. NMHC = 0.090 g/km。
i. NMHC = 0.108 g/km。
j. 欧Ⅵ实施后的三年内颗粒物颗粒数限值为 6.0×10^{12}/km。

表Ⅱ-3 欧盟重型柴油车稳态工况排放限值，g/km（烟度单位为 m^{-1}）

阶段	生效日期	测试循环	CO	HC	NO$_x$	PM	烟度
欧Ⅲ	2000.10	ESC & ELR	2.1	0.66	5.0	0.10 0.13[a]	0.8
欧Ⅳ	2005.10		1.5	0.46	3.5	0.02	0.5
欧Ⅴ	2008.10		1.5	0.46	2.0	0.02	0.5
欧Ⅵ[b]	2013.01	WHSC	1.5	0.13	0.4	0.01	

a. 适用于每缸排量小于 0.75 L 且额定转速大于 3 000 r/min 的发动机。
b. 从欧Ⅵ开始，对柴油发动机增加颗粒物颗粒数 PN 限值，为 8.0×10^{11}/(kW·h)。

表Ⅱ-4 欧盟重型柴油和气体发动机瞬态工况，g/km

阶段	生效日期	测试工况	CO	NMHC	CH4[a]	NO_x	PM[b]
欧Ⅲ	2000.10	ETC	5.45	0.78	1.6	5.0	0.16，0.21[c]
欧Ⅳ	2005.10	ETC	4.0	0.55	1.1	3.5	0.03
欧Ⅴ	2008.10	ETC	4.0	0.55	1.1	2.0	0.03
欧Ⅵ[e]	2013.01	WHTC	4.0	0.16[d]	0.5	0.46	0.01

a. 仅适用于气体发动机（欧Ⅲ、Ⅳ、Ⅴ：天然气发动机；欧Ⅵ：天然气发动机+液化石油气发动机）。
b. 欧Ⅲ、Ⅳ、Ⅴ阶段不适用于气体发动机。
c. 适用于每缸排量小于0.75 L且额定转速大于3 000 r/min的发动机。
d. 柴油发动机使用THC。
e. 从欧Ⅵ开始，对柴油发动机增加颗粒物颗粒数PN限值，为$6.0 \times 10^{11}/(kW \cdot h)$。

2. 日本

日本轻型汽油车排放限值见表Ⅱ-5，日本轻型柴油车排放限值见表Ⅱ-6，日本重型汽油商用车排放限值见表Ⅱ-7，日本重型柴油商用车排放限值见表Ⅱ-8。

表Ⅱ-5 日本轻型汽油车排放限值

标准	实施年份	车型	测试工况	单位	CO	NMHC[a]	NO_x	PM[b]
新短期标准	2000	乘用车	10~15工况	g/km	0.67	0.08	0.08	—
			11工况	g/test	19.0	2.20	1.40	—
	2002	微型商用车	10~15工况	g/km	3.30	0.13	0.13	—
			11工况	g/test	38.0	3.50	2.20	—
	2000	轻型商用车（总质量≥1.7 t）	10~15工况	g/km	0.67	0.08	0.08	—
			11工况	g/test	19.0	2.20	1.40	—
	2001	中型商用车（1.7 t<总质量≤3.5 t）	10~15工况	g/km	2.10	0.08	0.13	—
			11工况	g/test	24.0	2.20	1.60	—
新长期标准	2005	乘用车	综合工况[c]	g/km	1.15	0.05	0.05	—
	2007	微型商用车			4.02	0.05	0.05	—
	2005	轻型商用车（总质量≥1.7 t）			1.15	0.05	0.05	—
	2005	中型商用车（1.7 t<总质量≤3.5 t）			2.55	0.05	0.07	—

续表

标准	实施年份	车型	测试工况	单位	CO	NMHC[a]	NO$_x$	PM[b]
后新长期标准	2009	乘用车	综合工况[c]	g/km	1.15	0.05	0.05	0.005
	2009	微型商用车			4.02	0.05	0.05	0.005
	2009	轻型商用车（总质量≥1.7 t）			1.15	0.05	0.05	0.005
	2009	中型商用车（1.7 t <总质量≤3.5 t）			2.55	0.05	0.07	0.007

a. 新短期标准阶段为 HC 限值。
b. PM 限值仅适用于直喷式并装有 NO$_x$ 捕集器的汽油发动机。
c. 综合工况：从 2005 年 10 月起，10 ~ 15 工况热起动 × 0.88 + 11 工况冷起动 × 0.12；2008 年 10 月起，10 ~ 15 工况热起动 × 0.75 + JC08 工况冷起动 × 0.25；2011 年 10 月起，JC 工况热起动 × 0.75 + JC08 工况冷起动 × 0.25。

表Ⅱ–6　日本轻型柴油车排放限值

标准	实施年份	车型	测试工况	CO	NMHC[a]	NO$_x$	PM
				g/km			
新短期标准	2002	乘用车（整备质量≤1.265 t）	10 ~ 15 工况	0.63	0.12	0.28	0.052
	2002	乘用车（整备质量>1.265 t）		0.63	0.12	0.30	0.056
	2002	轻型商用车（总质量≥1.7 t）	10 ~ 15 工况	0.63	0.12	0.28	0.052
	2003	中型商用车（1.7 t<总质量≤3.5 t）		0.63	0.12	0.49	0.06
新长期标准	2005	乘用车（整备质量≤1.265 t）	综合工况[b]	0.63	0.024	0.14	0.013
	2005	乘用车（整备质量>1.265 t）		0.63	0.024	0.15	0.014
	2005	轻型商用车（总质量≥1.7 t）		0.63	0.024	0.14	0.013
	2005	中型商用车（1.7 t<总质量≤3.5 t）		0.63	0.024	0.25	0.015
后新长期标准	2009	乘用车	综合工况[b]	0.63	0.024	0.08	0.005
	2009	轻型商用车（总质量≥1.7 t）		0.63	0.024	0.08	0.005
	2009	中型商用车（1.7 t<总质量≤3.5 t）		0.63	0.024	0.15	0.007

a. 新短期标准中为 HC 限值。
b. 综合工况：从 2005 年 10 月起，10 ~ 15 工况热起动 × 0.88 + 11 工况冷起动 × 0.12；2008 年 10 月起，10 ~ 15 工况热起动 × 0.75 + JC08 工况冷起动 × 0.25；2011 年 10 月起，JC 工况热起动 × 0.75 + JC08 工况冷起动 × 0.25。

表Ⅱ-7 日本重型汽油商用车排放限值

实施年份	测试工况	CO	NMHC	NO$_x$	PM[a]
		g/km			
2005	JC05	16.0	0.23	0.7	—
2009		16.0	0.23	0.7	0.01

a. PM限值仅适用于直喷式及装有吸收式NO$_x$还原装置的稀燃式车辆。

表Ⅱ-8 日本重型柴油商用车排放限值

实施年份	测试工况	CO	HC	NO$_x$	PM
		g/km			
2003[a]	13工况	2.22	0.87	3.38	0.18
2005	JE05	2.22	0.17[b]	2.0	0.027
2009		2.22	0.17[b]	0.7	0.01
2016	WHTC	2.22	0.17[b]	0.4[c]	0.01

a. 2003年起对车重≤12 000 kg的车型实施；2004年起对车重>12 000 kg的车型实施。
b. 非甲烷烃类。
c. 2016年起对车重>7.5 t的车型实施；2017年起对牵引车实施；2018年起对3.5 t<车重≤7.5 t的车型实施。

3. 美国

美国点燃式发动机和城市公交车排放限值见表Ⅱ-9，美国压燃式发动机和城市公交车排放限值见表Ⅱ-10，美国轻型车排放限值见表Ⅱ-11。

4. 欧、美、日燃油经济性/温室气体排放限值

欧、美、日轻型乘用车燃油经济性/温室气体排放限值见表Ⅱ-12，欧、美、日轻型商用车燃油经济性/温室气体排放限值见表Ⅱ-13。

附 录 国内外与汽车整车性能检测相关的法律法规和标准简介

表Ⅱ-9 美国点燃式发动机和城市公交车排放限值

发动机/整车	实施年份	总质量(1b[①])	HC[a]	NMHC[b]	NO$_x$	NO$_x$ + NMHC[c] g/(bhp-hr)	PM	CO	急速CO(%尾气流量)	甲醛	使用寿命[h](年或英里)	耐久性要求[o](年或英里)
	1998—2004	≤14 000	1.1[d]	—	—	—	—	14.4	0.5[g]	—		5/50 000
		>14 000	1.9[e]	—	—	4.0[f]	—	37.1		—	8/110 000[h]	
	2005—2007	≤14 000	1.1[d]	—	—	—	—	14.4		—		
中重型发动机		>14 000	1.9[e]	—	1.0[i]	—	—	37.1		—		
	2008+	所有		0.14	0.20	—	0.01	14.4		—	10/110 000	
	2005—2007	8 500~10 000		0.280[j] g/英里	0.9 g/英里	—	—	7.3 g/英里		—		
		10 000~14 000		0.330[j] g/英里	1.0 g/英里	—	—	8.1 g/英里		—		
重型整车[k,n]	2008+[m]	8 500~10 000		0.195[l] g/英里	0.2 g/英里	—	0.02 g/英里	7.3 g/英里		0.032 g/英里	11/120 000	
		10 000~14 000		0.230[l] g/英里	0.4 g/英里	—	0.02 g/英里	8.1 g/英里		0.040 g/英里		

a. 对以甲醇为燃料的发动机，该限值为当量总烃氢化合物值（THCE）。
b. 对甲醇发动机和以乙醇为燃料的车辆，该限值为当量非甲烷烃氢化合物（NMHCE）。
c. 对以甲醇为燃料的发动机，该限值为NO$_x$和NMHC之和。
d. 对天然气发动机的限值为0.9 g/(bhp-hr)，非甲烷烃氢化合物（NMHC）。
e. 对天然气发动机的限值为1.7 g/(bhp-hr)，NMHC。
f. 对所有的天然气发动机，NO$_x$的限值为5.0。
g. 从2005年起，装有OBD的发动机不再要求CO总速排放限值。
h. 使用寿命是年限或英里程，以先达到者为准。
i. 生产厂家可以选择以下方式来达到该限值：(1) 在2005年重型发动机实施NMHC+NO$_x$限值的同时，2004—2007年发动机实施NMHC+NO$_x$限值，为1.5 g/(bhp-hr)；(2) 2003—2007年发动机实施NMHC或NO$_x$限值对于非完整重型车为可选限值。完整或非完整重型车辆标准车辆测试规程限值为非甲烷烃类有机气体，可选择测试NMHC或者THC。
j. 限值为非甲烷烃指含主要装设装备装或集装箱的车辆，重型发动机或重型车可选择限值对于非完整重型车为可选限值。完整或非完整重型车辆必须通过底盘测试规程g/mile为单位。从2005年开始（也可能是2003年或2004年，基于选择的开始时间，见注i），重量小于14 000 kg的完整重型车辆标准测试规程而不是发动机测试规程。
k. 尽管标准限值为NMHC，但具体执行中可以选择测试NMOG或THC。
l. 2008年生产标准限值为NMHC，但具体执行中可以选择测试标准，2009年100%达标。
m. 车辆总质量可划分为两档：8 500 kg≤总质量≤10 000 kg和10 000 kg<总质量<14 000 kg。
n. 耐久性要求车辆里程，以先达到年限或者英里为准，但是不能低于发动机的机械寿命。
o. 耐久性要求年限或者里程，以先达到的机械寿命。

表Ⅱ-10 美国压燃式发动机和城市公交车排放限值

实施年份	HC	NMHC	NMHC+NO$_x$ g/(bhp-hr)	NO$_x$	PM	CO	急速CO（%尾气流量）	烟度^a/%	使用年限（小时或年或英里）	耐久要求（年或英里）
1998—2003	1.3	—	—	4.0 [ABT]	0.1 0.05^b	15.5	0.5	20/15/50	1. HC, CO, PM: 小型重型发动机：—/8/110 000; 中型重型发动机：—/8/185 000; 大型重型发动机：—/8/290 000 2. 城市公交车 PM：—/10/290 000 3. NO$_x$： 小型重型发动机：—/10/110 000; 中型重型发动机：—/10/185 000; 大型重型发动机：—/10/290 000	5/100 000^i
2004—2006^c	—	—	2.4（或 2.5，且 NMHC 限值为 0.5）[ABT]^d	—	0.1 0.05^b	15.5	0.5	20/15/50	对所有污染物：^{h} 小型重型发动机：—/10/110 000 中型重型发动机：—/10/185 000 大型重型发动机：22 000/10/435 000	小型重型发动机：5/50 000; 所有其他重型发动机：5/100 000^i
2007+^{c,e,f}	—	0.14^g	2.4（或 2.5，且 NMHC 限值为 0.5）[ABT]	0.2^g	0.01	15.5	0.5	20/15/50	使用管理者通过的工厂制定的测试规程；（1）使用 THC 测试代替 NMHC 测试；（2）稳态工况测试和 NTE 在用燃料发动机。测试方法必须在发动机认证测试时确定，并且适用于车辆的整个使用周期。对于天然气车辆，美国环境保护署允许用气相色谱法替代定量测试 NMHC。	

a. 烟度百分比为加速工况、加载减速工况和峰值工况下的限值。
b. 1996 年开始针对城市公交车实施，在用车限值为 0.07。
c. 重型柴油车负荷测试工况从 2004 年实施，稳态工况测试和 NTE 在用燃料发动机工况测试从 2007 年实施。
d. 相对于重型柴油公交车，有三种测试方法代替燃料发动机：（1）使用 THC 测试代替 NMHC 测试；（2）稳态工况测试和 NTE 在用燃料发动机。
(3) THC 测试结果减去 2% 可得到 NMHC 值。测试方法必须在发动机认证测试时确定，并且适用于车辆的整个使用周期。对于天然气车辆，美国环境保护署允许用气相色谱法替代定量测试 NMHC。
e. 使用 SFTP 测试规程。
f. 美国环境保护署采用实验室测试和场地测试来测试重型柴油发动机和其他四冲程发动机。
g. NO$_x$ 和 NMHC 限值在 2007—2010 年逐步实施，2008—2009 年达标率占销售量的 50%，2010 年 100% 达标。
h. 对于单个发动机的使用寿命为 10 000 英里，都必须不低于发动机的机械寿命。
i. 不论是先达到年限还是里程，以先达到为准。
j. 测试循环为美国环保部瞬态测试工况和烟度测试工况。

附 录　国内外与汽车整车性能检测相关的法律法规和标准简介

表Ⅱ-11　美国轻型车排放限值

Bin#等级	排放限值（5年或50 000英里）					耐久寿命120 000英里				
	NMOG[a]	CO	NO$_x$	PM	HCHO	NMOG[a]	CO	NO$_x$	PM	HCHO
11[b]	0.195	5	0.6	0.12	0.022	0.280	7.3	0.9	0.12	0.032
10[b]	0.125（0.160）[c]	3.4（4.4）	0.4	0.08	0.015（0.018）	0.156（0.230）	4.2（6.4）	0.6	0.08	0.018（0.027）
9[b]	0.075（0.140）	3.4	0.2	0.06	0.015	0.090（0.180）	4.2	0.3	0.06	0.018
8	0.100（0.125）	3.4	0.14	0.02	0.015	0.125（0.156）	4.2	0.20	0.02	0.018
7	0.075	3.4	0.11	0.02	0.015	0.090	4.2	0.15	0.02	0.018
6	0.075	3.4	0.08	0.01	0.015	0.090	4.2	0.10	0.01	0.018
5	0.075	3.4	0.05	0.01	0.015	0.090	4.2	0.07	0.01	0.018
4	—	—	—	—	—	0.070	2.1	0.04	0.01	0.011
3	—	—	—	—	—	0.055	2.1	0.03	0.01	0.011
2	—	—	—	—	—	0.010	2.1	0.02	0.01	0.004
1	—	—	—	—	—	0.000	0.0	0.00	0.00	0.000

a. 对柴油车，NMOG（非甲烷有机气体）即为NMHC（非甲烷烃类）。
b. Bin9、Bin10、Bin11从2006年对轻型客车和轻型货车失效，2008年对大型轻型货车和中型乘用车失效；NMOG的高指标值从2008年废止。
c. 标有两个限值的为新认证车型限值和在售车型限值（括号内值）。

表Ⅱ-12　欧、美、日轻型乘用车燃油经济性/温室气体排放限值

国家或地区	目标年	标准类型	车队目标	结构	测试工况
欧盟	2015 2021	CO_2	130 g CO_2/km 95 g CO_2/km	基于车重的车队平均	NEDC
美国	2016 2025	燃油经济性/温室气体	36.2 mpg① 或 225 g CO_2/mile② 56.2 mpg 或 143 g CO_2/mile	基于脚印面积的车队平均	U.S.综合工况
日本	2015 2020	燃油经济性	16.8 km/L 20.3 km/L	基于车重的车队平均	JC08

表Ⅱ-13　欧、美、日轻型商用车燃油经济性/温室气体排放限值

国家或地区	目标年	标准类型	车队目标	结构	测试工况
欧盟	2017 2020	CO_2	175 g CO_2/km 147 g CO_2/km	基于车重的车队平均	NEDC
美国	2016 2025	燃油经济性/温室气体	28.8 mpg 或 298 g CO_2/mile 40.3 mpg 或 203 g CO_2/mile	基于脚印面积的车队平均	U.S.综合工况
日本	2015	燃油经济性	15.2 km/L	基于传动类型、车辆结构、车重的车队平均	JC08

① mpg：英里每加仑，1 mpg=2.35 L/km。
② mile：英里，1 mile=1.609 344 km。

附录Ⅲ 国内与汽车整车性能相关的法律法规和标准

汽车检测技术标准在"汽车维修标准体系结构"中属于"专用修理技术标准"类，为"检验方法"类标准，用以规范汽车检测和技术评定行为，如有关汽车安全性能检测标准、汽车排放检测标准等，是汽车检测技术管理和汽车维修质量评定工作的重要依据。

1.《道路运输车辆综合性能要求和检验方法》（GB/T 18565—2016）

该标准由中华人民共和国国家质量监督检验检疫总局、中国国家标准化管理委员会于2016年发布，2017年1月1日起实施，代替GB/T 18565—2001《营运车辆综合性能要求和检验方法》。

该标准规定了道路运输车辆的动力性、燃料经济性、制动性、转向操纵性、照明和信号装置及其他电气设备、排放性、整车装备的基本技术要求和检验方法。

该标准为强制性国家标准，但在具体条款中有推荐性。该标准适用于申请从事道路运输经营的车辆和正在从事道路运输经营的车辆，从事驾驶员教学等道路运输相关业务的车辆可参照执行。

该标准由中华人民共和国交通运输部提出，由全国汽车维修标准化技术委员会归口。

标准的主要内容介绍如下。

（1）申请从事道路运输车辆的技术要求（标准第4条）。具体内容包括：4.1 结构要求，4.2 配置要求，4.3 防火要求，4.4 性能要求。

（2）在用道路运输车辆的技术要求（标准第5条）。具体内容包括：5.1 基本要求，5.2 性能要求，5.3 其他要求。

（3）在用道路运输车辆的检验方法（标准第6条）。具体内容包括：6.1 仪器设备基本要求，6.2 被检车辆，6.3 唯一性认定，6.4 系统、总成与装置，6.5 动力性，6.6 燃料经济性，6.7 制动性，6.8 排放性，6.9 转向操纵性，6.10 悬架特性，6.11 前照灯远光发光强度和光束照射位置，6.12 车速表示值误差，6.13 车轮阻滞率，6.14 喇叭。

（4）在用道路运输车辆检验结果的判定与处理（标准第7条）。具体内容包括：7.1 检验项目设置，7.2 检验结果判定，7.3 检验结果处理。

（5）标准实施的过渡期要求（标准第8条）。该条款规定了从该标准起第7个月、第13个月和第25个月，对申请从事道路运输车辆实施过渡要求和第25个月后生产的在用车辆实施的过渡要求。

2.《机动车运行安全技术条件》（GB/T 7258—2017）

该标准规定了机动车的整车及主要总成、安全防护装置等有关运行安全的基本技术要求及检验方法，还规定了机动车的环保要求及消防车、救护车、工程救险车和警车的附加要求，是我国机动车安全技术管理最基本的技术性法规。同时，其也是我国机动车新车定

附 录　国内外与汽车整车性能检测相关的法律法规和标准简介

型强制性检验、新车出厂检验及进口机动车检验、事故车检验等机动车安全性能检验的主要技术依据。该标准由中华人民共和国公安部、交通运输部、工业和信息化部提出，由国家质量监督检验检疫总局和国家标准化管理委员会批准于 2017 年 9 月 29 日发布，自 2018 年 1 月 1 日起实施。

该标准的全部技术内容均为强制性。标准的主要内容介绍如下。

（1）整车（标准第 4 条）。具体内容包括：4.1 整车标准，4.2 外廓尺寸，4.3 轴荷和质量参数，4.4 核载，4.5 比功率，4.6 侧倾稳定性及驻车稳定角，4.7 图形和文字标志，4.8 外观，4.9 漏水检查，4.10.漏油检查，4.11 车速表指示误差，4.12 行驶轨迹，4.13 驾驶人耳旁噪声要求，4.14 环保要求，4.15 产品使用说明书，4.16 车列车的特殊要求，4.17 其他要求。

（2）发动机和驱动电机（标准第 5 条）。

（3）转向系（标准第 6 条）。

（4）制动系（标准第 7 条）。具体内容包括：7.1 基本要求，7.2 行车制动，7.3 应急制动和剩余制动性能，7.4 驻车制动，7.5 辅助制动，7.6 液压制动的特殊要求，7.7 气压制动的特殊要求，7.8 储气筒，7.9 制动报警装置，7.10 路试检验制动性能，7.11 台试检验制动性能。

（5）照明、信号装置和其他电气设备（标准第 8 条）。具体内容包括：8.1 基本要求，8.2 照明和信号装置的数量、位置、光色和最小几何可见度，8.3 照明和信号装置的一般要求，8.4 车身反光标识和车辆尾部标志板，8.5 前照灯，8.6 其他电气设备和仪表。

（6）行驶系（标准第 9 条）。具体内容包括：9.1 轮胎，9.2 车轮总成，9.3 悬架系统，9.4 空气悬架，9.5 其他要求。

（7）传动系（标准第 10 条）。具体内容包括：10.1 离合器，10.2 变速器和分动器，10.3 传动轴，10.4 驱动桥，10.5 超速报警和限速功能，10.6 车速受限车辆的特殊要求。

（8）车身（标准第 11 条）。具体内容包括：11.1 基本要求，11.2 客车的特殊要求，11.3 货运机动车的特殊要求，11.4 摩托车的特殊要求，11.5 车门和车窗，11.6 座椅（卧铺），11.7 内饰材料和隔音、隔热材料，1.8 号牌板（架），1.9 汽车电子标识安装，1.10 其他要求。

（9）安全防护装置（标准第 12 条）。具体内容包括：12.1 汽车安全带，12.2 间接视野装置，12.3 前风窗玻璃刮水器，12.4 应急出口，12.5 燃料系统的安全保护，12.6 气体燃料专用装置的安全防护，12.7 牵引车辆与被牵引车的连接装置，12.8 货车、专项作业车前下部防护要求，12.9 货车、专项作业车和挂车侧面及后下部防护要求，12.10 客车的特殊要求，12.11 货车的特殊要求，12.12 危险货物运输车辆的特殊要求，12.13 纯电动汽车、插电式混合动力汽车的特殊要求，12.14 三轮汽车和拖拉机运输机组的特殊要求，12.15 其他要求。

（10）消防车、救护车、工程救险车和警车的附加要求（标准第 13 条）。

（11）残疾人专用汽车的附加要求（标准第 14 条）。

（12）标准实施的过渡期要求（标准第 15 条）。

3. GB/T 18285—2018《汽油车污染物排放限值及测量方法（双怠速法及简易工况法）》

该标准由国家生态环境部、国家市场监督管理总局 2018 年 9 月 27 日发布，2019 年 5

月1日起实施。该标准规定了汽油车双怠速法、稳态工况法、瞬态工况法和简易工况法等工况下排气污染物排放限值及测量方法，同时规定了汽车车外观检验、OBD检查、燃油蒸发排放控制系统检测的方法和判定依据。本标准替代 GB/T 18285—2005《点燃式发动机汽车排气污染物排放限值及测量方法（双怠速法及简易工况法）》。

标准主要内容如下：

（1）检验项目（标准第4条）。

（2）检验流程（标准第5条）。具体内容包括：5.1 新生产汽车下线检验，5.2 注册登记检验，5.3 在用汽车检验。

（3）外观检验（标准第6条）。具体内容包括：6.1 新生产汽车下线，6.2 注册登记，6.3 在用汽车。

（4）车载诊断系统（OBD）检查（标准第7条）。具体内容包括：7.1 新生产汽车下线，7.2 注册登记，7.3 在用汽车。

（5）排气污染物检测（标准第8条）。具体内容包括：8.1 排放限值及测量方法，8.2 结果判定。

（6）数据记录、保存和报送（标准第9条）。

（7）在用汽车排放监控（标准第10条）。

（8）标准实施（标准第11条）。

（9）标准附录

① 附录A（规范性附录）双怠速法。

本附录规定了对双怠速法测量仪器、测量程序、检测系统和检测软件技术的要求。

② 附录B（规范性附录）稳态工况法。

本附录规定了稳态工况法的测试规程。

③ 附录C（规范性附录）瞬态工况法。

本附录规定了瞬态工况法的测试规程。

④ 附录D（规范性附录）简易瞬态工况法。

本附录规定了简易瞬态工况法的测试规程。

⑤ 附录E（规范性附录）燃油蒸发排放控制系统检验。

本附录规定了燃油蒸发排放控制系统检验的测试规程，应分别完成燃油蒸发排放控制系统外观检验、进油口压力测试及油箱盖测试。对于无油箱盖设计的车辆可不进行油箱盖测试。

⑥ 附录F（规范性附录）车载诊断（OBD）系统检查程序。

本附录规定了车载诊断（OBD）系统的检查程序，在排放检验前应该连接OBD诊断仪，对受检车辆OBD系统进行检查，然后进行排放检验。在排放检验过程中，OBD检验仪持续读取车辆OBD故障信息和相关数据流，直到排放检验结束，OBD信息传送结束后，方可断开OBD诊断仪。

⑦ 附录G（规范性附录）检验报告。

本附录规定了新车下线检测报告及注册登记检验和在用车检验外观检验单、OBD检测报告、排气污染物检测和集中超标车型环保检验报告表，其中新车下线检测报告供生产（进口）企业参考使用。本附录同时规定了各类检验（测）报告编号规则。

⑧ 附录 H（规范性附录） 实时上报数据项。

本附录规定了新下车线、在用汽车（含注册登记）等检验上报数据的项目。

4. 《柴油车污染物排放限值及测量方法（自由加速法及加载减速法）》（GB/T 3847—2018）

该标准由国家生态环境部、国家市场监督管理总局于 2018 年 9 月 27 日发布，2019 年 5 月 1 日起实施。

该标准是对《压燃式发动机和装用压燃式发动机的车辆排气可见污染物限值及测试方法》（GB/T 3847—1999）等标准的修订版。本标准规定了柴油车自由加速法和加载减速法排气污染物排放限值及测量方法。本标准同时规定了柴油车外观检验、OBD 方法和判定依据。本标准适用于新生产柴油车下线检验、注册登记检验和在用汽车检验。本标准也适用于其他压燃式发动机汽车，而不适用于低速货车和三轮汽车。

标准主要内容如下：

（1）检验项目（标准第 4 条）。

（2）检验流程（标准第 5 条）。具体内容包括：5.1 新生产汽车下线检验，5.2 注册登记检验，5.3 在用汽车检验。

（3）外观检验（标准第 6 条）。具体内容包括：6.1 新生产汽车下线，6.2 注册登记，6.3 在用汽车。

（4）车载诊断系统（OBD）检查（标准第 7 条）。具体内容包括：7.1 新生产汽车下线，7.2 注册登记，7.3 在用汽车。

（5）排气污染物检测（标准第 8 条）。具体内容包括：8.1 排放限值及测量方法，8.2 结果判定。

（6）数据记录、保存和报送（标准第 9 条）。

（7）在用汽车排放监控（标准第 10 条）。

（8）标准实施（标准第 11 条）。

（9）标准附录

① 附录 A（规范性附录） 自由加速法。

本附录规定了对自由加速法试验条件、车辆准备要求、试验方法和检测软件技术的要求。

② 附录 B（规范性附录） 加载减速法。

本附录规定了加载减速法的测试规程、测试设备、检测软件和设备检查等技术要求。

③ 附录 C（规范性附录） 不透光烟度计的特性和安装要求。

本附录规定了自由加速法和加载减速法试验中使用的不透光烟度计应满足的技术条件及其安装和使用规定。

④ 附录 D（规范性附录） 林格曼烟度法。

本附录规定了测定柴油车排气烟度的林格曼烟度法，包括观测位置和条件、观测方法、计算方法、标准林格曼烟气黑度图的规格以及林格曼烟度测试仪的技术要求。

⑤ 附录 E（规范性附录） 车载诊断（OBD）系统检查程序。

本附录规定了车载诊断（OBD）系统的检查程序。

⑥ 附录 F（规范性附录） 检验报告。

本附录规定了新车下线检测报告及注册登记检验和在用车检验外观查验单、OBD检测报告、排气污染物检测和集中超标车型环保检验报告表，其中新车下线检测报告供生产（进口）企业参考使用。本附录同时规定了各类检验（测）报告编号规则。

⑦ 附录G（规范性附录）实时上报数据项。

本附录规定了新下车线、在用汽车（含注册登记）等检验上报数据的项目。

5. （JT/T 198—2016）《道路运输车辆技术等级划分及评定要求》

该标准由中华人民共和国交通运输部于2016年4月8日发布，于2016年7月1日起实施。本标准替代（JT/T 198—2004）《营运车辆技术等级划分及评定要求》。

本标准规定了道路运输车辆的技术等级划分、评定项目、技术要求以及评定规则。

本标准适用于申请从事道路运输经营的车辆和正在从事道路运输经营的车辆。从事驾驶员培训等道路运输相关的车辆可参照使用。

标准的主要内容简介如下：

（1）技术等级划分（标准第4条）。本条规定，道路运输车辆技术等级划分为一级和二级。

（2）评定项目和评定要求（标准第5条）。

（3）评定规则（标准第6条）。

附录A（规范性附录）道路运输车辆技术等级评定项目和评定要求。

附录B（规范性附录）道路运输车辆技术等级评定人工检验记录单。

参考文献

[1] 安相璧. 汽车检测诊断技术 [M]. 北京：北京理工大学出版社，2005.
[2] 邹小明. 汽车检测诊断技术 [M]. 北京：人民交通出版社，2006.
[3] 杨益明. 汽车检测设备与维修 [M]. 北京：人民交通出版社，2005.
[4] 崔选盟. 汽车故障诊断技术 [M]. 北京：人民交通出版社，2005.
[5] 刘艳莉. 汽车故障诊断技术 [M]. 西安：安全电子科技大学出版社，2007.
[6] 张建俊. 汽车诊断与检测技术 [M]. 北京：高等教育出版社，2003.
[7] 闵永军. 汽车故障诊断与维修技术 [M]. 北京：高等教育出版社，2004.
[8] D. 威德尔. 汽车发动机构造与维修 [M]. 迟瑞娟，等译. 北京：机械工业出版社，2006.
[9] 杜兰卓，谷志杰. 汽车安全检测 [M]. 北京：人民交通出版社，2002.
[10] 张西振. 汽车发动机电控系统 [M]. 北京：机械工业出版社，2009.